AF217097

CULTURBOOKS

PIPPA GOLDSCHMIDT

———

DEUTSCHSTUNDEN
EINE RÜCKKEHR

AUS DEM ENGLISCHEN VON
ZOË BECK

Copyright der deutschsprachigen Ausgabe:
© CulturBooks Verlag 2025
Gärtnerstraße 122, 20253 Hamburg
Tel. +49 40 31 10 80 81
info@culturbooks.de
www.culturbooks.de
Alle Rechte vorbehalten

Copyright der englischen Originalausgabe:
Pippa Goldschmidt, 2025

Bildrechte: Seite 20: die Autorin, Seite 108: H. Goldschmidt
Weitere Ansprüche aus Bildrechten waren nicht zu ermitteln.
Sollten solche Ansprüche bestehen, bitten wir um eine
entsprechende Mitteilung.

Übersetzung: Zoë Beck
Redaktion: Jan Karsten
Korrektorat: Kristina Wengorz
Herstellung: Klaus Schöffner
Umschlaggestaltung: Cordula Schmidt Design, Hamburg
Druck und Bindung: CPI – Clausen & Bosse, Leck
Printed in Germany
1. Auflage 2025
ISBN 978-3-95988-188-3

Für meinen Vater

INHALT

PROLOG

Irgendwo auf der Nordsee, 1938

Ich stelle mir vor, wie mein Großvater Ernst an Deck sitzt und sich wegen des andauernden Winds fest den Mantel zuhält, er ist der Einzige draußen, während die Fähre den Weg von Hoek van Holland nach Harwich zurücklegt. Die anderen Flüchtlinge sind im Inneren der Fähre geblieben, aber er will nicht hören, wie sie auf Deutsch miteinander sprechen. Er sitzt hier, um die vergiftete Sprache von der Gischt getränkten Luft wegblasen zu lassen und sie durch die Rufe der Möwen zu ersetzen.

In der einen Manteltasche steckt eine Anthologie mit englischer Lyrik, in der anderen hat er ein paar Münzen. Wenn die Fähre in Harwich anlegt, wird er mit diesen Münzen eine Zeitung an einem Kiosk am Bahnsteig kaufen und dann in den Zug nach London steigen. Er wird seinen Koffer ins Gepäcknetz heben, sich einen Platz suchen und seine Zeitung lesen, die Seiten mit einer Geschwindigkeit umblättern, die den anderen Reisenden vermittelt, dass er Englisch genauso gut versteht wie sie. Er wird alles lesen, sogar die Berichte über Fußballspiele, obwohl er sich nicht für Sport interessiert. Falls ihn jemand anspricht, wird er antworten können, auch wenn er sich noch immer davor hütet, selbst ein Gespräch anzufangen.

Hier auf dem Außendeck ist das Meer für ihn zum Leben erwacht, der zweidimensionalen Seite eines Schulatlas entsprungen, auf der gestrichelte Linien über gerastertem Blau Namenspaare miteinander verbinden: Hoek von Holland –

Harwich, Dieppe – Newhaven, Calais – Dover. Während der letzten Jahre ist er all diese Linien entlanggereist, und auf jeder dieser Reisen konnte er den Blick nicht vom Meer abwenden. Rund um seine Heimatstadt in Deutschland, die weit von jeder Küste entfernt liegt, umsäumen Ufer die schmalen Wasserwege, die in regelmäßigen Abständen durch Brücken und Schleusen zusammengenäht sind. Wenn man am Ufer eines dieser Flüsse steht – Main, Rhein oder Neckar –, erreicht man die andere Seite mit nur wenig Aufwand und einem kleinen Spaziergang. Aber die Mitte dieser Schiffsreise, dort, von wo aus keine der Küsten sichtbar ist, fühlt sich an wie der Drehpunkt einer Wippe, die kurz davor ist, nach vorn abzukippen; wie der höchste Punkt eines Riesenrads, an dem man innehält, regungslos für einen Moment, bevor die unvermeidliche Talfahrt beginnt. Sie bewegen sich definitiv vorwärts, das bestätigen ihm seine aufgewühlten Innereien, aber es ist unklar, wohin genau. Es schert ihn nicht, solange es nur England ist. Die Weite des Meeres muntert ihn auf, vielleicht bevorzugt er deshalb die längere Route von den Niederlanden aus anstelle der kürzeren von Frankreich oder Belgien. Je größer die augenscheinliche Distanz zwischen Deutschland und England, desto besser.

Er greift nach der Lyrikanthologie, dann überlegt er es sich anders. Möge dieser Moment vom Meer erfüllt sein, das unter ihm wogt, und von der Gischt, die jedes Mal, wenn das Schiff in eine Welle kracht, durch die Luft sprüht, und von den streitenden Möwen über ihm, und möge er so lange, wie es eben geht, andauern. Dieser Gedanke ist kein Gebet, denn die Sprache des Betens hat er nie gelernt. Aber solange er auf diesem Schiff ist, wird nichts von ihm erwartet, und das ist etwas, wofür er wirklich dankbar ist.

Ich stelle mir vor, wie Ernst vorn auf der Fähre sitzt, damit er sein Ziel sehen kann, sobald es am Horizont erscheint. Es ist die optimistischste Möglichkeit, ihn mir vorzustellen. Und er wird Optimismus brauchen, um sich in seiner Zukunft über Wasser zu halten.

Zehntausend Meter in der Luft, 2018

Als ich die Reise in die entgegengesetzte Richtung antrat, war es Abend, es ging nach Osten, weg von der untergehenden Sonne, sodass die Nacht früher kam, als wenn ich auf dem Boden stehen geblieben wäre.

Ich sah aus dem Fenster, um unser Vorankommen zu überprüfen, aber es gab keine Referenzpunkte im leeren Raum, abgesehen vom letzten Schein des Sonnenlichts, das gerade im Südwesten verschwand. Es ließ sich unmöglich sagen, mit welchem Punkt auf dem Land oder dem Wasser unter uns unsere Position korrespondierte, und damit gingen eine Anonymität und Freiheit einher, die mir gefielen.

Als sich der Himmel zu einem Kobaltblau verdunkelte, leuchtete der erste Stern auf, hinter der Flügelspitze, im Nordosten. Ein weiterer Stern tauchte auf, dann ein dritter. Ich fühlte mich wie damals, als ich am Teleskop arbeitete, ehrfürchtig angesichts der allmählichen Enthüllung ferner Sterne an einem dunklen Himmel. Ich wusste nicht, wie die Sterne hießen, die ich vom Flugzeugfenster aus sah, aber das war nicht weiter schlimm, weil ich andere, wichtigere Dinge über sie wusste: woraus sie bestanden und wie sie sterben würden. Und ich kannte den komplizierten Prozess, durch den sie sich im Sterben in neue Elemente verwandeln und weitab ihres Ursprungs durch den Raum verteilt fortbestehen würden.

Der Lärm der vibrierenden Motoren war der einzige Hinweis darauf, dass wir uns wirklich bewegten. Der Flug war ungewöhnlich ruhig. Es fiel tatsächlich schwer zu glauben, dass das Flugzeug je sein Ziel erreichen würde und dass wir uns nicht in einer Art Stillstand hoch über dem Meer befanden. Die Mischung aus mechanischem Surren und den Stimmen der anderen Passagiere lullte mich ein, sodass ich mein direktes Umfeld nur noch halb wahrnahm, und bald dämmerte ich weg, wobei ich mir unterbewusst wünschte, wir könnten einfach immer so weiterreisen, ohne je unser Ziel erreichen zu müssen. Hier, in diesem Niemandsland des Flugzeugs, fühlte ich mich frei von jeder Verantwortung. Nur die Bewegung der Sterne von Ost nach West verriet unser Vorankommen, bis das Flugzeug schließlich in den Sinkflug ging und die Sterne hinter die Wolken zurücktraten, wie sie es immer tun, und wir am Frankfurter Flughafen landeten.

Im Halbschlaf war ich in ein Land zurückgekehrt, das ein äußerliches Abbild meines Halb-hier-halb-dort-Zustandes war. Wo genau war ich – zu Hause oder woanders? Während wir darauf warteten, das Flugzeug verlassen zu können, sah ich nach, ob sich mein Pass in meiner Tasche befand, um mich auf die Grenzkontrolle vorzubereiten; eine Routinemaßnahme, nichts, worüber man wirklich nachdenken musste. Bis mir beim Anblick meines britischen Passes klar wurde, dass er in Zukunft nicht mehr mein einziger sein würde. Bald würde ich zwei haben, und wenn es so weit war, würde ich immer wieder darüber nachdenken müssen, welchen ich benutzen sollte. Welche Identität ich wählen sollte.

Einige Zeit zuvor hatte ich die deutsche Staatsbürgerschaft beantragt.

Meinem Großvater Ernst war wie allen anderen deutschen Juden die Staatsbürgerschaft entzogen worden, und das deutsche Grundgesetz garantiert den Nachfahren dieser Juden das Recht, ihre Staatsbürgerschaft »wiederzuerlangen«, als Teil der Wiedergutmachung nach dem Krieg, als Entschädigung für das vom Naziregime begangene Unrecht. Es gab keine Vorbedingungen oder Anforderungen für meinen Antrag. Der übliche Einbürgerungsprozess galt für mich nicht. Um einen deutschen Pass zu bekommen, musste ich weder die Sprache sprechen können noch den Einbürgerungstest über das »Leben in Deutschland« bestehen oder eine Loyalitätserklärung abgeben. Ich musste nur Nachweise darüber vorlegen, dass meine Familie verfolgt worden war.

In den Jahren zuvor hatte ich viel Zeit in Deutschland verbracht. Ich hatte zwei Schreibresidenzen absolviert, einmal in Delmenhorst und später in Heidelberg. Praktisch gesehen war es sinnvoll, den nächsten Schritt zu machen und die deutsche Staatsbürgerschaft anzunehmen, die mir angeboten wurde, damit ich auch nach dem Brexit noch die Möglichkeit hätte, ungehindert nach Deutschland einzureisen. Mein Partner war begeistert, er sprach von einer kleinen Wohnung irgendwo in Bremen oder Hamburg oder Berlin, Städte, die wir kennen- und lieben gelernt hatten. Mir wurde klar, dass es für ihn ausschließlich um die Zukunft ging. Aber für mich ging es auch um die Vergangenheit, und ich bezweifle, dass irgendein jüdischer Mensch mit deutschen Wurzeln bei diesem Prozess lediglich den administrativen Nutzen sehen kann. Die Beweisstücke, die Papiere von Ernst, die ich meinem Antrag beilegen musste, ließen es nicht zu, dass ich leichtfertig damit umging.

Für eine solche Veränderung hat jeder Mensch seine eigenen Gründe. Meine hatten damit zu tun, dass ich Ernst niemals kennenlernen konnte, er starb, einige Jahre bevor ich geboren wurde. Ich wollte etwas so Wichtiges wie die Staatsbürgerschaft mit ihm teilen und eine Verbindung zu ihm herstellen. Seinetwegen hatte ich diese Möglichkeit, und seinetwegen ergriff ich sie.

Zu meinen Kindheitserinnerungen gehören ein Foto von Ernst als sehr jungem Soldaten und ein Foto von einem Regal voller Bücher, deren Erscheinungsjahre bis ins 19. Jahrhundert zurückreichen. Als ich klein war, trug ich sorgsam ein paar Fakten aus seinem Leben zusammen, so wie man Wollfäden für eine noch nicht näher bestimmte Tätigkeit in der Zukunft hortet: Er war der mittlere von drei Brüdern, er arbeitete als Anwalt, und er sammelte gern gebrauchte Bücher. Er diente während des Ersten Weltkriegs im Deutschen Heer an der Westfront, danach während des Zweiten Weltkriegs in der British Army. Erst als ich erwachsen wurde, verstand ich, wie ungewöhnlich das war.

Ich wollte mehr über sein Leben herausfinden, indem ich in denselben Städten lebte wie er einst, und eine fühlbare Verbindung mit Ernst herstellen. Aber würde der neue Pass, zusammen mit meinem familiären Hintergrund und meinen mangelhaften Sprachkenntnissen, ausreichen, um mich deutsch »fühlen« zu können? Und würde ich von anderen auch so gesehen werden?

Zu Beginn meiner Schreibresidenz in Delmenhorst musste ich in einer Bankfiliale ein Konto eröffnen. Ich reichte der Angestellten die ausgefüllten Unterlagen und meinen (britischen) Pass, und sie sagte: »Goldschmidt – das ist ein jüdischer Name.« Es war eine einfache Feststellung, eine scheinbar neutrale Aussage. Aber ich antwortete nicht, und nach einem Moment der Stille fuhr sie fort, meine Unterlagen zu begutachten.

»So wird es also sein?«, dachte ich. Ich war gefühlt erst seit fünf Minuten im Land. Würde ich nun jeden Tag damit konfrontiert werden? Ich hatte nie darüber nachgedacht, dass dieser eine Aspekt meiner Identität für die anderen Menschen hier derart offensichtlich wäre.

Nur wenige Meter von der Bankfiliale entfernt fielen mir zwei Stolpersteine auf, die in den Bürgersteig eingelassen waren, kleine Messingplaketten, die an die Deportation und anschließende Ermordung eines Mannes und seiner Ehefrau im Jahr 1941 erinnerten. Ihr Nachname lautete Goldschmidt. Vielleicht kam die Bankangestellte jeden Tag an diesen Stolpersteinen vorbei. Vielleicht waren die Toten für sie wiederauferstanden, als ich die Bank betreten hatte.

»Die Wiederkehr der Toten« ist eines von vielen Motiven, die Sigmund Freud in seinem Aufsatz »Das Unheimliche« nennt. Mit Blick auf Schelling schreibt er: »Unheimlich sei alles, was ein Geheimnis, im Verborgenen bleiben sollte und hervorgetreten ist.« Es ist etwas Vertrautes, das uns durch den Prozess der Verdrängung entfremdet wurde. Freud bezieht sich auf die psychologische Verdrängung als Mechanismus, der aus dem Vertrauten das Unheimliche macht, aber es zeigt sich auch, dass äußerliche, physische Verdrängung denselben Effekt haben kann. Vielleicht werden Menschen wie ich in Deutschland als unheimlich angesehen, weil wir an vergangene Geschehnisse erinnern. Ziemlich unangenehm, gelinde gesagt.

Hier in Deutschland bin ich weder eine ignorante Fremde noch eine echte Einheimische. Meine Beziehung zu meinem Umfeld gleicht einer Rekonstruktion: nach vorangegangener Zerstörung erst jetzt wiederhergestellt. Ich habe meine Staatsbürgerschaft, die ich die ganze Zeit über hätte besitzen sollen, »wiedererlangt«, und folglich (und logischerweise) ist Deutschland für mich keine neue Heimat, sondern etwas, das immer meine Heimat war – auch wenn ich sie nicht kannte. Wenn es keine neue Heimat ist, dann kehre ich in gewisser Weise in eine alte Heimat zurück. Ich bin also einerseits zwar eine Fremde, aber gleichzeitig auch ein lange verschollenes Familienmitglied – Odysseus, der nach Ithaka zurückkehrt. In

Großbritannien ist mein Name einfach ein deutscher, während ihn die Menschen hier in Deutschland als jüdisch identifizieren. Deshalb fällt es mir schwer, meine Anwesenheit in Deutschland als etwas anderes zu sehen als die Wiederkehr einer Toten. Würde hier ein normales Leben möglich sein, und wie würde es aussehen? Ich fand diese Fragen über das Schlingern und Schleudern der Identität sowohl verstörend als auch unwiderstehlich. Es wäre ein Experiment. Und ich bin ausgebildete Wissenschaftlerin, ich kenne mich damit aus, wie man Experimente durchführt.

Also kam ich zurück nach Deutschland, fest entschlossen, in Ernsts Fußstapfen zu treten und herauszufinden, wie es sich anfühlt, das Leben einer Deutschen zu führen, die sich nicht einordnen lässt und die auch ein bisschen unheimlich ist.

DER PROZESS

Putney, 2017

Den größten Teil meiner Kindheit verbrachte ich südlich der Themse an einem Ort, an dem es möglich war und ist, über einen Anleger an Bord eines Schiffs zu gehen und mitten durch London zu fahren, bis nach Greenwich, ohne dass irgendetwas diese Reise von West nach Ost behindern würde. Jedes Mal, wenn ich dort entlangfuhr, schloss ich die Augen, um besser wahrzunehmen, wie sich mein Körper in steter Bewegung befand und nie zur Ruhe kam, während er die ratternde Geschäftigkeit der Maschinen und das langsame Klatschen des Wassers an die Bordwand aufnahm. Und während dieser einstündigen Reise gewöhnte ich mich jedes Mal so sehr an diese stete Bewegung, dass mir der folgende Stillstand beim Erreichen unseres Ziels fremd erschien, mich der Boden unter den Füßen irritierte und ein Verlustgefühl bei mir auslöste.

Das letzte Mal, als ich diese Reise antrat, war mein Ziel das Observatorium auf dem Hügel hinter dem Royal Naval College im Greenwich Park gewesen. Beim Erklimmen dieses kleinen, aber steilen Hügels rief das Muskelgedächtnis Erinnerungen an einen anderen Hügel, sehr viel weiter nördlich, mit einem ähnlichen Observatorium auf seiner Kuppe hervor.

Durch den Innenhof des Observatoriums in Greenwich wurde ein Messingstreifen verlegt, der an eine Bahnschiene erinnert, die nirgendwo hinführt. Es ist der Nullmeridian, von dem aus alle Längengrade der Erde festgelegt wurden, aber anders als Norden und Süden ist es ein konstruierter, ein willkürlicher Punkt. Und während ich den Touristen dabei zusehe, wie sie ihre Füße rechts und links neben dem Messingstreifen platzieren, kann ich ihn mir doch als physisches Objekt vorstellen, und ebenso als eher theoretisches Konzept, das als Strich auf einem Diagramm den Globus aufteilt. Zu Beginn meines Astronomiestudiums musste ich die verschiedenen Methoden lernen, mit denen sich die Sternpositionen bestimmen lassen. Mein Lehrbuch stellte die Erde als eine glatte, strukturlose Sphäre dar. Die unterschiedlichen Koordinatensysteme ragten in den Himmel hinein, verknüpften die Erdoberfläche mit seiner Umgebung und vertäuten sie mit dem Weltraum. Wie ein Ballon oder ein Boot waren wir durch sie mit etwas dort draußen verbunden.

Mittlerweile komme ich nur noch nach Putney, um meine Familie zu besuchen, und dieses Mal bin ich bei meinem Vater, damit wir uns gemeinsam um die Bewerbung für unsere Staatsbürgerschaft kümmern. Wir haben bereits das notwendige Formular von der Website der Deutschen Botschaft heruntergeladen, und jetzt lesen wir die Fragen durch. Das Formular ist kurz, es hat nur zwei Seiten. Wir sollen den Nachweis erbringen, dass Ernst ein deutscher Staatsbürger war, dass er jüdisch war und dass er nicht vor November 1941 die britische Staatsangehörigkeit angenommen hatte; ab diesem Zeitpunkt wurde deutschen Juden während des »Dritten Reichs« die Staatsangehörigkeit entzogen, sobald sie die Staatsgrenze überschritten, und sie wurden staatenlos. (Dies galt auch für deportierte Juden, da die besetzten Gebiete im Osten als »Ausland im Sinne dieser Verordnung« deklariert wurden.) Das Formular verdichtet und presst unsere Familiengeschichte in ordentliche Kästchen, die mit Daten und Ortsangaben vervollständigt werden. Die Begrifflichkeiten sind mit Bedacht gewählt, man bezieht sich auf die jüdische »Religion« und vermeidet die grausame Nazi-terminologie, die Erwähnung des Wortes »Rasse«.

Wir haben den erforderlichen Nachweis. Mein Vater hat Ernsts deutschen Pass aus den späten 1930er Jahren gefunden. Ein kleines, abgenutztes khakifarbenes Dokument, auf dessen Vorderseite ein runder Stempel mit einem Adler zu sehen ist, der ein Hakenkreuz in seinen Krallen trägt. In der oberen linken Ecke prangt ein großes rotes »J«.

Das Dokument ist ein Portal, das es der Vergangenheit erlaubt, in die Gegenwart vorzudringen, direkt in unsere Küche, in der dank Radio Swiss klassische Musik läuft, begleitet vom Bass der Spülmaschine. Draußen kümmert sich meine Stiefmutter um Gladiolen, die aus von ihrem Vater geerbten Blumenzwiebeln gewachsen sind. Jedes Jahr werden sie so groß, dass sie sich nicht mehr von selbst aufrecht halten können, und sie muss die Gladiolen an Holzstöcke binden, damit sie nicht brechen oder knicken.

Wir öffnen Ernsts Pass nicht. »Kaffee?«, fragt einer von uns, und wir sind froh über die Ablenkung und kochen und trinken Kaffee und lesen uns noch einmal das Infoblatt durch, das zu dem Formular gehört.

Auf dem Infoblatt steht gleich zu Anfang: »Frühere Deutsche können sich wieder auf ihre frühere Staatsangehörigkeit berufen, wenn ihnen während der Zeit des NS-Regimes die deutsche Staatsangehörigkeit aus politischen, rassischen oder religiösen Gründen entzogen wurde. Dies gilt auch für deren Abkömmlinge.« Dies trat mit Gründung der BRD 1949 in Kraft und ist Teil des Grundgesetzes.

Aber als wir unseren Kaffee ausgetrunken haben, liegt der Pass immer noch dort, und es muss etwas damit geschehen. Er erzeugt einen krassen Bruch zu unserer Umgebung. Mich mit ihm auf fast wissenschaftliche Weise auseinanderzusetzen, ist vielleicht die einzige Möglichkeit, um innerlich Distanz bewahren zu können. Vielleicht kann sich jedes Detail – die Farbe des Papiers, die Handschrift, die Schriftart der gedruckten Buchstaben, sogar der Winkel des Hakenkreuz tragenden Adlers – durch meinen objektiven und unvoreingenommenen Blick von schwerem Material in gewichtslose Information verwandeln, die dem Staatsbürgerschaftsformular angemessen ist. Wenn ich auf jedes noch so kleine Detail achte, jeden Tintenfleck, jede rostige Heftklammer, jeden schiefen Buchstaben, kann ich mich vielleicht dem Wesen der ausstellenden Behörde entziehen.

Also gut. Eins nach dem anderen. Fangen wir mit der Vorderseite an:

Die gedruckten Wörter »Deutsches Reich« und der aufgedruckte Reichsadler.

»Reisepass«.

»Nr.« (und in schwarzblauer Tinte): *1873/36*.

»Name des Passinhabers«: *Dr. jur. Ernst Goldschmidt* (in Tinte).

Ein Stempel: »Vorname hinzugefügt«: *Israel* (in Tinte) und ein weiterer Stempel: »2. Feb. 1939«.

Noch ein Adler, der das Hakenkreuz trägt, und rundherum steht »Deutsche Botschaft in London«.

In der oberen linken Ecke das »J« mit Datum: »2. Feb. 1939«.

Der Pass wurde 1936 von der Deutschen Botschaft in London ausgestellt – und das ist das erste Rätsel: Warum wurde dieser Pass in London und nicht in Deutschland ausgestellt?

Mein Vater hebt die Schultern, als ich ihn danach frage.

Der Buchstabe »J«, der am 2. Februar 1939 auf seinen Pass gestempelt wurde, klassifiziert Ernst als Juden. Ebenfalls an diesem Tag wurde »Israel« seinem Namen hinzugefügt – wie bei allen jüdischen Männern gemäß einem Gesetz, das Ende 1938 verabschiedet worden war. Korrespondierend dazu wurde bei allen jüdischen Frauen »Sara« hinzugefügt. Ein Gesetz, um zu demütigen, um die Juden daran zu erinnern, dass sie sogar das Recht auf ihren eigenen Namen verloren hatten.

Ich öffne den Pass. Innen ist ein Foto von Ernst: ein Mann mittleren Alters in einem hellen Anzug und mit einer dunkleren Krawatte. Eine kleine, runde Brille, glatt rasiert, ordentlich gekämmt, den Kopf leicht zur Seite geneigt. Er späht argwöhnisch in die Kamera und erahnt offenbar die Zukunft, in der ein ganzes Aufgebot an Amtspersonen über ihn richten wird. Er sieht aus wie das geisterhafte Abbild meines Vaters, aber ich habe nicht das Gefühl, dies laut sagen zu können.

Eigentlich erinnert mich das Foto an jene von August Sander: Sander hatte Menschen der neuen demokratischen Weimarer Republik in den 1920er und 1930er Jahren fotografiert und katalogisiert. Zirkusakrobaten, Prostituierte, Bauarbeiter, Künstlerinnen und Bürokraten, alle wurden von Sander auf objektive und quasiwissenschaftliche Weise abgelichtet. Dabei verzichtete er auf jegliche Kommentare bezüglich der Wahl, die die Fotografierten für ihr Leben und ihren Beruf getroffen hatten, oder bezüglich der Wahl, die andere Leute getroffen hatten und von der die Menschen auf den Fotos betroffen waren.

Ich will das Foto von Ernst näher betrachten, jedes Detail daran erscheint mir wichtig, weil es alles ist, was ich habe, alles, was ich aus dieser Zeit über ihn wissen kann. Aber als ich das Foto ansehe, kann ich nicht anders, als an die vielen Nazi-Beamten zu denken, die es ebenfalls angesehen haben müssen, um dann den Blick auf ihn zu richten, während er vor ihnen stand. Waren ihnen auch die breite Stirn aufgefallen, die eher vollen Wangen und die müden Augen, so wie mir? Von der eingehenden Prüfung seines Bildes wird mir schrecklich unwohl. Obwohl ich ein Viertel meiner DNS mit ihm teile, will ich ihn nicht als Ansammlung von Eigenschaften sehen, die sich identifizieren und quantifizieren lassen.

Aber ich wurde dazu ausgebildet, Bilder zu analysieren. Als Astronomin habe ich zu Galaxien geforscht, die so weit entfernt sind, dass es niemals physische Proben von ihnen geben kann. Bilder sind das Einzige, was wir jemals von ihnen haben werden. Ihr Licht erreicht die Erde noch, wenn sie schon lange erloschen sind und nicht mehr existieren. Wir sehen sie nur, wie sie vor vielen Milliarden Jahren gewesen sind. Für mich sind Bilder Erkenntnisquellen, und mir wurde beigebracht, sie unvoreingenommen zu untersuchen. Bis ich mich dem Foto von Ernst in seinem deutschen Pass gegenübersehe.

Ein paar der Menschen, die August Sander fotografierte, haben keinen offensichtlichen oder kenntlich gemachten Be-

ruf. Es handelt sich um junge Frauen, ältere Männer und sogar Kinder, die keinerlei besondere körperliche Merkmale
teilen. Alle diese Fotos tragen denselben Titel: »Verfolgte«.

Meine Stiefmutter ist mit ihrer Gartenarbeit fertig, in der
Küche ist es still, und der Kaffee ist längst ausgetrunken.
Wir müssen weitermachen.

Ernst starb, als mein Vater noch jung war, vielleicht ist dieser Prozess für ihn eine Möglichkeit, eine Verbindung zu dem
Mann herzustellen, den er im Erwachsenenalter nicht mehr
erleben konnte. Im Deutschen bedeutet das Wort »Prozess«
sowohl Hergang als auch Gerichtsverfahren. Niemand erwartet, dass es leicht wird.

Ich kann mich nicht einmal mehr daran erinnern, wann ich
herausfand, dass wir beide Anspruch auf diese Staatsbürgerschaft haben. Diese Möglichkeit schien sich ganz langsam in
mein Bewusstsein geschoben zu haben. Zögerlich schlug ich
es meinem Vater vor.

»Ich denke, er würde dem zustimmen«, hat mein Vater
nun schon einige Male gesagt, wahrscheinlich um sich selbst,
aber auch mich zu beruhigen. »Er hasste die Deutschen nicht.
Er sagte, einige waren sehr nett zu ihm, selbst als es richtig
schlimm geworden war. Seine Sekretärin zum Beispiel. Er
hat mir erzählt, dass sie ihm geholfen hat.«

Ich versuche, mir diese unbekannte Frau vorzustellen, eine
Angestellte am Oberlandesgericht in Frankfurt am Main
Mitte der 1930er Jahre. Gab sie ihm Geld, oder half sie ihm
mit seiner Ausreise? Vielleicht hat sie ihn auch einfach nur
weiterhin wie einen Menschen behandelt, als die Gesetzes-
lage ihm und anderen Juden längst grundlegende Menschen-
rechte verweigerte.

Während wir langsam und still die Seiten des Passes umblättern, wird mir klar, dass ich ihn mir am besten zweige-

teilt vorstelle. Ein paar Angaben durch die deutschen Behörden, gefolgt von ein paar Angaben durch die britische Einwanderungsbehörde. Die deutschen Angaben sind sehr viel leichter zu verstehen als die britischen, weil es von Letzteren so viele gibt.

Der Pass wurde im November 1936 ausgestellt und war ursprünglich nur sechs Monate gültig, wurde dann aber viermal verlängert. 1940 hatte Deutschland wegen des Kriegs keine diplomatische Präsenz mehr im Vereinigten Königreich, und die Schweiz war zur »Schutzmacht« deutscher Staatsbürger geworden. Der Pass war ordnungsgemäß von der Schweizerischen Gesandtschaft bis 1941 verlängert worden. Danach erachtete das »Dritte Reich« Ernst nicht mehr als deutschen Staatsbürger, wodurch er das Recht auf einen Pass verlor.

Jedes Mal, wenn er die Deutsche Botschaft aufsuchte, um seinen Pass verlängern zu lassen, hatte er in ein weißes Stuckgebäude gehen müssen, in der Nähe von The Mall, der Prachtstraße, die zum Buckingham Palace führt. Einige Jahre nachdem das Gebäude nicht mehr als Botschaft genutzt wurde, zog die Royal Society ein. Die renommierteste Wissenschaftsgesellschaft Großbritanniens war 1660 gegründet worden, und Isaac Newton war einer ihrer ersten Präsidenten. Auch ich selbst war mehrere Male dort, saß in eleganten Räumen, von denen man auf die mit Bäumen gesäumte Mall sehen konnte, und lauschte Seminaren über Kosmologie und Dunkle Materie. Mir war nicht annähernd bewusst, dass sich meine Wege mit denen von Ernst kreuzten, jedenfalls räumlich, wenn schon nicht zeitlich. Ich hatte die viele Milliarden Jahre alte Geschichte des Universums mit großer Aufmerksamkeit verfolgt, die Geschichte dieses Gebäudes und damit auch die Geschichte meiner eigenen Familie, die sich darin einige Jahrzehnte zuvor abgespielt hatte, aber schlicht ignoriert.

Die offiziellen britischen Angaben im Pass sind zugleich auch eine Reihe von Daten und Zeiträumen.

»Erlaubnis, in Harwich an Land zu gehen, am:« *12. Sept. 1936.* »Unter der Bedingung, dass der Inhaber nicht länger im Vereinigten Königreich bleibt als« *ein Monat* »und keiner Beschäftigung nachgeht, weder bezahlt noch unbezahlt.« (Diese Angabe befindet sich auf einer zusätzlichen Seite, vermutlich aus einem vorherigen Pass, die in den hinteren Teil dieses Passes eingeklebt wurde.)

»Die beigefügte Bedingung bezüglich der Erlaubnis, an Land zu gehen, wird hiermit insofern abgeändert, als dass der Inhaber angehalten ist, nicht länger im Vereinigten Königreich zu bleiben als:« *22. Dezember 1936.*

»Die beigefügte Bedingung bezüglich der Erlaubnis, an Land zu gehen, wird hiermit insofern abgeändert, als dass der Inhaber angehalten ist, (i) nicht länger im Vereinigten Königreich zu bleiben als:« *2. Februar 1937* und »(ii) keiner Beschäftigung im Vereinigten Königreich nachzugehen, weder bezahlt noch unbezahlt.«

»Die beigefügte Bedingung bezüglich der Erlaubnis, an Land zu gehen, wird hiermit insofern abgeändert, als dass der Inhaber angehalten ist, nicht länger im Vereinigten Königreich zu bleiben als:« *31. Juli 1937.*

»Die beigefügte Bedingung bezüglich der Erlaubnis, an Land zu gehen, wird hiermit insofern abgeändert, als dass der Inhaber angehalten ist, (i) nicht länger im Vereinigten Königreich zu bleiben als:« *31. August 1937* und »(ii) keiner Beschäftigung im Vereinigten Königreich nachzugehen, weder bezahlt noch unbezahlt.«

Und so geht es weiter:

»Erlaubnis, in Harwich an Land zu gehen, am:« *5. Sept. 1937.* »Unter der Bedingung, dass der Inhaber nicht länger im Vereinigten Königreich bleibt als« *vierzehn Tage* »und keiner Beschäftigung nachgeht, weder bezahlt noch unbezahlt.«

»Die beigefügte Bedingung bezüglich der Erlaubnis, an Land zu gehen, wird hiermit insofern abgeändert, als dass die Abreise aus dem Vereinigten Königreich spätestens zu erfolgen hat am:« *31. Dezember 1937.*

»Die beigefügte Bedingung bezüglich der Erlaubnis, an Land zu gehen, wird hiermit insofern abgeändert, als dass die Abreise aus dem Vereinigten Königreich spätestens zu erfolgen hat am:« *30. April 1938.*

Und weiter:

»Erlaubnis, in Newhaven an Land zu gehen, am:« *6. Sept. 1938.* »Unter der Bedingung, dass der Inhaber nicht länger im Vereinigten Königreich bleibt als« *nach dem 20. Januar 1939.*

»Vorstellig im Auswärtigen Amt London. Visum gültig für alle Reisen in das Vereinigte Königreich bis zum:« *20. Januar 1939.*

»Die beigefügte Bedingung bezüglich der Erlaubnis, an Land zu gehen, wird hiermit insofern abgeändert, als dass die Abreise aus dem Vereinigten Königreich spätestens zu erfolgen hat am:« *20. September 1938.*

»Die beigefügte Bedingung bezüglich der Erlaubnis, an Land zu gehen, wird hiermit insofern abgeändert, als dass die Abreise aus dem Vereinigten Königreich spätestens zu erfolgen hat am:« *20. Januar 1939.*

»Die beigefügte Bedingung bezüglich der Erlaubnis, an Land zu gehen, wird hiermit insofern abgeändert, als dass die Abreise aus dem Vereinigten Königreich spätestens zu erfolgen hat am:« *20. Mai 1939.*

»Die beigefügte Bedingung bezüglich der Erlaubnis, an Land zu gehen, wird hiermit insofern abgeändert, als dass die Abreise aus dem Vereinigten Königreich spätestens zu erfolgen hat am:« *20. Mai 1940.*

Aber obwohl mein Vater und ich uns langsam von einem verblassten Stempel zum nächsten arbeiten und jeden einzelnen genau betrachten, fällt es uns immer noch schwer, Ernsts Reisen zwischen Deutschland und England genau nachzuvollziehen. Der Pass zeigt drei Stempel von den britischen Einwanderungsbehörden aus den Jahren 1936, 1937 und 1938. Bei jeder Ankunft erhielt Ernst zunächst die Erlaubnis, zwischen vierzehn Tagen und vier Monaten zu bleiben, und konnte diese Aufenthaltserlaubnis, sobald er in London war, mehrfach verlängern. Was vermutlich bedeutet, dass er dreimal nach Großbritannien eingereist und nach 1938 dauerhaft geblieben war. Aber sicher wissen wir es nicht.

Während ich all das lese und dabei versuche, die achtzig Jahre alten Stempel in dem Pass zu entziffern, wird mir klar, dass ich deutlich weniger über die Reisen von Ernst als über Einsteins komplizierte Reisebewegungen weiß.

Einstein wurde 1879 in Ulm geboren, wuchs in München auf und zog mit sechzehn zunächst nach Italien und dann weiter in die Schweiz. Er gab seine württembergische Staatsbürgerschaft auf und blieb zunächst staatenlos, um sich dem Militärdienst, der damals für alle jungen Männer in Deutschland verpflichtend war, zu entziehen. Nach seinem Abschluss am Polytechnikum Zürich bekam er weder dort noch an anderen Universitäten eine Assistenzstelle und zog 1901 nach Bern, wo er im Patentamt arbeitete.

1905 wird oft als Einsteins *annus mirabilis,* sein Wunderjahr, bezeichnet, weil er in diesem einen Jahr fünf akademische Arbeiten veröffentlichte, die die moderne Physik revolutionierten. Daraufhin habilitierte er, erhielt Lehraufträge und Professuren und schließlich einen Ruf der Berliner Universität, dem er 1914 folgte. Er nahm die preußische Staatsbürgerschaft an und blieb bis Ende 1932 in Berlin. In jenem Jahr trat er glücklicherweise eine Vorlesungsreise in die

Vereinigten Staaten an. Während der »Machtergreifung« der Nazis befand er sich also in Amerika, blieb dann dort und lehrte fortan am Institute for Advanced Study in Princeton. Erneut gab er eine deutsche Staatsbürgerschaft ab, diesmal die preußische, und wurde 1940 US-amerikanischer Staatsbürger. Er kehrte nie mehr nach Deutschland zurück.

Die komplizierten Einträge in Ernsts Reisepass und die Schwierigkeiten, seine Reisebewegungen nachzuvollziehen, machen mir deutlich, dass so einiges, was ich bislang als »Fakten« akzeptiert hatte, wenig mehr war als unhinterfragte Spekulation. Ich hatte mir immer vorgestellt, dass es eine einzige Reise war, die er in den späten 1930er Jahren von Deutschland nach England antrat, so, als würde man zwei Punkte mit einem Lineal verbinden. Ich hatte nie daran gezweifelt, dass diese Reise so präzise und ruhig verlaufen sein musste wie eine Rechenaufgabe.

Aber wenn ich mir jetzt diesen Pass ansehe, erhasche ich einen Blick auf die Unsicherheiten, die jede einzelne dieser Reisen, jede erneute Ankunft in Großbritannien mit sich brachte. Bei seiner ersten Ankunft erhielt er die Erlaubnis, einen einzigen Monat bleiben zu dürfen. Jedes Mal, wenn er eine Verlängerung beantragte, musste er erneut bei den britischen Behörden vorstellig werden. Wie wahrscheinlich (oder vielmehr: wie unwahrscheinlich) wäre es gewesen, dass sein Antrag abgelehnt und er zurück nach Deutschland geschickt wurde? Ungefähr fünfzigtausend deutschen und österreichischen Juden gelang es, nach Großbritannien zu fliehen und dort aufgenommen zu werden. Unzähligen mehr wurde die Einreise verweigert, vor allem, wenn sie niemanden in Großbritannien hatten, der für sie bürgte und versichern konnte, dass sie keinerlei finanzielle Last für den Staat darstellen würden. Denn das war damals eine Grundvoraussetzung.

Ich habe so viele Berichte von heutigen Geflüchteten über die langen Routen gelesen, die sie nehmen mussten, um an sichere Orte zu gelangen, darüber, wie sie ständig reisen und warten mussten, reisen und warten, manchmal im Zickzack durch mehrere Länder, wie sie gezwungen waren, in völliger Ungewissheit in verschiedenen Camps zu vegetieren, bevor es weiterging. Und doch war ich davon ausgegangen, dass es Ernst mit einer einzelnen, mühelosen Reise gelungen war auszuwandern, und nie war mir in den Sinn gekommen, dass er zwischen England und Deutschland hatte hin- und herreisen müssen. Und mit der Einführung immer neuer Restriktionen für Juden in Deutschland musste jede weitere Reise noch schwieriger und gefährlicher gewesen sein als die vorherige.

In gewisser Weise ist es leichter, mit dem vorderen Teil des Passes und den bloßen Grausamkeiten des Nationalsozialismus klarzukommen. Der hintere Teil, der verdeutlicht, dass ein Aufenthalt in Großbritannien nur in kurzen Zeitabschnitten von Wochen oder Monaten erlaubt war und also immer wieder abgebrochen werden musste, widerspricht meiner Annahme des Verwurzeltseins so sehr, dass mir davon ganz schwindelig wird.

Vielleicht liegt es an meiner wissenschaftlichen Ausbildung, dass ich mir die Komplexität von Ernsts Emigration aus Deutschland nie richtig bewusst gemacht habe. Konfrontiert mit einer Information, die einer Einordnung oder einer Erklärung bedarf, habe ich gelernt, die geradlinigste Schlussforderung zu ziehen. Wissenschaftler folgen dem Prinzip von Ockhams Rasiermesser: Um die eigenen Beobachtungen zu erklären, sollte man die entsprechende Hypothese so einfach wie möglich halten und nichts Unnötiges hinzufügen. Das kommt Wissenschaftlern in der Regel zugute. Aber für mich ist Ockhams Rasiermesser stumpf geworden, und die Art zu denken, die mir beigebracht wurde, um ausgehend von begrenzten Informationen Rückschlüsse zu ziehen und Mutmaßungen anzustellen, erscheint mir nun unangemessen. Es fühlt sich an, als wäre ich moralisch gescheitert, und ich schäme mich. Welche weiteren Geheimnisse habe ich übersehen, welche anderen komplexen Zusammenhänge sind mir entgangen?

Ich bin nicht allein dafür verantwortlich, über viele Aspekte der Vergangenheit wurde schlicht nicht gesprochen. Ich habe Ernst nie kennengelernt, aber ich stand meiner Großmutter Lisl sehr nah, die nach dem Anschluss Österreichs im Jahr 1938 nach London floh, wo sie bis zu ihrem Tod 1992 gelebt hat. Sie war stolz darauf, dass das Englische zu der Sprache geworden war, in der sie dachte, sogar träumte, obwohl sie bei ihrer Ankunft die Sprache nicht beherrscht hatte. Sie war nicht sonderlich glücklich, als ich mich entschloss, in der Schule Deutsch zu lernen, aber noch weniger gefiel es ihr, dass ich nie auch nur ein Wort von dem verstand, was sie in ihrer Muttersprache zu mir sagte. Der starke Wiener Dialekt unterschied sich zu sehr von dem, was ich gelernt hatte. Ich kannte nur Hochdeutsch.

Sie war ihr ganzes Leben lang eine starke Raucherin, nie traf man sie ohne Zigarette an. Wenn sie nicht rauchte, hustete sie, bis man bei ihr eine Lungenerkrankung diagnostizierte und sie die Zigaretten in den Müll warf.

Nach ihrem Tod entdeckten wir ein Büchlein, das ihr das German Jewish Aid Committee bei ihrer Ankunft ausgehändigt hatte: »Hilfreiche Informationen und Richtlinien für alle Flüchtlinge«. Auf Seite dreizehn steht: »Sprechen Sie nicht Deutsch in den Straßen, in Verkehrsmitteln oder sonst in der Öffentlichkeit, wie z. B. in Restaurants. Sprechen Sie lieber stockend Englisch als fließend Deutsch – und *sprechen Sie nicht laut.*« (Die Kursivierung entspricht dem Original.)

Sprich leise und lieber in einer fremden als in deiner Muttersprache. Steck dir eine Zigarette zwischen die Lippen und rauche. Huste. Alles Mittel, um nicht über etwas zu sprechen, das am Rand schwebt, nie richtig sichtbar, aber immer gegenwärtig. Etwas, das mir in jüngsten Jahren schon bewusst war. Aber auch Objekte am Rand des Blickfelds können sich nach und nach bemerkbar machen; wenn man einen leuchtschwachen Stern betrachten will, muss man sich antrainieren, ihn nicht direkt anzusehen, man muss daran vorbeischauen und den blinden Fleck hinten im Auge meiden. Man benötigt Zeit und Übung, weil es sehr schwer ist, den Instinkt zu überwinden, das Objekt, dem man seine Aufmerksamkeit schenken will, direkt anzusehen. Schafft man es dann endlich, sieht man mehr.

Natürlich redete sie. Sie sprach über andere Dinge, zum Beispiel über ihre Kindheit in Wien nach dem Ersten Weltkrieg und während der Hyperinflation. Sie erzählte mir von dem Taschengeld, das sie jede Woche bekam, und dass sie damit, so schnell sie konnte, in die Läden rennen musste, weil das Geld, noch während sie unterwegs war, an Wert verlor. Von ihrem Taschengeld kaufte sie Stanniol, weil es wertvoller war als das Geld selbst, und es gelang ihr, dass es wie ein Spaß klang, wenn sie mir davon erzählte, fast wie ein Spiel, zumindest stellte ich es mir als Kind so vor. Sie erzählte mir auch, dass sie 1919, nach Österreichs Niederlage im Ersten Weltkrieg und der folgenden Abdankung der Habsburger, in der Schule von ihren Lehrern angewiesen worden war, das Porträt des alten Kaisers Franz Joseph I. auf dem Frontispiz ihrer Schulbücher herauszureißen. Sie wollte aber ihre Bücher nicht auf diese Art verunstalten und fragte ihren Vater, was sie tun sollte. Er riet ihr, den Kaiser dort zu lassen, das würde schon keinen Schaden anrichten. Aber sie erzählte mir nie von den Unruhen, der Gewalt, den politischen Attentaten, dem ständigen Antisemitismus oder dem langsam erstarkenden Faschismus, der die schwache Demokratie der neuen Republik schließlich überrollte.

Lisl kochte oft österreichische Gerichte wie Apfelstrudel und Schinkenfleckerl, aber ich kann nicht sagen, ob sie es auch genoss, sie zu essen. Vielleicht fand sie einfach die Vorbereitung beruhigend, das monotone Schnippeln und Rühren. Vielleicht schmeckten die Gerichte denen ihrer Mutter nicht ähnlich genug, vielleicht aber auch zu ähnlich. Vielleicht musste sie dann zu sehr an alles denken, was sie verloren hatte.

Ich erinnere mich an zwei Fotos in ihrer Wohnung. Das eine war das Foto von Ernst in seiner feldgrauen Uniform aus dem Ersten Weltkrieg; es war markant im Wohnzimmer zur Schau gestellt. Das andere war ein Zeitungsausschnitt und hing in ihrem Schlafzimmer. Es zeigte einen kleinen Jungen, der die Hände hochhielt, um sich einem Soldaten zu ergeben, der mit seinem Gewehr auf ihn zielte. Andere Kinder und Frauen standen um ihn herum, im Hintergrund weitere Soldaten. Über dem Foto stand in dicken schwarzen Buchstaben »The Observer«, auf Deutsch: der Beobachter. Als Kind verfolgte mich die Vorstellung eines allsehenden und alles erfassenden Beobachters, bis ich herausfand, dass es sich bloß um den Namen der Zeitung handelte. Niemand sprach je über den Jungen auf dem Foto. Ich wusste nicht, wer er war, aber ich wusste, dass ich niemals danach fragen durfte.

Auf dem Antragsformular für die Staatsbürgerschaft sollen wir unsere Religion eintragen, zwei Möglichkeiten werden angeboten: »jüdisch« oder »andere«.

Mein Vater und ich sehen uns an. Ich weiß, dass er tief verinnerlichte Vorbehalte hat, sich selbst in irgendeinem offiziellen Kontext, und ganz besonders in einem deutschen, als jüdisch zu definieren, und wir sind überhaupt keine religiöse Familie. Aber auf dem Formular wird auch danach gefragt, ob mein Großvater jüdisch war, und weil er aus diesem Grund seine Staatsbürgerschaft verlor, müssen wir dieses Kästchen natürlich ankreuzen. Also definieren wir uns ebenfalls als jüdisch. Es ist vermutlich das erste Mal, dass ich dies ganz offiziell tue.

Ich weiß so gut wie nichts darüber, was es bedeutet, jüdisch zu sein, ich wurde bewusst so erzogen, dass mir dieser Aspekt unserer familiären Identität nicht übermäßig ins Bewusstsein drang, obwohl es überall Anzeichen dafür gab, wenn man nur genau genug hinsah. Die Schachtel mit den alten, abgenutzten Gebetsriemen in einer Schublade. Ein winziger Davidstern an einem Bettelarmband. Eine Menora auf einer Anrichte. Objekte, die ihre Bedeutung verschwiegen, weil sie selbst nicht sprechen konnten und auch sonst niemand für sie sprach.

Wieder in Edinburgh, gehe ich mit dem ausgefüllten Formular zum deutschen Konsulat. Ich wollte vorab einen Termin ausmachen, aber Termine werden nur für ganz bestimmte Anliegen vergeben, und der Antrag auf Staatsbürgerschaft scheint nicht dazuzugehören. Also muss ich wohl einfach dort auftauchen, was mir irritierend planlos vorkommt, aber es geht nicht anders. Wie so oft ist es windig in Edinburgh, und ich sitze auf dem Oberdeck des Busses, um zu sehen, wie das Meer im Firth of Forth wogt und die Möwen vom Wind herumgewirbelt werden. Ich halte die Tüte mit den Unterlagen in der Hand. Die gesamte bekannte Geschichte der Familie meines Großvaters steckt in dieser dünnen Plastiktüte. Mein Griff wird fester.

Das Konsulat befindet sich in einem eleganten Reihenhaus in einer für die New Town typischen Straße. Mit seinen flatternden schwarz-rot-goldenen Fahnen ist es bereits aus der Ferne gut zu erkennen. Auf dem Weg dorthin muss ich die Plastiktüte fest an den Körper gepresst halten, um sie vor den Windböen zu schützen. Am Eingang spreche ich mit einer Frau vom Sicherheitspersonal. Sie wirkt erstaunt, als ich versuche, ihr zu erklären, warum ich hier bin, aber dann geht sie rein, um jemanden zu holen, der mir behilflich sein könnte. Ich darf in einem holzgetäfelten Raum warten, in dem ein Porträt hängt – viel zu weit oben, als dass man erkennen könnte, wen es zeigt. Eine gläserne Wand mit einer Luke darin und eine Sicherheitsschleuse, die denen an Flughäfen ähnelt, trennen die Wartenden in diesem Raum vom Rest des Konsulats. Bei allen außer mir scheint es sich um Nicht-EU-Studierende zu handeln, die ein Schengen-Visum beantragen, um ihr Studium in Deutschland fortzusetzen, und alle paar Minuten ruft jemand von der anderen Seite der Glaswand einen von ihnen an die Luke. Jeder Studierende wird aufgefordert, die Fingerkuppen der rechten Hand erst auf ein Stempelkissen zu drücken und dann auf ein offizielles Formular: ein Aufeinandertreffen von Körpern mit der Bürokratie.

Im Ausweis meines Großvaters findet sich eine kurze Beschreibung von ihm: ovales Gesicht, schwarzes Haar, mittelgroße Statur, blaugraue Augen – wobei es sich da um die Korrektur einer vorherigen Beschreibung seiner Augen handelt, die durchgestrichen wurde. Ich habe lange versucht, dieses durchgestrichene Wort zu entziffern. Seine Unterschrift unter dem Foto ist kantig und präzise.

Ich sehe zu, wie einer nach dem anderen an die Reihe kommt, und die Zeit vergeht. Ich merke, dass ich sehr nervös bin, weil ich keine Ahnung habe, was mich erwartet. Wird man mich ernst nehmen? Ich weiß nicht, warum ich daran zweifle, bis mir klar wird, was es bedeutet, wenn mein Antrag von den deutschen Behörden anerkannt wird: dass mein

Großvater tatsächlich ein Opfer des Nationalsozialismus war. Aus mehreren Gründen fühle ich mich sehr unwohl damit, mir diesen Umstand einzugestehen, nicht zuletzt, weil in meiner Familie niemals offen darüber gesprochen wurde.

Die Studierenden wirken ebenfalls nervös. Ich will etwas zu ihnen sagen, weiß aber nicht, was angemessen wäre.

Nach ungefähr einer halben Stunde kommt schließlich eine Frau durch die Sicherheitssperre, gibt mir ein Zeichen, und ich stehe auf.

»Was genau wollen Sie denn?«, fragt sie.

»Ich bin hier, um mein Recht auf die deutsche Staatsangehörigkeit gemäß Artikel 116 des deutschen Grundgesetzes einzufordern.« Ich fühle mich ganz außer Atem, nachdem ich es gegenüber einer Fremden laut ausgesprochen habe. »Mein Großvater war Deutscher und musste 1938 aus dem Land fliehen. Er war Jude.«

Sie nickt und scheint von meiner brüsken, viel zu förmlichen Äußerung nicht überrascht zu sein. Offenbar ergibt das alles Sinn für sie, und möglicherweise hat sie so etwas schon vorher gehört. »Haben Sie die Unterlagen ausgefüllt?«

Ich wühle in meiner Plastiktüte und ziehe die Unterlagen hervor. Ich habe meine Atmung immer noch nicht ganz unter Kontrolle und bekomme Angst, dass das alles etwas konfus wirken könnte. Es gibt auch nirgendwo eine Ablage für die Unterlagen, weshalb ich sie durcheinanderbringe, während ich sie ihr zeige. Ernsts Ausweis und den Nachweis seiner deutschen Staatsbürgerschaft, seine britische Staatsbürgerschaft, die verschiedenen Geburts- und Heiratsurkunden. Sie nimmt mir alle Papiere ab und geht sie durch. Meine gesamte Familiengeschichte liegt jetzt in ihren Händen.

Die Studierenden sehen zu, und mir ist klar, wie das für sie aussehen muss: Jemand mit einer Tüte voller Papiere erhebt extravagante Ansprüche und versucht, sich in ein anderes Land zu quatschen.

Sie sagt: »Bitte warten Sie hier«, und verschwindet mit meinen Unterlagen durch die Sicherheitsschleuse.

Ohne die Papiere fühle ich mich ein wenig verloren, und meine Hände sind vom Halten der Plastiktüte immer noch ganz verschwitzt. Durch die Glaswand kann ich sehen, wie im Konsulat Menschen herumlaufen, in Büros verschwinden, wiederauftauchen. Hinter der Glaswand ist ein anderes Land, in dem deutsche Gesetze gelten. Die Studierenden, die neben mir sitzen, betrachten ihre Fingerkuppen, stellen sich vielleicht vor, wie sie mit der Tinte aussehen werden.

Sehr lange Zeit später kommt die Frau mit meinen Unterlagen zurück. »Danke. Alles, was wir brauchen, ist dabei. Es kann allerdings bis zu einem Jahr dauern, Ihren Antrag zu bearbeiten. Der Brexit ...« Und hier bemerke ich, wie sie ein winziges bisschen die Augenbraue hebt. »Wir bekommen sehr viel mehr Anträge als früher. Das hier ist schon der zweite diese Woche. Aber es sieht so weit alles gut aus. Sie hören von uns.«

Es scheint geklappt zu haben. Mit diesem Versprechen gehe ich.

Die Frau sollte recht behalten, es dauert tatsächlich fast ein Jahr, aber schließlich erhalte ich eine E-Mail mit der Nachricht, mein Antrag sei erfolgreich. Ich könne mir beim Konsulat meine Einbürgerungsurkunde und meinen neuen Ausweis abholen.

Diesmal darf ich einen Termin machen und muss nicht erst lange im Wartebereich sitzen; ich darf sogar durch die Sicherheitsschleuse gehen und das Konsulat betreten. Die Frau wartet auf der anderen Seite auf mich und führt mich in ein Büro.

»Ihre Urkunde wurde uns aus Berlin zugeschickt«, sagt sie. »Ich werde Ihnen eine Kopie machen.« Dann verschwindet sie, und eine andere Frau taucht auf und lächelt mich an, bevor sie sich setzt.

Ich weiß nicht genau, warum sie dort ist, vielleicht soll sie den Erhalt meiner Staatsbürgerschaft bezeugen. Ich habe keine Ahnung, was ich zu ihr sagen soll, also schweigen wir gemeinsam, während wir warten.

Die erste Frau kommt zurück und sagt: »Hier, bitte schön. Jetzt sind Sie Deutsche. Verlieren Sie bloß nicht das Original, es kann nämlich nicht ersetzt werden.« Sie händigt mir die Urkunde aus.

»Willkommen in Deutschland«, sagt die andere Frau und lächelt wieder.

Ich sehe mich in dem Büro um, vermutlich hatte ich etwas mehr erwartet, irgendwelche besonderen Formalitäten. Einen Handschlag, ein Foto vor einer Flagge oder einem Porträt des Bundespräsidenten? Ich hatte außerdem erwartet, dass man mir einen schriftlichen Ratgeber aushändigt, aus dem ich etwas über meine neuen Pflichten erfahre und der mich mit Informationen darüber versorgt, wie ich mich als Deutsche zu verhalten habe. Was ich tun soll. Aber nichts dergleichen passiert.

Ich verabschiede mich von den beiden, werde durch die Sicherheitsschleuse begleitet und gehe nach Hause. Mir ist ein wenig flau im Magen, und ich frage mich, was das alles nun bedeutet. Ich scheine weder mehr Sicherheit gewonnen, noch es verstanden zu haben. Meine offizielle Identität hat eine neue Dimension angenommen, aber ich merke noch nicht, wie sich das auswirkt.

Zu dieser Sinnkrise gesellen sich zudem eher praktische Sorgen: Was genau wird nun von mir erwartet? Alles, was ich online gefunden habe, scheint sich an Menschen zu richten, die bereits einige Jahre im Land gelebt und erst dann die Staatsbürgerschaft beantragt haben, die also eine allmähliche Anpassung durchlaufen haben. Für Menschen wie mich gibt es rein gar nichts. Es kommt mir vor, als wüsste ich jetzt weniger als zuvor.

Ungefähr zur selben Zeit erhält auch mein Vater seine Staatsbürgerschaft. Er ist zur Deutschen Botschaft in London gegangen und erzählt mir später, dass es dort ebenfalls wenig feierlich zugeht, aber ihm wurde gratuliert, was ihm gefiel, und er hat eine Packung Haribo-Gummibärchen bekommen.

Ich bin mit den großen Ereignissen der deutschen Geschichte nach dem Ersten Weltkrieg vertraut: dem Versailler Vertrag, der Ruhrbesetzung durch die Franzosen, dem Versagen der Weimarer Regierung beim Bekämpfen des aufkommenden Faschismus und so weiter. Ich weiß ein wenig darüber, warum das alles geschah, und ich weiß auch etwas über die späteren Ereignissen nach dem Zweiten Weltkrieg, das Wirtschaftswunder und den langsamen, vielschichtigen Prozess der Vergangenheitsbewältigung. Aber das Zusammenspiel dieser nationalen Großereignisse mit den vielen kleinformatigen Familienhistorien lag für mich weiterhin im Verborgenen.

Lisl war eine fachkundige Strickerin. Viele Jahre schrieb sie Strickanleitungen für Magazine, die von Patons und anderen Wollfabrikanten veröffentlicht wurden. Ihre metallicblauen Nadeln flitzten so schnell wie Eisvögel hin und her, bevor sie sie ruhen ließ, um sich auf der Rückseite eines Briefumschlags Notizen zu machen, dann weiterstrickte, eine Zigarette paffte, sich wieder Notizen machte. Ihre Anleitungen in präziser und kryptischer Sprache, *Re M str. Li M str.* und so weiter, hatten einen Bezug zur konkreten

Welt und zu anderen Menschen, die diesen Code verstanden und ihn nutzen konnten, um etwas Echtes zu erschaffen, eine materielle Präsenz.

So wollte ich es mit den Informationen über Ernst handhaben, ich wollte sie nehmen und in meine eigenen Erfahrungen einweben, wollte den Ernst aus den Daten und Orten in den offiziellen Aufzeichnungen in etwas verwandeln, das weniger abstrakt, weniger quantifizierbar und damit persönlicher für mich war. Ich wollte die Straßen entlanggehen, durch die er gegangen war, wollte das echte Offenbach, das echte Frankfurt hinter den Buchstaben in seinem Pass kennenlernen.

Während ich auf die deutsche Staatsbürgerschaft wartete, nahm der Brexit immer konkretere Formen an. Er wurde zu einem Felsen am Horizont, mit dem eine Kollision unausweichlich war.

»Lass uns gehen«, sagte mein Partner.

Er bewarb sich für verschiedene Jobs in verschiedenen deutschen Städten und bekam ein Angebot – ausgerechnet aus Frankfurt.

Die Entscheidung ist getroffen. Es ist Januar 2020.

DAS SILBER

Vor meinem Umzug ist Frankfurt für mich nicht mehr als der Name eines Flughafens, an dem ich schon oft zwischengelandet bin. Ich kam immer von irgendwoher und ging nach anderswo. Frankfurt ist für mich die Verbindung zu all diesen Anderswos und kein Ort für sich.

Bei meinem ersten Ausflug in die Innenstadt fällt mir ein ganz bestimmtes Steinzeug auf: Krüge und Kannen in allen Größen, bemalt mit einem blauen Muster auf grauem Hintergrund. In den Schaufenstern präsentieren diese Bembel Blumen und Obst, und in den Kneipen werden sie benutzt, um Apfelwein auszuschenken. Sie sind auf Postkarten für Touristen abgebildet und auf Kühlschrankmagneten. Der Bembel ist ein Symbol der Stadt. Aber mir ist er nicht neu. Als ich in einem Geschäft stehe und die raue Salzglasur unter meinen Fingern spüre, taucht ein anderer Bembel aus den Tiefen meiner Erinnerung auf, wo er eine Ewigkeit geruht hat.

In Lisls Wohnung stand ein kleiner Bembel auf dem Regal neben der gelben Glasvase, beides in der Nähe des Fotos von Ernst. Der Bembel gehörte zusammen mit Büchern wie »Struwwelpeter« und »Radetzkymarsch« zu der Einrichtung, die sich für mich zu der Zeit vollkommen natürlich und stimmig anfühlte. In meiner Wahrnehmung waren diese Dinge schon immer dort gewesen, und ich hatte nie darüber nachgedacht, woher sie stammten, welche Reise sie zurückgelegt haben mussten. Nachdem Lisl in ein Altenheim gezogen war, sah ich den Bembel nie wieder, ich hatte nicht einmal mehr an ihn gedacht – bis jetzt. Ich war immer davon ausgegangen, dieser Krug sei einmalig.

Erst als ich überall in Frankfurt ganz ähnliche sehe, wird mir klar, woher er kam, und ich muss mein Verständnis von der Vergangenheit neu kalibrieren. Als Ernst nach England floh, muss er sich dafür entschieden haben, ihn mitzunehmen, diesen Verwandten all der anderen Bembel, die aus der Tonerde seiner Heimat gebrannt wurden.

Jetzt in Frankfurt denke ich jedes Mal an meine Kindheit, wenn ich einen Bembel sehe. Durch seine unerwartete Präsenz wird mir klar, dass ich die Augen offen halten muss, dass ich für weitere Verbindungen zur Vergangenheit empfänglich sein muss. Denn sie könnten überall sein.

An den Wochenenden gehen wir regelmäßig am Mainufer südlich des Stadtzentrums spazieren. Auf dem Fußweg ist viel los, genau wie auf dem Wasser: Kajaks, Kanus und Segelboote tanzen über den Fluss, navigieren in unterschiedliche Richtungen, vermeiden geschickt Kollisionen. Der Fluss ist friedlich, gehorsam fließt er zwischen den geraden, ordentlichen Ufern hindurch. Kein Vergleich zu den Gewässern, die ich hinter mir gelassen habe.

Unser Haus etwas außerhalb von Edinburgh lag nur wenige Gehminuten von der Küste entfernt, und dort konnte man dem Esk vom Ende unserer Straße bis zur Mündung ins Meer folgen. Dieser Teil des Esk richtet sich nach den Gezeiten, er hebt und senkt sich zweimal täglich. Er folgt einem Zeitplan, der nicht der Uhr gehorcht, sondern einem ganz anderen Rhythmus. An der Mündung erstrecken sich an einigen Tagen weite Flächen bis tief in den Forth, Schlick und Seetang glänzen in der Sonne. Andere Tage sind weniger großzügig und bieten nur einen schmalen, mit Muschelschalen durchsetzten Sandstreifen. Direkt am oder im

Wasser entlangzugehen, erinnerte mich stets daran, dass die dünne Linie zwischen Wasser und Land auf der Karte in Wirklichkeit ein sich endlos ändernder Bereich ist, der da an meinen Füßen saugte.

Wo ich langgehen konnte, wurde von den Gezeiten bestimmt, und die Gezeiten wiederum gehorchen dem Mond. Die Verbindung zwischen meinen Schritten und der Umlaufbahn eines Himmelskörpers, der über 380.000 Kilometer entfernt ist – dieses Zusammenspiel zwischen dem Kleinen und dem Großen –, lässt mich immer an die Struktur des Weltraums denken. »Wir sitzen alle im selben Boot«, dachte ich oft, während ich anderen Strandgängern dabei zusah, wie sie nach Herzmuscheln buddelten, Muschelschalen sammelten oder Stöckchen für ihre Hunde warfen. Es ist kein malerischer Strand, abgesehen von den Einheimischen kommt niemand her. Aber am späten Mittsommerabend fängt die See noch lange das Licht der Sonne ein, die den nördlichsten Punkt im Lauf der Jahreszeiten erreicht hat.

In Frankfurt fließt der Main Hunderte Kilometer von jedem Meer entfernt. Er hat keine Gezeiten, sein Stand wird durch die vielen Schleusen reguliert. Wir befinden uns weit südlich von Edinburgh, im Winter verkürzen sich die Tage nicht so stark, und im Sommer dehnen sie sich nicht so lange aus. Hier ist alles ausgewogener, eingehegter.

Unsere physische Anwesenheit in der Stadt wird erst durch die entsprechende schriftliche Anwesenheitsbestätigung vervollständigt. Unser Umzug muss beim Bürgeramt gemeldet werden. Das macht mich extrem nervös, zumal wir uns innerhalb eines bestimmten Zeitraums melden müssen und es gleichzeitig unmöglich ist, rechtzeitig einen Termin zu bekommen. Wie beim Konsulat in

Edinburgh gehen wir also einfach auf gut Glück hin, ziehen eine Nummer und machen uns auf eine lange Wartezeit gefasst.

Der Wartebereich platzt aus allen Nähten, alle kauern auf ihren ungemütlichen Plastikstühlen, Kinder sitzen in Kinderwagen, hocken auf Schößen oder rennen umher. Ich kann mich unmöglich auf mein Buch konzentrieren und muss ständig auf die Anzeige mit den Nummern schauen, durch die die Wartenden aufgerufen werden. Ich bin wie hypnotisiert von diesen großen Ziffernfolgen, die erscheinen und verschwinden, und jede einzelne steht für einen Umzug, vielleicht das Gründen oder Auflösen einer Familie – bis endlich wir an der Reihe sind.

Auf dem Schreibtisch der Sachbearbeiterin steht ein riesiger Philodendron, die Frau verschwindet fast hinter den gigantischen Blättern, und ich frage mich, wie die Pflanze an einem Ort, an dem nur Neonlicht scheint, dermaßen wachsen und gedeihen kann.

Dann merke ich, dass die Frau hinter der Pflanze mit mir spricht. Sie fragt nach meiner Religionszugehörigkeit.

Man hat uns vorab bereits gewarnt: Wer eine Religionszugehörigkeit angibt, muss eine Art Zehnten bezahlen, eine Kirchensteuer an die betreffende Gemeinde. Ich war in meinem ganzen Leben kaum jemals bei einem Gottesdienst in einer Synagoge, ich bin nicht gläubig, und ich plane keinerlei formelle Bindung an die hiesige jüdische Gemeinde. Aber mir ist klar, dass sich dies nicht mit meinem Antrag auf die deutsche Staatsbürgerschaft deckt. Innerlich freue ich mich über diesen offensichtlichen Widerspruch, ich hinterlasse Spuren in der deutschen Bürokratie, die keinen Sinn ergeben, die nicht ganz aufgehen.

Natürlich ist es der Sachbearbeiterin egal, was ich sage, sie will einfach nur so schnell wie möglich das Formular ausfüllen, weil ihr Arbeitstag bald zu Ende und der Warteraum noch immer sehr voll ist.

Ich sage: »Keine Religionszugehörigkeit«, und sie druckt die nun vollständigen Unterlagen kommentarlos aus, unterschreibt sie und überreicht sie uns. Jetzt existieren wir hier ganz offiziell.

Von unserem frisch eingetragenen Zuhause aus können wir die Wolkenkratzer sehen, für die Frankfurt am Main berühmt ist. Die ursprüngliche Innenstadt mit ihrem großen mittelalterlichen Viertel wurde 1944 durch die Bombenangriffe der Alliierten fast vollständig zerstört. Auf der Zeil, der Haupteinkaufsstraße, werden an einer Stelle die Abbilder der Einkaufenden von den reflektierenden Fassaden auf beiden Seiten bis ins Unendliche gespiegelt. Durch Ketten wie Saturn und Primark fühlt sich die Zeil so anonym an wie Ladenzeilen in einem Flughafen. Ein ausgesprochener Nicht-Ort. Direkt südlich davon wirkt alles viel zufälliger, viel interessanter. In einer engen Straße findet sich ein Oxfam-Buchshop, ein Laden mit japanischem Porzellan und einer, der auf Bürsten spezialisiert ist und sorgfältig angeordnete Besen im Schaufenster präsentiert, neben Zahn-, Schuh- und Pilzbürsten. Ein Gartengeschäft bietet eine eindrucksvolle Auswahl an Vogelhäuschen an, und freitags ist ganz in der Nähe ein Blumenmarkt. Dieser Bereich zwischen der Zeil und dem Römerberg, wo sich die Touristen auf dem offenen, kopfsteingepflasterten Platz sammeln, um den Römer, das Rathaus mit seiner Treppengiebelfassade, zu fotografieren, gefällt mir am besten.

Westlich des Stadtzentrums ragen die Banken in den Himmel: Commerzbank, Deutsche Bank, ING, Sparkasse und viele andere. Nachts verschwinden diese Banken, man sieht nur noch die roten Warnlichter auf den Spitzen der Wolkenkratzer, und selbst tagsüber verhindern die Glasfassaden und Metallstrukturen den Blick hinein. Geld ist schwerelos, es wandelt seine Gestalt und blitzt in elektromagnetischen Impulsen von Gebäude zu Gebäude. Sein Medium ist die Luft. Wenn ich hier entlanggehe, durchströmen all die umherwandernden Finanztransaktionen unablässig meinen Körper.

Frankfurts Ruf als europäisches Finanzzentrum beruht auf diesen Banken. Viele von ihnen wurden ursprünglich von jüdischen Familien im 18. und 19. Jahrhundert gegründet. Die Stadt profitiert noch immer davon, die Juden sind längst fort.

Die Finanztransaktionen werden in Lichtgeschwindigkeit abgewickelt, und Einsteins spezielle Relativitätstheorie besagt, dass sich die Zeit bei dieser Geschwindigkeit ins Unendliche ausdehnt und es weder Gegenwart noch Zukunft gibt, nur mehr einen endlosen gegenwärtigen Moment. Geld hat kein Gedächtnis, Frankfurts Banken ebenso wenig.

Aber die Mauern der Stadt haben ein Gedächtnis und wissen Tausende Geschichten zu erzählen. Nicht weit vom östlichen Ende der Zeil befindet sich der alte jüdische Friedhof an der Battonnstraße. Er wird nicht mehr für Bestattungen genutzt. Seine umlaufenden Mauern wurden in ein Denkmal für die aus Frankfurt stammenden Juden verwandelt, die dem Holocaust zum Opfer fielen. Anders als die anonymen Stelen des Denkmals für die ermordeten Juden Europas in Berlin erinnert dieses Denkmal an vergangene Identitäten, jedes einzelne Opfer hat einen kleinen Schieferblock an der Mauer erhalten, auf dem Name und Geburtsdatum sowie – sofern bekannt – Datum und Ort des Todes vermerkt sind. Über zwölftausend Namen stehen hier geschrieben, und ich brauche ungefähr zwanzig Minuten, um einmal ganz herumzulaufen. Ich finde Anne Frank, 1929 in Frankfurt geboren, bevor ihre Familie nach Amsterdam floh, wo sie hoffte, in Sicherheit zu sein.

Ich finde auch viele, viele Goldschmidts. Ich weiß nicht, wie viele mit mir verwandt sind, wenn überhaupt. Es war damals ein weitverbreiteter jüdischer Nachname in Frankfurt. Aber unseren Namen hier auf einem Holocaust-Denkmal zu lesen, lässt mich daran denken, wie viel Glück Ernst doch hatte, dass er rechtzeitig fliehen konnte, und dass ich die buchstäbliche Verkörperung dieses Glücks bin. Tatsächlich sehe ich zum ersten Mal in meinem Leben meinen eigenen Namen so oft geschrieben, höre ihn so oft in meinem Kopf widerklingen. Wenn ein Wort häufig wiederholt wird, kann es seine Bedeutung verlieren, sich von der Realität lösen. Es ist dann kein Symbol mehr für etwas anderes auf der Welt, nur noch eine Ansammlung von Buchstaben. Aber an diesem Ort bekommt »Goldschmidt« eine zusätzliche Bedeutung. Wie kann ich in Zukunft meinen Namen schreiben, ohne an diese Menschen zu denken, sie mir sowohl hier in Frankfurt vorzustellen als auch an den Orten, die auf ihren Schieferplatten verzeichnet sind? Treblinka, Sobibor, Mauthausen, Bergen-Belsen, Buchenwald, Theresienstadt, Riga, Majdanek, Auschwitz …

Die lange Steinmauer, die in den Hintergrund tritt, die eingravierten Wörter, die verlangen, dass ich mich vorbeuge, um sie mir genau anzusehen, die Kieselsteine unter meinen Füßen, selbst die abgasschwere Luft – alles hier drückt mit seinem vollen Gewicht auf mich herab. Während ich vor den Namen stehe, fühle ich mich ausgeliefert und wie von einem stummen Publikum taxiert. Von mir gibt es nur eine, von ihnen ungleich viele.

Auf einigen der Blöcke wurden sorgfältig kleine Steinchen abgelegt, ein traditioneller jüdischer Brauch, um den Toten Respekt zu erweisen. Ich lese immer weiter auf den Schieferblöcken, und mir fällt auf, dass viele der Opfer alt waren, ihre

Geburtsdaten liegen im mittleren oder späten 19. Jahrhundert. Arbeitsfähige Menschen hatten bessere Chancen, in andere Länder auszuwandern und dort aufgenommen zu werden.

Andere Mauern erzählen andere Geschichten. In der Nähe unserer Wohnung in Bockenheim und beim Campus der Goethe-Universität finden sich Straßenzüge mit Wohnhäusern aus dem 19. Jahrhundert. Ich gewöhne mir hier einen festen Ablauf an. Jeder tägliche Spaziergang ist gleich und doch anders. Jeden Tag sehe ich zu den kleinen, schmiedeeisernen Balkonen über den Gehsteigen hinauf und spähe in die vielen Bäckereien und die kleinen Läden, die Alkohol verkaufen (anders als andere Geschäfte sind diese nie geschlossen: Brot, Kuchen und Alkohol scheinen das Einzige zu sein, was wir an jedem Wochentag kaufen dürfen), sowie in die Buchhandlungen. Eine heißt Karl-Marx-Buchhandlung, in ihrem Schaufenster brennt Tag und Nacht ein elektrischer roter Stern. Graffiti breiten sich an den Wänden dieses Viertels aus: Hämmer und Sicheln, außerdem Sprüche wie »Grenzen töten«. In strahlendem Blau mit Schablone gesprayt wird mir an jeder Ecke erklärt: »Frauenkampf ist auch Klassenkampf«.

Bei meinem Besuch im Bürgeramt habe ich mich noch über die deutsche Bürokratie beschwert, aber dann fällt mir ein, dass Ernst und seine Eltern wahrscheinlich jedes Mal einen ganz ähnlichen Meldeprozess in Offenbach durchlaufen mussten, wenn sie umzogen, und dass es im Stadtarchiv vielleicht noch Aufzeichnungen geben könnte. Ein paar E-Mails später schickt mir der hilfsbereite Archivar Scans der Anmeldeformulare meiner Urgroßeltern sowie die von Ernst, der in Offenbach lebte, bevor er nach Frankfurt zog.

Lange starre ich auf diese Dokumente, versuche, den Bergen und Tälern der alten Handschrift zu folgen, die ihre

Runden über die nachgedunkelten Seiten dreht, die die Farbe von starkem Tee haben. Ich versuche sogar, diese Buchstaben in mein Notizbuch zu übertragen, weil ich glaube, sie leichter zu verstehen, wenn ich sie selbst aufschreibe.

Aber wie schon bei Ernsts Ausweis fühle ich mich dabei nur wie der Geist eines Bürokraten, ein Geist, der dessen physische Bewegungen nachahmt, mit denen die Informationen über meinen Großvater in ein offizielles Register eingetragen wurden.

Aber natürlich ist das, was ich jetzt tue, das genaue Gegenteil: Ich versuche, mir meinen Großvater von solchen Bürokraten zurückzuerobern. Sie wollten ihn auf Buchstaben und Wörter reduzieren. Ich versuche, ihn unter diesen Trümmern aus mit Tinte geschriebenen Schnörkeln und Kritzeleien hervorzuholen.

Auf den Meldeformularen stehen die Lebensdaten meines Urgroßvaters Hermann Goldschmidt, geboren 1864 in Offenbach und ebendort gestorben im April 1939. In dem Feld für Religion wird Hermann als »isr« bezeichnet, kurz für »israelitisch«, im 19. Jahrhundert in den Staaten des Deutschen Bundes ein anderes Wort für »jüdisch«. Erst 1871, mit der Gründung des Deutschen Reichs, bekamen Juden die gleichen Rechte und wurden als Bürger anerkannt. Bis dahin waren sie willkürlichen und antisemitischen Gesetzen ausgeliefert, die bestimmten, wo sie wohnen durften, die ihnen verboten, in bestimmten Gewerben tätig zu sein und an Universitäten zu studieren, als Anwälte oder Mediziner zu arbeiten oder in den Staatsdienst einzutreten. In Frankfurt wurde dieser Schritt schon etwas früher vollzogen, nämlich 1864, womit Hermann in eine Zeit geboren wurde, in der die deutsch-jüdischen Gemeinden gerade erst als rechtlich gleichgestellt akzeptiert wurden. Doch diese Emanzipation überdauerte nicht einmal sein gesamtes Leben. Sie endete

1933, und als er starb, durften Juden schon nicht mehr arbeiten, durften keine nicht jüdischen Personen heiraten, sie anstellen oder sich von ihnen anstellen lassen, und jüdische Kinder durften keine Schule mehr besuchen. Die nur vorübergehende Emanzipation der Juden in Deutschland zeigt, dass die nationalsozialistische Terrorherrschaft nicht aus heiterem Himmel über das Land hereinbrach. Es handelte sich nicht um eine geschichtslose Abweichung, sondern um ein Wiederstarken alter Vorurteile. Und das Meldeformular zeigt, dass man in jeder deutschen Gemeinde oder Stadt genau wusste, bei welchen Einwohnern es sich um Juden handelte und wo sie lebten, schon lange bevor die Nazis an die Macht kamen. Dies ist einer der Gründe, warum es sich als so schwierig erwies, sich den antisemitischen Gesetzen der Nazis zu entziehen.

Mein Vater mailt mir ein Foto mit der Beschriftung »Louise Merzbach Goldschmidt«: meine Urgroßmutter und Hermanns Frau. Das Foto zeigt ein Ehepaar mit seinem kleinen Sohn, sie posieren ganz förmlich vor der Kamera. Ausgehend von der Kleidung und dem Alter des Jungen, bei dem es sich um Ernst handelt, wurde das Foto im frühen 20. Jahrhundert, vielleicht 1905, aufgenommen. Vor einem Hintergrund mit Bäumen und dem Hang eines fernen Bergs steht Louise zwischen Ernst und Hermann, der auf einem rustikal wirkenden Holzstuhl sitzt. Die Erwachsenen tragen dunkle, formelle Kleidung. Ernst, der auf einem Baumstamm hockt, trägt einen Matrosenanzug mit Barett und Bändchen. Er hält die Arme verschränkt wie ein echter Matrose, der Hornpipe tanzt. Louise sieht zur Seite und scheint den Umstand, dass sie gerade fotografiert wird, ein wenig zu ignorieren, während Ernst und Hermann den Betrachter direkt ansehen. Ernsts Blick ist resolut und – seinem Vornamen entsprechend – ernst. Hermann sieht uns an, als wolle er sagen: »Ihr, die Betrachter, seid die Zeugen meines Lebens.«

Es ist das Porträt einer Familie, die ihren rechtmäßigen Platz in der Gesellschaft eingenommen hat. Alles an diesem Foto wirkt angemessen solide und zuverlässig. Louise in ihrem bodenlangen Kleid mit der hochgeschlossenen Bluse, Hermann, der stolz den silbernen Griff seines Gehstocks präsentiert, Ernst, der ein Bein auf dem Felsen vor ihm abgestellt hat.

Louise war eine Merzbach – eine bekannte jüdische Familie in Offenbach, die 1832 die erste Bank der Stadt gegründet hatte. Die Merzbach-Bank half beim Aufbau der regionalen Lederwarenindustrie und finanzierte auch eine der ersten elektrischen Straßenbahnen Deutschlands im späten 19. Jahrhundert. Zu der Zeit ging es der Bank offenbar blendend, sie expandierte und eröffnete Filialen in Frankfurt, und als das Bild gemacht wurde, gab es wohl kaum Anlass zur Sorge, es könne sich in naher Zukunft daran etwas ändern.

Aber wenn ich mir das Foto näher ansehe, scheint es nichts zu geben, was die Familie im Vordergrund physisch mit der Landschaft im Hintergrund verbindet. Diese entfernten Berge sind zu idealisiert, ihre Gipfel zu dreieckig. Das Foto wurde in einem Fotostudio vor einem gemalten Hintergrund aufgenommen, einem Stück Theaterkulisse. Ein Bühnenbild voller Sehnsucht und Wünsche, aber jeder Realität entleert. Es hat keinerlei Ähnlichkeit mit Offenbach, das zur Zeit der Aufnahme eine stark industrialisierte Stadt gewesen ist. Die Täuschung endet nicht beim Hintergrund. Als das Foto aufgenommen wurde, hatten Hermann und Louise eigentlich zwei Söhne, Ernst und den nur ein Jahr älteren Fritz. Aber Fritz ist nicht mit auf diesem Foto.

Ich fahre nach Offenbach, es ist mit der S-Bahn nur fünfzehn Minuten vom Frankfurter Hauptbahnhof entfernt und liegt direkt am südlichen Mainufer. Der Fluss war für den Handel und für den Betrieb der vielen Druckereien, für die die Stadt im 19. Jahrhundert berühmt war, essenziell. In Offenbach wuchert ebenfalls spiegelndes Glas, und ein riesiger Betonbau beherbergt das Rathaus und die Stadtverwaltung.

Direkt nördlich der Innenstadt ist das Büsingpalais, ein neobarockes Stadtpalais, in dem sich seit den 1950er Jahren auch das Klingspor Museum für moderne und zeitgenössische Buch- und Schriftkunst befindet. Das Palais ist schön anzusehen, es umfasst drei Stockwerke und hat eine saubere weiße Stuckfassade und präzise gearbeitete Steinreliefs. Bei näherer Betrachtung erweist sich alles als etwas zu sauber und präzise. In einiger Entfernung vom Eingang entdecke ich eine diskrete Hinweistafel, auf der steht, dass das ursprüngliche Palais 1943 bei einem Bombenangriff teilweise zerstört und erst Jahrzehnte später wiederaufgebaut wurde. Einzig der steinerne Löwe am Eingang könnte noch ein Original sein, seine Pfoten und Hüften sind glaubhaft mit kleinen Kratern von Granatsplittern übersät.

Ich besuche das Museum für Stadtgeschichte auf der anderen Straßenseite, wo zweitausend Jahre lokale Geschichte auf zwei Etagen zusammengefasst sind. Im Erdgeschoss: Skelette, erdfarbene Tonscherben und Wagenräder sowie ein Raum, der komplett von einem sehr großen Modell einer Druckerpresse ausgefüllt wird. Im ersten Stock gibt es eine Ausstellung über die jüdische Gemeinde der Stadt. Darunter findet sich ein »Eliasbecher«, der traditionell an Pessach benutzt wird, um dem Propheten eine Gabe darbringen zu können. Der Becher ist ziemlich hoch und hat eine sechseckige Form, um den Davidstern zu symbolisieren. Er ist mit einem biblischen Vers in Hebräisch beschriftet. Ich sehe ihn mir näher an, bewundere die Form der Buchstaben, obwohl ich sie nicht verstehen kann. Ich lese den entsprechenden Hinweis: Der Becher wurde 1930 von Berthold Wolpe hergestellt und graviert.

Dies schafft für mich eine direkte greifbare Verbindung zu diesem Ort. Berthold war ein Cousin meines Großvaters und wanderte ebenfalls in den 1930er Jahren nach London aus. Zuvor hatte er in Offenbach eine Ausbildung zum Typografen und Graveur gemacht, und in London entwarf er die Schriftart Albertus, die anschließend von Faber & Faber für ihre Buchcover und von der City of London Corporation auf ihren Straßenschildern verwendet wurde. 1980 fand im Victoria and Albert Museum eine Retrospektive seiner Werke statt, und Lisl nahm mich zur Eröffnung mit.

Im Klingspor Museum finde ich Berthold wieder. Dort hängt eine wandgroße Deutschlandkarte aus den frühen 1930er Jahren als wunderschöne Tuschezeichnung, teilweise von ihm selbst erstellt.

Der Eliasbecher mit seinen eingravierten Buchstaben beschwört Erinnerungen an unser silbernes Familienbesteck herauf. Die vielen Reisen meines Großvaters zwischen Deutschland und England müssen in einem gewissen Maße geplant gewesen sein. Wie sonst lässt sich die Anwesenheit der Möbel und des Bestecks in unserem Leben erklären? Der riesige Mahagoni-Eckschrank, der an der Wand festgeschraubt werden muss, damit er aufrecht stehen bleibt. Der Esstisch mit Walnussfurnier und der abnehmbaren runden Platte. Der Sekretär mit den vielen Schubladen und Geheimfächern und einer ausklappbaren Schreibplatte, die ein wenig zu fragil wirkt, um sie als Schreibunterlage zu benutzen. Die Möbel stehen für eine gut organisierte, systematische und schrittweise Verlagerung des Lebens von Deutschland nach England.

So auch das Besteck. Sets aus Messern, Gabeln, Suppenlöffeln und Teelöffeln, und jedes einzelne in einem grauen, von Lisl gemachten Stoffetui, verziert mit einem aufgenähten charakteristischen Schattenrissausschnitt aus rotem Filz.

Eine bleibende Kindheitserinnerung: Mein Vater breitet eine alte Zeitung auf dem Esstisch aus, dann nimmt er das

Besteck aus seinem Kasten. Wir beide polieren es, versuchen, die angelaufenen und verfärbten Stellen von jedem Messer, jeder Gabel, jedem Löffel zu entfernen. Das Besteck ist zugleich schön und abgegriffen. Die äußeren Zinken der Gabeln haben mehr Abrieb als die inneren, die Klingen der Messer klappern lose in ihren Griffen. Die Löffelschalen sind wahrscheinlich weniger rund, als sie es früher einmal waren. Mein Vater ist bei seinen Reinigungsversuchen immer sehr gründlich, ich weniger, aber am Ende jeder Poliersitzung sind unsere Hände schwarz, und die Messer, Gabeln und Löffel blitzen (wenn auch nur vorübergehend) im Londoner Licht.

Jedes Besteckteil hat ein Monogramm auf dem Griff, ein G. Egal, wie sehr wir uns auch bemühen, wir schaffen es nie, die Verfärbungen komplett davon zu entfernen, sodass unsere Familieninitiale auch nach dem Putzen schwarz hervorstechen. Die Verfärbung schreibt unsere Identität in das Silber, aber auch in die Falten unserer Haut, sodass die Linien auf meiner Handfläche nach dem Polieren ganz ähnlich geschwärzt sind.

Ich weiß nicht, wie alt das Besteck ist oder wie lang es sich schon in unserer Familie befindet. Ehrlich gesagt habe ich kaum eine Ahnung, was ich mit »unsere Familie« meine. Die wenigen Verwandten und Vorfahren, deren Namen ich kenne, machen nur einen winzigen Bruchteil all derer aus, die diese Messer, Gabeln und Löffel tatsächlich benutzt haben könnten. Mein Vater kennt sicher einige Namen mehr als ich, aber ich habe ihn nie danach gefragt. Vielleicht erinnert er sich an seine eigene Kindheit, an Ernst, wie er die Zeitung auf dem Esstisch ausbreitete und das Besteck putzte.

Wird das Besteck nicht benutzt, liegt es in einem Schrank, wo es geschützt sein soll. Aber im Schrank ist es niemals dunkel genug, um zu verhindern, dass es anläuft, und wie eine fehlerhafte Kamera lässt es der Schrank zu, dass das Besteck das Licht aufnimmt.

Bevor in den 1990er Jahren Digitalkameras entwickelt wurden, verließen sich Astronomen auf die Analogfotografie. Vorrangig wurden anstelle von Film Glasplatten wie im 19. Jahrhundert verwendet, obwohl sich Film leichter benutzen und transportieren lässt. Aber Glasplatten sind robuster, das heißt, man kann sie präzise in der Brennebene des Teleskops positionieren, sodass die entstehenden Fotografien einen akkuraten Fokus haben und die Bilder so scharf wie möglich werden. Und je schärfer die Bilder sind, desto leichter lassen sich auch schwächer leuchtende Kometen, Planeten, Sterne und Galaxien auf den Aufnahmen entdecken.

Für diese Fotografien braucht man Silber. Dasselbe Phänomen, das Besteck anlaufen lässt, also die Oxidation von Silber, wenn es bestimmten häufig vorkommenden Elementen in der Luft ausgesetzt wird, wurde damals auch von den Pionieren der Fotografie im frühen 19. Jahrhundert genutzt. Dieser Prozess, bei dem Licht auf Silberhalogenidkristalle trifft, die in Gelatine suspendiert sind, hat seit fast zweihundert Jahren nach und nach immer weitere Teile unseres Universums aufgezeichnet und erfasst damit immer länger zurückliegende Teile unserer Vergangenheit.

Für meine Doktorarbeit habe ich große Glasfotoplatten benutzt, sogenannte Schmidt-Platten. Bevor sie durch die Digitalfotografie überflüssig geworden sind, konnte jede dieser Platten mehr als hunderttausend Objekte aufzeichnen. Sie wurden von Astronomen benutzt, um den Himmel zu erfassen. Und genau das tat auch ich: Ich nahm eine Durchmusterung, also eine systematische Untersuchung des Himmels vor, um Quasare zu entdecken. Quasare gelten als sehr ungewöhnliche Galaxietypen, die in ihren Zentren Schwarze Löcher beherbergen. Dadurch haben sie (paradoxerweise) eine äußerst große Leuchtkraft und können in viel größeren Entfernungen entdeckt werden als gewöhnliche, schwächer leuchtende Galaxien.

Nachdem die Fotoplatten an einem speziellen Teleskop in Australien belichtet worden waren, wurden sie an die Sternwarte in Edinburgh geschickt. Dort wurden sie mit einem Messgerät gescannt, indem man einen schmalen Lichtstrahl durch sie hindurchleitete und maß, wie viel davon auf die andere Seite übertragen wurde. Dies ermöglichte es uns, jeden geschwärzten Silberhalogenidpunkt einem Himmelsobjekt und einer Reihe damit verbundener Eigenschaften zuzuweisen. Das Glas selbst war nichts weiter als eine Trägerschicht und doch ein notwendiger Teil des Prozesses.

Diese Umwandlung der Punkte auf der Glasplatte, die 1090 Quadratzentimeter groß und nur wenige Millimeter dick war (dünn genug, um im Brennpunkt des Teleskops gebogen zu werden), in eine Datenbank, die auf einem Magnetband gespeichert wurde und anschließend im Computernetzwerk des Observatoriums zugänglich war, kam mir immer wie Alchemie vor: die Verwandlung von etwas Materiellem, von etwas, das man in der Hand halten konnte, in eine schwerelose Menge aus Zahlen. Reines Wissen.

Nur selten musste ich mir die Glasplatten selbst ansehen, da alle Objekte darauf bereits untersucht, vermessen und in eine Zahlendatenbank umgewandelt worden waren, die Informationen über mehr als eine Million Objekte enthielt. Zu Beginn meiner Doktorarbeit war es meine Aufgabe zu entscheiden, bei welchen dieser Objekte es sich am wahrscheinlichsten um Quasare handelte. Realistischerweise konnten wir mit einigen Hundert Quasaren rechnen, also war die Aufgabe wie die Suche nach Nadeln in einem kosmischen Heuhaufen.

Hin und wieder, nach wochenlanger Analyse der Zahlen in der riesigen Datenbank, besuchte ich die Bibliothek, wo die Platten in weißen Schutzhüllen aufbewahrt und nach ihrer Position am Himmel geordnet waren. Ich nahm eine Platte aus meinem Untersuchungsgebiet und betrachtete sie durch das Mikroskop. Das Licht aus der uralten Vergangenheit des Universums reiste nicht länger durch das Vakuum der Raumzeit; es war nun regungslos festgehalten, eingefangen in der Emulsion wie Fliegen im Bernstein.

Nahe gelegene Sterne in unserer eigenen Galaxie, der Milchstraße, erschienen kreisförmig mit definierten Rändern. Andere Galaxien jenseits der Milchstraße hatten andere Formen und zeigten sich als Ovale unterschiedlicher Dimensionen und Verzerrungen. Einige verfügten über offensichtliche Spiralarme oder dunkle Staubbahnen, andere hatten keinerlei klare Merkmale. In keiner dieser Galaxien ließen sich einzelnen Sterne ausmachen, und ihre Ränder waren nie besonders gut definiert, sondern verschwammen mit dem Hintergrund des Himmels. Manchmal erschienen diese Galaxien so substanzlos, dass ich entscheiden musste, ob sie wirklich existierten oder einfach ein Fehler auf der Platte waren, eine Schwankung in der Emulsion. Wenn ich die Glasplatte ins Licht hielt, konnte ich durch ihren schwarz gesprenkelten Himmel hindurch in den echten Himmel über Edinburgh blicken.

Der Herbst, in dem ich mit meiner Doktorarbeit begann, war auch der Herbst, in dem die Berliner Mauer fiel und Lisl eine Lungenentzündung bekam.

Als ich in London eintraf, um sie im Krankenhaus zu besuchen, benötigte sie schon keine Sauerstoffmaske mehr und konnte wieder sprechen. Ich saß auf einem Stuhl neben ihrem Bett und hielt ihre Hand, als sie flüsterte: »Hoffentlich lässt niemand zu, dass aus Deutschland wieder ein einziges großes Land wird.« Sie hielt inne, um zu husten. »Reich mir meine Halspastillen, Liebes.« Kurz darauf ertönte das vertraute Rasseln der Blechdose, in der sie ihre Halspastillen aufbewahrte, dann fuhr sie fort: »Jedes Mal fangen sie einen Krieg an. Jedes Mal.«

Ihr Zimmer befand sich im zehnten Stock des Krankenhauses, und von dort oben hatten wir einen Panoramablick über die gesamte Stadt. Die entfernten Gebäude lösten sich in Schatten und Wolken auf und verschmolzen mit dem Himmel. Um sie davon abzuhalten, sich weiter über ein kriegslüsternes Deutschland aufzuregen, erzählte ich ihr von dem Haus, in dem ich am Stadtrand von Edinburgh wohnte, und wie kalt und verschneit es dort war.

Aber ich musste mich selbst zensieren. Ich wollte ihr nicht sagen, dass mein neues Zuhause keine Zentralheizung hatte und ich mir zum Schlafen mehrere Pyjamas und Bademäntel übereinander anziehen musste. Ich wollte nicht, dass sie sich Sorgen machte. Stattdessen erzählte ich ihr, dass ich bald zu zwei anderen Frauen und einem Kätzchen in eine Wohnung ziehen würde, und ihre Augen leuchteten. Beide teilten wir eine tiefe Liebe zu Katzen. Sie pochte mit ihrem Zeigefinger auf meine Hand, eine Geste der Zuneigung in unserer Familie, und wir saßen schweigend da und sahen zu, wie sich der Nachmittag langsam über London verdunkelte.

Nachdem sie sich von ihrer Lungenentzündung erholt hatte, zog sie in ein Pflegeheim in Golders Green, wo sie noch drei weitere Jahre lebte. Sie konnte die Möbel mitnehmen, die von Frankfurt nach London gereist waren: den Eckschrank, den Esstisch und den Sekretär. Wann immer ich meine Großmutter dort besuchte, war sie von diesen Möbeln umgeben, und jedes Mal wirkte sie kleiner, als hätte man sie in ein Puppenhaus mit der falschen Größe gesetzt.

Den größten Teil ihrer restlichen Habseligkeiten hatten meine Eltern in ein Zimmer auf der obersten Etage ihres Hauses untergestellt, wo die Sachen unberührt blieben, bis meine Mutter dreizehn Jahre später starb und mein Vater schließlich entscheiden musste, was damit geschehen sollte.

In Offenbach gehe ich vom Büsingpalais aus nach Norden, an der Kaiserstraße entlang zu dem Ort, an dem sich das Capitol Theater befindet.

Ursprünglich handelte es sich um eine Synagoge, die 1916 erbaut wurde, um eine frühere Synagoge zu ersetzen, die für die wachsende jüdische Bevölkerung der Stadt nicht mehr groß genug gewesen war. Am 9. November 1938 (früher »Reichskristallnacht« genannt, heute vor allem als Novemberpogrome bezeichnet) wurde sie, wie fast alle Synagogen in Deutschland und Österreich, von den Nazis und ihren Sympathisanten attackiert. In dieser entsetzlichen Nacht, in der die antisemitischen Gesetze und Praktiken der Nazis offen und schamlos in Gewalt mündeten, wurden viele Synagogen zerstört. Die Synagoge in Offenbach aber wurde nur leicht beschädigt und anschließend der Stadt von einem geschäftstüchtigen Ehepaar abgekauft, das sie während des Krieges in ein Kino umwandelte. Nach 1945 gab die Stadt sie an die Überlebenden der jüdischen Gemeinde zurück, die wiederum beschloss, sie der Stadt für die Nutzung als Kulturzentrum zu spenden – sie sei nun zu groß für ihre Bedürfnisse. Vor 1933 hatte es etwa tausendfünfhundert Juden in Offenbach gegeben, nach dem Krieg waren es zehn.

Das Capitol ist ein großes und beeindruckendes Gebäude, mehrere Stockwerke hoch, mit einer flachen Kuppel und einem Eingang zur Hauptstraße hin. Es nimmt ein ganzes Karree ein und ist groß genug für gut tausend Menschen, also einen guten Teil der jüdischen Gemeinde der Stadt im frühen 20. Jahrhundert. Ich bezweifle allerdings, dass Ernst und seine Familie oft herkamen.

Es gibt da eine Geschichte, die mir überliefert wurde, bei der es darum geht, dass Fritz wegen seiner Lernschwäche keine Bar Mizwa haben konnte. Die Bar Mizwa ist eine Zeremonie, der sich alle jüdischen Jungen (und in liberalen oder reformierten Gemeinden auch Mädchen) unterziehen, wenn sie etwa dreizehn Jahre alt sind, und die das Ende der Kindheit und den Beginn des Erwachsenenalters markiert. Für seine Bar Mizwa muss ein Junge in der Lage sein, eine Parascha, also einen Abschnitt der Thora, auf Hebräisch vorzulesen. Anschließend kann er dann Teil des Minjan sein, einer der zehn Männer, die für eine religiöse Zeremonie mindestens erforderlich sind. Entweder hatte Fritz seine Bar Mizwa nicht, weil er kein Hebräisch lernen konnte oder weil man ihm intellektuell nicht zutraute, Teil des Minjan zu sein. Und weil Fritz keine Bar Mizwa haben konnte, entschieden Hermann und Louise, dass auch Ernst und sein jüngerer Bruder Robert keine haben sollten. Ich weiß nicht, ob dies aus Solidarität mit Fritz geschah oder aus Ärger darüber, dass ihm dieses Übergangsritual verweigert worden war.

Dem Capitol Theater gegenüber, auf der anderen Straßenseite, befindet sich die heutige Synagoge. Von meinem Standort vor dem Capitol aus kann ich gerade so im Fenster dieses sehr viel kleineren und bescheideneren Gebäudes einen Davidstern erkennen, der von woanders aus nicht zu sehen ist, weil eine hohe Mauer die Synagoge von der Straße trennt und ein Sicherheitstor mit einer Kamera darüber der einzige Eingang ist. Diese beiden sich gegenüberliegenden Gebäude symbolisieren sehr gut die Geschichte der Juden in Deutschland.

Die erste Adresse der Familie Merzbach-Goldschmidt auf dem Meldeformular befindet sich in der Straße der Republik, die heute wieder Kaiserstraße heißt. Die Straße wurde wohl nach der Abdankung des Kaisers während der frühen Weimarer Republik umbenannt und bekam dann später ihren ursprünglichen Namen zurück. Das Gebäude, in dem die Familie einst lebte, gibt es nicht mehr, vermutlich wurde es während eines Bombenangriffs zerstört und später durch einen modernen Wohnblock ersetzt. Aber es führt ein Durchgang weg von der Straße durch die Wohnanlage, und als ich dem Durchgang folge, gelange ich völlig unerwartet in einen uneben gepflasterten Hof, der von älteren Wohnhäusern umgeben ist. Man kann sich fast vorstellen, wie die Jungs hier gespielt haben.

Die Kaiserstraße ist eine belebte Einkaufsstraße, von ihr geht die Große Marktstraße ab, wo einst, bis zum späten 18. Jahrhundert, das jüdische Viertel lag. Nur ein kurzer Spaziergang führt mich von dort zur Adresse der Merzbach-Bank: Die Frankfurter Straße verläuft durch das Stadtzentrum. Im Meldeformular ist angegeben, dass die Familie 1931 dort hinzog, sie müssen oberhalb der Bank gewohnt haben. Das Gebäude wurde während des Kriegs ebenfalls zerbombt und anschließend wiederaufgebaut, bevor es wieder abgerissen wurde. Jetzt ist die Adresse eine Baustelle, und wo einst die Bank war, findet sich ein großes, leeres Grundstück. Ein Versprechen von etwas Neuem, »Zukunft für den Einzelhandel«, steht auf einer Plakatwand. Ich kann über den Ziegelstapeln auf der Baustelle Wolken im Himmel sehen.

Ich weiß, dass ich meinen Platz in Deutschland nicht finden kann, wenn ich nur in der Geschichte verweile. Irgendwie muss ich es schaffen, zwischen der Vergangenheit und der Gegenwart eine Balance zu finden. Allerdings scheint es unabdingbar, mehr darüber zu wissen, was *war*, bevor ich wahrnehme, was *ist*.

Es hilft, dass das Zentrum von Offenbach deutlich anders aussieht als vor dem Krieg: nur noch Betontürme und gepflasterte Einkaufsstraßen. Heute ist die Stadt dafür bekannt, dass sie in Deutschland einen der höchsten Anteile an Einwohnern mit Migrationsgeschichte hat. Ich kaufe einen Falafel-Wrap und esse ihn umgeben von Frauen mit Kopftüchern, Männern, die dünne Zigarren rauchen, Familien, die Arabisch miteinander sprechen. Ein Marktstand in der Nähe verkauft Paprika und Auberginen aus der Türkei, außerdem Mangos und Kochbananen.

Die Leerstelle, die durch die Abwesenheit jüdischer Familien entstanden ist, wurde durch Menschen aus anderen Weltgegenden gefüllt, die keine Verbindung zu dieser Geschichte haben. Die Leerstelle wirkt kleiner, weniger offenkundig. Man würde sie vielleicht gar nicht bemerken, wären da nicht die Synagogen oder die Stolpersteine, die in die Bürgersteige eingelassen sind. Langsam wird mir klar, dass es nicht die Menschen sind, sondern die physischen Strukturen dieser Orte, die mich an die düstere Geschichte erinnern, und wenn ich allein hier bin und durch diese Straßen gehe, fühle ich mich definitiv wie ein Geist, so, als wäre ich zurückgekehrt, um diese Orte heimzusuchen. Als stünde ich in stiller Verbindung mit den Steinen, dem Beton und dem Glas, während ich aus der Vergangenheit übermittelte Informationen empfange.

In Offenbach wird für mich die Frage, wer ich in Deutschland eigentlich genau bin und sein möchte, immer drängender. Aber weder Frankfurt noch Offenbach sind dieselben Städte, die Ernst kannte, sie teilen vielleicht ein paar wichtige Attribute, aber sie sehen anders aus und werden von anderen Menschen bewohnt. Natürlich gelten in ihnen auch andere Gesetze. So wie ich haben die beiden Städte ihre DNS von ihren Vorfahren vererbt bekommen, sind dann aber ihren eigenen Weg gegangen.

Als ich in der S-Bahn nach Frankfurt sitze, wird mir klar, dass es vielleicht falsch war zu denken, ich würde nach

Deutschland zur Vergangenheit meiner Familie »zurückkehren«. Ich sollte viel genauer überlegen, was das für ein Land ist, in das ich gekommen bin; sollte nach den Unterschieden zwischen dem Damals und dem Heute suchen, anstatt den Spuren der Geschichte nachzuspüren.

Einer der grundlegendsten Unterschiede ist, dass das heutige Deutschland schlicht viel kleiner ist und seine Grenzen anders verlaufen, obwohl dies nicht immer anerkannt wird.

In Edinburgh fand ich beim Stöbern in einem Charity-Shop ein interessantes Buch: einen alten Reiseführer für Deutschland, veröffentlicht in München, aber in englischer Sprache und offensichtlich dazu gedacht, ausländische Touristen ins Land zu locken. Jede Stadt und jede Region hatte einen Eintrag, von Kiel im hohen Norden nahe der dänischen Grenze bis nach Konstanz im Süden, dazu Fotos, die mittelalterliche Fachwerkhäuser, alte gotische Kathedralen oder wunderbare Barockbauten zeigten. Offensichtlich eine Vorkriegsveröffentlichung, dachte ich, während ich im Laden durch die Seiten blätterte. Aber nein, hier gab es auch einen Eintrag für Bonn als »Bundeshauptstadt«, mit einem Foto, das die Flagge der BRD zeigte. Das Buch erwähnte an keiner Stelle die Teilung des Landes, den Verlust von Territorien im Osten und Westen oder die massive Zerstörung. Tatsächlich war dieser Reiseführer eine Art Fiktion, in der der Krieg nie stattgefunden hatte, und die Einleitung verwies auf »Breslau« und »Stettin«, als ob sie immer noch in Deutschland lägen, und nicht (hier musste ich das Veröffentlichungsdatum von 1957 noch einmal überprüfen) auf Wrocław und Szczecin, die in Wirklichkeit seit 1945 zu Polen gehören.

Ein weiteres Buch, das im selben Jahr veröffentlicht wurde, ist ebenfalls ein Beispiel für dieses Wunschdenken und ein ausgemachter Versuch, die Trümmerhaufen in den zerstörten Städten zu ignorieren. Ich finde dieses zweite Buch in den Offenbacher Archiven, es ist eine Geschichte des Bankhauses Merzbach beziehungsweise des Bankhauses Hengst, wie es ab 1938 hieß. Das kleine Buch, gebunden in blauem Leinen, im Kolophon ein Pferd mit einem übergroßen Schweif (offensichtlich eine Anspielung auf den Namen Hengst), gibt an, dass es zum 125. Jubiläum der Gründung »der Bank« veröffentlicht wurde.

Dieses Buch ist der Versuch, eine Geschichte der Bank festzuschreiben, in der sie nicht neunzehn Jahre zuvor, im Jahr 1938, zwangsarisiert, der ursprünglichen Eigentümerfamilie Merzbach gestohlen und dann einem der Direktoren, der kein Jude war, Friedrich Hengst, übergeben wurde. Laut dem Text profitierten alle von diesem Zwangsverkauf, weil die Bank ansonsten liquidiert worden wäre.

Das Buch enthält geschmackvolle Strichzeichnungen verschiedener Ansichten des Bankgebäudes; seiner Fassade, des Büros des Direktors mit Blick über die Stadt und so weiter. Es ist das beeindruckende Bemühen, eine kontinuierliche und friedliche Geschichte von 1832 (dem Gründungsdatum des Bankhauses Merzbach) bis in die Gegenwart zu behaupten. Es ist der Versuch, über die Zeit des Nationalsozialismus und seine Folgen kurzerhand hinwegzugehen und es so darzustellen, als sei die Familie Merzbach einfach so nach England und in die USA »ausgewandert« und habe sogar irgendwie davon profitiert, dass ihnen ihre eigene Bank gestohlen wurde.

Ich schließe das Buch und schaue aus dem Fenster des Archivs auf den allgegenwärtigen, immer verlässlichen Main. Ich habe einen sauren Geschmack im Mund, das Buch hat bei mir ein mulmiges Gefühl hinterlassen. Ich weiß, dass die Nachkriegsdeutschen lange Zeit Schwierigkeiten hatten, die entsetzliche Realität des Nationalsozialismus zu akzeptieren, auch nachdem seine Verbrechen längst aufgedeckt waren. Ich wusste allerdings nicht, welche Anstrengungen einige von ihnen unternahmen, um eine ganz und gar alternative Realität zu erschaffen.

Ich stöbere auch in anderen Archiven. Die Israelitische Kultusgemeinde Wien wurde nach der Emanzipation der österreichischen Juden im Jahr 1867 per Gesetz gegründet und führt offizielle Aufzeichnungen über die Geburten, Eheschließungen und Todesfälle aller Mitglieder der jüdischen Gemeinde der Stadt. Sie können mir Informationen über Lisl schicken. Sie haben Aufzeichnungen über die Heirat ihrer Eltern im Jahr 1907 und über ihre Geburt im Jahr 1911. Die Heirat ist im Trauungsbuch eingetragen, außerdem steht dort, dass beide Elternteile in Wien geboren wurden, dass sie in der Schmalzhofgasse 3 geheiratet haben (was, wie ich später herausfinde, eine Synagoge ist) und dass ihre Väter Trauzeugen waren.

Diese Informationen sind in schwarzer Handschrift festgehalten, die schräg nach rechts, über den Tag der Hochzeit hinaus, in die Zukunft gerichtet ist. Auf der Seite, die mir zugeschickt wurde, sind zwei weitere Eheschließungen verzeichnet, die am selben Tag stattfanden, aber diese Informationen sind durch ein graues Quadrat unkenntlich gemacht, das sich zwischen mich und meine Urgroßeltern, Edmund und Friedericke Jellinek, geschoben hat. Friedericke wurde gewöhnlich Frieda genannt, und ihr Mädchenname war Knöpfelmacher.

Mir ist es wichtig, diese Namen zu verwenden, weil sie am 29. April 1939 mit den Zusätzen »Israel« und »Sara« versehen wurden (ebenso erging es Ernst, Fritz und Louise und sogar Hermann kurz vor seinem Tod). Diese Änderungen an den Namen von Edmund und Friedericke wurden 1940 im

Trauungsbuch vorgenommen, und ich bin erstaunt über die schier wahnsinnige Bürokratie der Nazis, über die Tatsache, dass irgendein kleiner Beamter jede einzelne Seite der alten Aufzeichnungen der jüdischen Gemeinde durchgegangen ist und jeden einzelnen Eintrag mit einem kleinen Stempel versehen hat. Auf dem Stempel stand: »Annahme des Zusatznamens Israel – Sara angezeigt B-H ... am ...« und in die Lücken wurden dann die Nummer des B-H (kurz für Bezirkshauptmannschaft; *XVIII* in diesem Fall) und das Datum *(29.4.39)* gesetzt. »Änderung« ist keine ausreichende Beschreibung für diesen Vorgang, denn sie sagt nichts über den Hass aus, der sich hinter dieser Bürokratie verbarg. Nein, es handelte sich eher um eine Verschandelung. Zwei dieser gestempelten Verschandelungen, jeweils einer für Edmund und Friedericke, liegen nun wie symmetrische Narben auf dem Gesicht der Heiratsurkunde.

Der Eintrag von Lisls Geburt im Geburtsbuch weist sie als »Elise« aus, wobei der kurze Name kaum Platz in dem weißen Feld einnimmt. Im gleichen Eintrag befindet sich weiter rechts ein Kästchen mit der Aufschrift »hebräischer oder liturgischer Name des Kinds«. In der linken unteren Ecke dieses Kästchens – und noch unscheinbarer als der Eintrag »Elise« – finden sich drei Buchstaben in einer Schrift, die keine lateinische ist. Ich muss einige Zeit im Internet verbringen, bevor ich sie dekodieren kann (denn so fühlt es sich an, ähnlich wie die Algebra-Aufgaben, die ich als Kind gelöst habe): In hebräischer Schreibschrift steht dort »Leah«. Mein Vater trug in seinem Antrag auf die deutsche Staatsbürgerschaft unter der Frage nach dem Namen seiner Mutter ein: Elisabeth (Elise) Leah.

Der hebräische Buchstabe in der Mitte dieses Namens ist Aleph: א. Es ist ein Buchstabe, der in der Mathematik verwendet wird, um verschiedene Kategorien der Unendlichkeit zu symbolisieren. Mir gefällt die Vorstellung, dass der Name meiner Großmutter Unendlichkeit enthält.

Nachdem ich aus dem Offenbacher Archiv die Meldeformulare mit den Adressen meiner Familie erhalten habe, leite ich sie an meinen Vater in London weiter. Ich habe ihn seit März nicht mehr gesehen, und da wir uns im Lockdown befinden, weiß ich nicht, wann ich ihn das nächste Mal sehen werde, und so fühlen sich die Informationen, die ich über seinen Vater sammle, wie ein kleiner Ersatz für echten Kontakt an. Wenn wir skypen, kann ich hinter seinem Kopf sein Arbeitszimmer sehen, und es kommt mir vor, als würde ich durch das Fenster eines Puppenhauses schauen. Akkurate, mit Büchern vollgestellte Wände, eine Stehlampe, ein Teppich. Zwei neue Sessel, die er und meine Stiefmutter gekauft haben, weil sie nun sehr viel mehr Zeit zu Hause verbringen müssen.

Als ich meinem Vater von den Dokumenten erzähle, die mir zugeschickt wurden, wirkt er interessiert, aber er scheint auch unsicher zu sein, was er mit diesen Fakten anfangen soll. Ernst ist vor fast sechzig Jahren gestorben, und ich merke, dass mein Vater jedes Mal, wenn ich ihm etwas Neues über unsere Familie erzähle, einige seiner lang gehegten Vorstellungen neu kalibrieren muss, dass er sein lebenslanges Bild davon, wer diese Menschen waren, was sie taten und wo sie lebten, vielleicht nur geringfügig, aber doch spürbar ändern muss.

Er dankt mir für die Recherche und fragt, was ich denn mit dem, was ich erfahren habe, zu tun gedenke.

»Ein Buch schreiben«, sage ich.

Er sieht überrascht aus, bedankt sich aber noch einmal, und mir wird klar, dass er diese Arbeit wie ein Geschenk von mir an ihn betrachtet. Und ich frage mich, ob dies nicht auch der wahre Grund ist, warum ich es tue.

DIE REKONSTRUKTION

Doris, die Cousine meines Vaters und Ernsts Nichte, schickt mir einen Brief, den mein Großvater ihr geschrieben hat, als sie ein Kind war. Darin erinnert er sich an die Geburtstagsfeier zu seinem zwölften Geburtstag im Jahr 1909 und wie diese, unweigerlich dem zweiten Hauptsatz der Thermodynamik folgend, von Ordnung in Chaos überging. Die fein säuberlich gestapelten Schachteln mit Spielen und Spielzeug wurden zu wilden Haufen zufällig vermischter Objekte – dank der Hilfe der überdrehten kleinen Gäste, die zu viel Zucker intus hatten.

Aber als Erstes beschreibt er, wie ungefähr ein Dutzend Jungs zur Feier eintrifft und sie alle »nach der Mode der Zeit gekleidet sind, im blauen Matrosenanzug mit hellblauem Kragen und einer schwarzen seidenen Krawatte«.

Ich besitze eine Postkarte mit dem Gruppenporträt »Die Söhne des Dr. Max Linde« von Edvard Munch aus dem Jahr 1903. Vier Jungs stehen still, während der Künstler sie malt. Jeder von ihnen trägt einen etwas andersfarbigen Matrosenanzug. Offensichtlich ist ihnen langweilig, es dauert ihnen alles zu lange, und trotzdem tun sie, wie ihnen geheißen, denn sie sind gehorsame kleine Matrosen. Drei der Jungs haben eine lässige, natürliche Pose eingenommen, sie sehen weg vom Betrachter, fummeln an ihren Mützen, denken darüber nach, was sie alles tun könnten, wenn sie nicht dort sein müssten. Der älteste von ihnen hat seinen Kopf gegen den Türrahmen gelehnt. Nur der Junge in der Mitte, der einzige, der uns direkt ansieht, steht mit gefalteten Händen da. Er ist es, der unsere Aufmerksamkeit auf sich zieht und unseren Blick würdigt, aber er ist sich auch unsicher, warum wir uns für ihn und seine Brüder interessieren. Der Holzboden ist so stark poliert, dass er glänzt, es könnte sich auch um ruhiges Wasser handeln; die weißen Wände und die Tür hinter ihnen könnten ein wolkiger Himmel sein. Vielleicht ist es der scharfe Widerspruch zwischen der Unschuld in den Gesichtern der Jungs und der militaristischen Natur ihrer Kleidung, die dieses Porträt so interessant macht.

Auf einem Foto mit vier Jungs, den drei Söhnen von Hermann Goldschmidt und ihrem kleinen Cousin, steht Ernst ebenfalls in der Mitte, und auch er ist das einzige Kind, das den Betrachter direkt würdigt. Er ist älter und wirkt besonnener als die Söhne von Dr. Linde, er scheint sich bewusster zu sein, wie er auf den Betrachter wirken könnte. Er und Fritz tragen beide Matrosenanzüge. Nach 1871 war die Beliebtheit dieser Anzüge gewachsen, vielleicht galten sie als Zeichen für den Patriotismus gegenüber der neuen Nation.

In dem Brief an Doris beschreibt Ernst das Spielzeug, das seine Klassenkameraden herumwarfen, darunter »die Dinger, die wir jedes Jahr am Faschingsdienstag benutzten, lange Röhren aus bunter Pappe oder Metall. Sie lassen sich immer noch gut blasen«.

Vor der Emanzipation in den 1870er Jahren, als die Juden noch in Ghettos leben mussten, wurden sie während der christlichen Feiertage hinter den Toren dieser Ghettos eingesperrt und durften sie nicht verlassen. Es war eine gefährliche Zeit für alle Juden, insbesondere von der Fastenzeit bis Ostern kam es zu deutlich mehr antisemitischen Übergriffen. Im Offenbach des frühen 20. Jahrhunderts aber betrachtete sich die Familie Goldschmidt als ganz normale Deutsche, genau wie ihre Nachbarn, und so gab es für sie keinen Grund, nicht am Karneval teilzunehmen.

Ein Foto von einem Karnevalsumzug in Offenbach zeigt das Bankhaus Merzbach im Hintergrund. Die Menge auf dem Bürgersteig vor der Bank sieht zu, wie Leute mit traditionellen Karnevalsmasken aus Holz durch die Frankfurter Straße ziehen.

Das Foto wurde am 28. Februar 1933 aufgenommen. Es fällt schwer, sich ein solches Foto anzusehen, ohne sich dabei zu fragen, was mit diesen Leuten geschehen ist. Mit dem Kerl, der eine Ballonmütze trägt und neben dem Umzug herläuft, oder mit dem kleinen Jungen, der ein Spielzeugschwert schwingt, oder mit dem Mann, der mit seinem Fahrrad dasteht. In der Nacht vor der Aufnahme dieses Fotos brannte der Reichstag. Die Nazis machten die Kommunisten für den Anschlag verantwortlich und nutzten ihn, um die Macht noch stärker an sich zu reißen und alle Grundrechte außer Kraft zu setzen.

Natürlich lässt nichts auf diesem Foto Rückschlüsse auf diese furchtbaren Geschehnisse zu. Für die Menschen auf dem Bild hat sich vielleicht gar nicht so viel verändert. Der Karnevalsumzug findet genau wie immer statt. Wahrscheinlich nehmen die jüdischen Kinder aus der Stadt ebenso daran teil wie schon in all den Jahren zuvor. Das Bankhaus Merzbach bildet den Hintergrund für den Umzug, und alles ist wie immer. Es ist nicht als jüdisches Geschäft gekennzeichnet, wird nicht boykottiert oder geplündert oder seinen Eigentümern gestohlen. Aber all das wird schon bald geschehen.

Dieses Foto wirkt so gewöhnlich wie das Bild eines Sterns, das aufgenommen wurde, bevor er sich in einer Supernova-Explosion selbst zerstört, und auf dem er noch wie ein ganz normaler Stern aussieht. Nur wir, die Betrachter, wissen, was in der Zukunft geschehen wird.

Unsere Entscheidung, eine winzige möblierte Wohnung in der Nähe der Innenstadt zu mieten, beruhte zum Teil auf der Annahme, dass wir viel unterwegs sein würden, um Frankfurt und seine Umgebung zu erkunden. Natürlich konnten wir nicht damit rechnen, wegen Corona in den Lockdown gehen zu müssen und deshalb fast die ganze Zeit in einer Wohnung zu verbringen, die nicht viel mehr ist als eine bessere Einzimmerbude, in der der Schlafbereich nur durch eine Schiebetür von dem getrennt ist, was jetzt sowohl als Büro als auch als Koch- und Wohnbereich dient.

Aber nun sind wir hier, und gleich dort ist die Stadt, nur knapp außerhalb unserer Reichweite. Abends leuchtet ihre Skyline, dann umreißt rotes Neonlicht die dreieckige Spitze des nächstgelegenen Wolkenkratzers, der sich etwas über einen Kilometer südlich von unserer Wohnung befindet. Die hohen Gebäude wirken zugleich nah und weit weg – wie der Vollmond in den Nächten, in denen er so riesig über dem Horizont schwebt, dass man glaubt, ihn berühren zu können. Aber es ist nur eine Illusion, so wie ganz Frankfurt zu einer Illusion geworden ist. Die Stadt mit ihrer markanten Skyline bildet nun die Kulisse für unser Leben hier in der Wohnung und in den umliegenden Straßen.

Kurz vor dem Lockdown beschließen wir, einen Tagesausflug nach Darmstadt zu machen, das ungefähr eine halbe Zugstunde südlich von hier liegt. Wir wissen, dass der Lockdown kommt, ständig wird davon in den Nachrichten gesprochen, die sich zunehmend auf Zahlen und Grafiken konzentrieren; Linien steigen von unten links nach oben rechts auf wie der Hang eines Vulkans, der kurz davor ist auszubrechen. Welche Gefahren lauern uns wohl auf, wenn es so weit ist?

Der Lockdown wird ein neuer Daseinszustand sein, und wir wissen noch nicht, was er mit sich bringen, wie er beschaffen sein wird. Also planen wir einen letzten gemütlichen Nachmittag mit Kaffee und Kuchen, um anschließend durch Darmstadt zu schlendern und uns die berühmten Jugendstilgebäude anzusehen. Aber im Café fegen die Angestellten immer wieder den Boden um unsere Füße herum und besprühen unseren Tisch mit Desinfektionsmittel, noch bevor wir unseren Kaffee ausgetrunken haben. Das ist alles, was sie gegen die Gefahr tun können, die wir für sie darstellen, und ich habe ein schlechtes Gewissen, weil ich überhaupt dort bin. Als wir das Café verlassen, nähere ich mich versehentlich einem Infostand der AfD und biege scharf ab, bevor mich jemand ansprechen kann. Es beginnt zu regnen, aber das Einkaufszentrum fühlt sich nicht länger wie ein Schutzraum an, es hat sich in das Gegenteil verwandelt. Es ist jetzt ein riskanter Ort. Wir laufen noch ein wenig im Regen durch die Straßen, bevor wir mit der S-Bahn zurück in die Wohnung fahren.

Nach Beginn des Lockdowns gewöhne ich mich schnell daran, dass Frankfurt nur aus verlassenen Straßen, leeren Plätzen und geschlossenen Geschäften besteht. Die Entvölkerung wirkt wie der natürliche Zustand der Stadt. Einzig im Supermarkt treffen wir auf andere Menschen, wenn wir in der Schlange warten, um einen frisch desinfizierten Einkaufswagen zu erhalten, bevor wir uns eilig durch den Laden bewegen. Ich lerne, im Supermarkt ängstlich zu sein, andere Menschen sind keine neutralen Wesen mehr, und ich kann nicht einfach so ein Lächeln oder ein, zwei Worte in der Gemüseabteilung austauschen. Nein, alle sind wachsam und halten Abstand. Das ist keine gute Art, eine neue Heimat zu erkunden.

Draußen zeigen sich die leeren Plätze und Bürgersteige in der Form, wie sie sich die Architekten wohl vorgestellt haben. Wenn ich zwischen den Tauben spazieren gehe (die sich weigern wegzufliegen, wenn ich mich ihnen nähere, weil sie zu Recht annehmen, dass sie und nicht die Menschen jetzt die Hauptnutzer dieses Raums sind), ist die Stadt eine Struktur aus Luft, Licht, Raum. Aber nicht aus Menschen.

Ich treffe mich mit einer Frankfurter Freundin zu räumlich distanzierten Spaziergängen. Wir trödeln durch die fast leeren Straßen, halten nur inne, um uns die Schaufenster der geschlossenen Geschäfte anzusehen. Ein Antiquitätengeschäft weckt unser Interesse, in den Schaufenstern sind Kaffeeservices aus dem frühen 20. Jahrhundert ausgestellt, Tassen und Untertassen, kunstvoll bemalt mit winzigen Blättern, Blumen und geometrischen Mustern. Während wir dort eine Weile herumstehen (wir haben nicht viel Besseres zu tun und können nirgendwo anders hin als zurück in unsere Wohnungen), sehe ich, wie sich unsere schummrigen Spiegelungen auf diesen Tassen überlagern, so geisterhaft wie ihre früheren Besitzer. Die Beständigkeit dieser winzigen, zerbrechlich aussehenden Tassen wirkt auf mich ungebührlich, die Tatsache, dass sie sich der Entropie entzogen haben, wie ein Affront gegen die physikalischen Gesetze. Wie konnten sie überleben, während so viel anderes hier zerstört wurde?

In einem anderen Geschäft in der Nähe hängen im dunklen Inneren hölzerne Puppen an ihren Schnüren, mit Satin überzogene Regale voller Perlen- und Granatschmuck sind zu sehen. Silberbesteck, bestickte Leinentischdecken, die über antike Möbel drapiert sind. Hohe Tellerstapel aus glänzend weißem Porzellan bilden das Rückgrat des Ladens. Auch wenn nur die Gegenstände selbst ausgestellt sind, tragen sie doch das Wissen über ihr früheres Leben in sich.

Ich stehe auf dem Römerberg und beobachte die Tauben. Die Sonnenschirme der geschlossenen Cafés sind zusammengerollt, die Stühle aufeinandergestapelt. Dieser offene Platz, der das Herz der mittelalterlichen Stadt war (oder vielleicht immer noch ist, aber das mit der Zeit ist hier nicht immer ganz einfach), das Herz der Altstadt mit ihren engen Gassen, die sie mit dem Dom verbinden und zum Fluss hinunterführen, zieht mich an und beunruhigt mich zugleich ein wenig.

Beim Überqueren des Platzes gehe ich um die Bronzetafel herum, die die Stelle markiert, an der im Mai 1933 die Bücherverbrennungen stattfanden, die von der Deutschen Studentenschaft organisiert wurden. Bücher aus der nahe gelegenen Goethe-Universität, die als »undeutsch« eingestuft wurden (das heißt von jüdischen oder linken Autoren verfasst), waren hergebracht und auf einen Scheiterhaufen geworfen worden. Auf eine Art ein Vorbote der alliierten Bombenangriffe elf Jahre später, die einen Feuersturm auslösten, bei dem fast jedes einzelne Gebäude in der Altstadt in Schutt und Asche gelegt und Tausende Menschen getötet wurden.

Einige der zerstörten Gebäude wurden kurz nach dem Krieg wiederaufgebaut, viele andere nicht; die Politiker zogen es vor, Architekturstile zu genehmigen, die mit der Vergangenheit brachen. Das Ende des Krieges wird als »Stunde null« bezeichnet. Die Uhr der Geschichte war zurückgestellt worden, und eine neue Ära konnte beginnen, die sich sichtbar und nachweislich von dem, was ihr vorausgegangen war, absetzen sollte.

Nach Kriegsende wurde ein Großteil dieser Freifläche zunächst als Baustelle genutzt, auf der ein Bauschuttbrecher aufgestellt wurde, um den Schutt zu zerkleinern und mit Zement zu vermischen, damit er für den Bau der von den Überlebenden so dringend benötigten Häuser in der ganzen Stadt wiederverwendet werden konnte. In den 1950er Jahren wurde das Gelände zu einem Parkplatz, und in den 1970er Jahren errichtete man hier schließlich das Technische Rathaus der Stadt. Ein ausgesprochen unschönes und ungeliebtes Gebäude, das typisch für seine Zeit war und keine architektonischen Vorbilder hatte. 2005 beschloss die Stadtverordnetenversammlung, das Gebäude abreißen zu lassen und einige der zerbombten Häuser wiederaufzubauen. Erst jetzt, so viele Jahrzehnte nach Kriegsende, war es möglich, die Zeit zurückzudrehen und einige der Gebäude, die einst hier standen, wiederauferstehen zu lassen.

Das Ergebnis ist ein hübsches kleines Viertel, unter anderem mit fünfzehn farbenfrohen »schöpferischen Nachbauten«, also Rekonstruktionen, historischer Altstadthäuser im nördlichen Teil, dem Hühnermarkt. Die Literatur zu diesen Häusern bemüht sich sehr, ihre Verbindung zur Vergangenheit herzustellen, indem sie darauf hinweist, dass sie originale Materialien wie Holzpfosten und Ziegel enthalten, die aus den Trümmern der zerstörten Gebäude geborgen wurden. Eines dieser Häuser, das Haus zur Goldenen Waage, wurde ursprünglich von einem der protestantischen Kaufleute erbaut, die gegen Ende des 16. und Anfang des 17. Jahrhunderts aus den Spanischen Niederlanden in die freie Stadt Frankfurt geflohen waren. In der Beschreibung des Hauses wird hervorgehoben, dass die Stadt diesen Flüchtlingen Unterschlupf gewährte, dass sie sich hier niederlassen und ein Haus bauen konnten, und es wird betont, was Flüchtlinge in ihre neue Heimat einbringen sollten – was durchaus angemessen ist. Der Stadt wird für ihre Gastfreundschaft auf die Schulter geklopft. (Nicht ganz so vernünftig, wenn man bedenkt, dass die Stadt zu ebendieser Zeit auch Schauplatz des judenfeindlichen Fettmilch-Aufstands war, bei dem jüdische Einwohner unter Androhung der Todesstrafe aus dem Ghetto gejagt wurden und ihre Synagoge zerstört wurde.)

Diese Wiederaufbauten haben eine gewisse Einheitlichkeit gemein, etwas, das die ursprünglichen Häuser, die über mehrere Jahrhunderte hinweg gebaut wurden, niemals hätten aufweisen können. Sie sind allesamt in schönen, hellen Farben gestrichen, das glänzend vergoldete Holz ist mit kunstvollen Schnitzereien versehen. Sie schließen sich nahtlos an die moderneren Gebäude in der Umgebung an. Und, ein besonders verräterischer Hinweis, sie beherbergen alle die gleiche Art von Geschäften im Erdgeschoss: Geschäfte für Kleidung, Hüte, Andenken, Spielzeug, Schmuck und Süßwaren; Konsumgüter, die vor allem Touristen ansprechen sollen. Es gibt hier keine alten Geschäfte, keine kleinen Läden, die vielleicht einmal Gewinn abgeworfen haben und nun mit verstaubten Schaufenstern halb vergessen im Schatten dämmern.

Die Gebäude sind also auf eine Art Fälschungen. Ihre »Authentizität« wird so verzweifelt demonstriert, weil sie Nachahmungen sind, und das macht es schwierig, diesen Dingen ein Alter zuzuweisen. Muss man vielleicht das Alter, das sie vorgeben zu haben, das Datum, an dem sie zum ersten Mal erdacht wurden, als relevant ansehen und nicht den Zeitpunkt, an dem sie letztlich gebaut wurden? Die Uneindeutigkeit der Entstehungsjahre dieser Häuser steht in gewissem Widerspruch zu den Mahnmalen – wie zum Beispiel dem für die Bücherverbrennung keine hundert Meter von den Hühnermarkt-Häusern entfernt, auf dem sehr deutlich das Datum »10. Mai 1933« vermerkt ist –, die stets das Ziel haben, daran zu erinnern, was wann genau geschehen ist. Um die Geschichte festzuhalten, um ganz zweifellos deutlich zu machen, wie es so weit kommen konnte, ohne jede Verschleierung.

Wenn das Aussehen dieser bunten Häuser in einem so offensichtlichen Widerspruch zu den Fotos steht, die vor fünfundsiebzig Jahren aufgenommen wurden und die die großen Schuttberge auf diesem Platz zeigen und die Trümmerfrauen, die hier und da auf diesen Haufen hockten und das Chaos ordneten, dann ist das vielleicht auch gut so. Die Künstlichkeit der Häuser macht historische Prozesse sichtbar. Man kann über das dezente Mahnmal der Bücherverbrennung hinweggehen, ohne es zu bemerken, aber die sogenannte neue Altstadt ist zu paradox, als dass man sie ignorieren könnte.

Im nahe gelegenen Historischen Museum Frankfurts begegne ich der Altstadt wieder. Hier finde ich eine Nachbildung der Stadt, die im Maßstab dem einer Modelleisenbahn entspricht, sodass wir Besucher auf die Dächer der Miniaturgeschäfte und -häuser hinunterschauen können. Dabei wird mir klar, dass ich die Stadt aus der gleichen Perspektive sehe wie die alliierten Piloten während der Bombenangriffe. Der Bau dieser Modellstadt wurde 1925 begonnen und dauerte so lange, dass sie erst 1961 fertiggestellt wurde, als die Stadt, die sie nachbilden sollte, größtenteils in Trümmern lag.

So, wie die leeren Außenräume und Plätze der Stadt an das erinnern, was nicht da ist, ist die Wohnung, in der wir so viel Zeit verbringen müssen, im Verlauf des Lockdowns nicht mehr nur eine normale Wohnung, sondern auch eine immer beharrlichere Erinnerung daran, dass sie nicht unser Zuhause ist. Die Wohnung ist eine blasse, monochrome Welt ohne Farbe, die Wände sind weiß gestrichen, sodass man ihnen nur umso stärker die Zeichen des Alterns und des Verfalls ansieht: Schäden, Risse, Verfärbungen. Alle Möbel sind beige, als ob sich derjenige, der sie gekauft hat, auf keine Farbe habe festlegen können. Die Kissen, Lampenschirme und Jalousien waren irgendwann einmal alle weiß. Die Wohnung ist ein Ort der Abwesenheit, des Fehlens.

Während des Lockdowns schrumpft die Stadt auf unsere unmittelbare Nachbarschaft in Bockenheim zusammen, auf die wenigen Straßen, die wir für unsere täglichen Spaziergänge nutzen. Direkt gegenüber unserer Wohnung befindet sich ein italienisches Restaurant, das für Bestellungen zum Mitnehmen geöffnet bleibt. Abends versammeln sich die Leute auf dem Bürgersteig vor dem offenen Fenster und rufen den Kellnern drinnen ihre Bestellungen zu. An der Ecke gibt es eine Bäckerei, die ich nun jeden Tag aufsuche. Mit einem Brötchen oder Streuseltaler in der Hand spaziere ich über den verwaisten Campus der Goethe-Universität. Im Vorbeigehen werfe ich einen Blick in die geschlossene Mensa, auf die Stühle, die umgedreht auf den Tischen stehen, auf die Getränkeautomaten und die Lampen, die stets ausgeschaltet sind. Diese Gegenstände haben sich in ihre eigenen Geister verwandelt, bewohnen ihr eigenes Nachleben. Ich starre in diesen Raum, den ich noch nie zu normalen Zeiten gesehen habe, immer nur ohne Menschen. Aber es ist möglich, das Sonnenlicht zu beobachten, das ungehindert durch die Mensa wandert. Ihre Fenster reflektieren das Licht zur Hälfte nach draußen, zur Hälfte leiten sie es in seine ursprüngliche Richtung weiter, und während ich hier stehe und meinen eigenen, schwach geformten Umriss betrachte, werden Informationen über mich in diesen Innenraum weitergeleitet.

Im nahe gelegenen Grüneburgpark dürfen wir so viel Zeit verbringen, wie wir wollen, vorausgesetzt, wir halten genug Abstand zu anderen Menschen. Zwei ältere Frauen sitzen am jeweils äußersten Ende einer Bank, unterhalten sich und greifen diskret nach der Hand der anderen, berühren sich kurz (vielleicht, um Trost zu spenden oder um sich gegenseitig zu stützen), bevor sie wieder zurückweichen. Jüngere Frauen mit Kleinkindern sitzen in einem großen Kreis auf der Wiese, jede hält ihr Kind fest im Arm. Leute joggen, schlendern, stehen herum und trinken Kaffee aus Thermoskannen. Viele Menschen in dieser Gegend haben keinen eigenen Garten, wir müssen in den Park kommen, um frische Luft zu schnappen. Es ist ein Außenraum, der einige der Eigenschaften des Innenraums übernommen hat. Öffentliches und Privates sind stärker vermischt als vor dem Lockdown.

Der zwanzigminütige Spaziergang zwischen unserer Wohnung und dem Park wird zur fast täglichen Routine, und wenn ich in den Straßen an den gepflegten Wohnblocks mit ihren kleinen Vorgärten und eisernen Brüstungen vorbeigehe, fühle ich mich an diesem Ort bereits sehr zu Hause. Fast, als ob das Gefühl, zu Hause zu sein, nicht in der Wohnung entsteht, sondern Bewegung und den Aufenthalt im Freien erfordert, um zur Geltung zu kommen.

Während meines Spaziergangs werde ich an die Tatsache erinnert, dass die grundlegendste Messung, die wir an fernen Galaxien vornehmen können, ihre kosmologische Rotverschiebung ist, also die Geschwindigkeit, mit der sie sich von uns entfernen. Alles andere, was wir wissen, leiten wir daraus ab. Bewegung ist der Grundzustand, in dem sich diese Galaxien befinden, in dem auch wir uns befinden.

Auf dem leeren rechteckigen Platz in der Mitte des Grüneburgparks befand sich einst eine Villa der Goldschmidt-Rothschilds, einer bekannten jüdischen Bankiersfamilie (mit der wir nicht verwandt sind), bevor diese 1938 von den Nazis zwangsenteignet wurde. Nachdem die Familie aus dem Land geflohen war, wurde das Gebäude als städtisches Café genutzt – bis zu seiner Zerstörung durch die Bombardierung 1944. Die Trümmer wurden eingeebnet, und an der Stelle des ehemaligen Gebäudes wurden Sträucher gepflanzt. Das einstige Gebäudeinnere ist heute ein den Pflanzen überlassener Außenbereich, ein Holzmonolith in der Nähe erinnert an die Villa und ihre Zerstörung.

Von den Freiflächen des Parks aus kann man in der Ferne die Innenstadt sehen, und ich muss daran denken, wie selten dieser Blick und wie flach Frankfurt ist, so ganz anders als Edinburgh, eine Stadt mit sieben Hügeln wie Rom und Athen. Einer davon ist der Blackford Hill, auf dem sich die Sternwarte befindet, und fast vier Jahre lang bin ich mindestens einmal am Tag diesen kurzen, aber steilen Hang hinaufgegangen, um dort oben meine Forschungen über Quasare durchzuführen.

Meine Erfahrungen mit diesen Objekten beruhten fast ausschließlich auf der Messung der Werte. Zuerst erkannte ich die Quasare anhand ihrer Koordinaten am Himmel. Dann wurden sie zu Rotverschiebungen. Die Rotverschiebung hängt mit der Entfernung zusammen, und daraus konnte ich berechnen, wie hell diese Objekte waren. Ich konnte Karten mit den Quasaren erstellen, die zeigten, wo sie sich im Verhältnis zueinander und zu mir befanden.

Während meiner Zeit an der Sternwarte stellte ich fest, dass die Tendenz, physische Objekte in quantitative Informationen zu übersetzen, auf meine Umgebung überzugreifen begann; im Laufe meines Studiums konnte ich nicht anders, als Blackford Hill in Daten zu verwandeln, wie beispielsweise in die Anzahl der Häuser und in die Zeit, die ich brauchte, um den Gipfel zu erklimmen – fünf Minuten an einem guten Tag. Auf einem Stadtplan zentrieren sich die Höhenlinien wie ein Fingerabdruck auf dem Gipfel des Hügels. Der Fuß des Hügels liegt auf einer Höhe von einundsechzig Metern über dem Meeresspiegel, das Observatorium auf der Kuppe auf einhundertsechsundvierzig Metern. Dennoch bestand der Hügel nicht nur aus Daten, seine immateriTelleren Aspekte traten für mich schließlich immer weiter in den Vordergrund: der Kokosnuss-Mandel-Duft der blühenden Ginsterbüsche im Sommer, der Blick auf die Kirchtürme der Royal Mile, das Funkeln der Nordsee fern im Osten.

Die Sternwarte liegt am Rande der Stadt zwischen den in gleichmäßigen Abständen erbauten Edinburgher Mietshäusern im Norden und den wilderen, offeneren ländlichen Abschnitten im Süden. Dieses Land mit seinem Gestrüpp aus Stechginsterbüschen und dünnen Birken bildet einen abrupten Übergang zum Anwesen des Observatoriums, das von einer stattlichen Steinmauer begrenzt wird. Ursprünglich wurde die Sternwarte im späten 19. Jahrhundert hier erbaut, um die Vorteile des dunklen Himmels jenseits der Stadtgrenzen zu nutzen. Es hat eine gewisse Ironie, an einem klaren Winterabend die leuchtenden Sterne draußen zu betrachten und Quasare zu studieren, die allesamt für das bloße Auge unsichtbar sind (selbst der hellste bekannte Quasar ist hundertmal zu schwach, um ohne Teleskop gesehen werden zu können). Einzig mithilfe von Technik lassen sich Quasare erkennen: Ich konnte zwar auf die Stellen am Himmel zeigen, von denen ich wusste, dass sie dort zu finden waren, aber ich würde sie niemals ohne Weiteres sehen können.

Die Unterscheidung zwischen der physischen Landschaft und ihrer Darstellung auf der Karte scheint einfach zu sein:

Der Hügel selbst besteht aus echter Erde, aus echten Felsen, Bäumen und Gebäuden, während die Karte ein Symbol dafür auf Papier oder am Bildschirm ist. Die Beziehung zwischen den beiden muss einseitig sein, die Karte kann nicht ohne die Realität existieren, und auf dem Hügel gibt es viele Dinge, die (noch) nicht kartiert sind. Nach meiner Arbeit in der Sternwarte wurde mir jedoch klar, dass sich Karten und die dazugehörigen Realitäten doch nicht so einfach in zwei getrennte Kategorien auseinanderdividieren lassen. Alles, was wir über das Universum wissen (abgesehen von den Sonden, die auf anderen Planeten im Sonnensystem gelandet sind und dort Informationen gesammelt haben), stammt von Karten. Wir haben Karten von den Sternen in unserer eigenen Milchstraße, von nahen Galaxien in der Lokalen Gruppe und von weiter entfernten Galaxien erstellt. Im Übrigen geben diese Karten nicht nur konkrete Objekte wieder, ähnlich wie bei der Kartierung der Meere auf der Erde können wir auch diffuses amorphes Gas aufzeichnen. Wir können sogar eine Entität kartieren, die wir noch nie unmittelbar entdeckt haben, wie etwa Dunkle Materie. Da wir kaum hoffen können, von bestimmten Bereichen des Universums jemals etwas anderes als Karten zu kennen, werden sie also für immer für die Realität einstehen müssen. Und in Ermangelung anderer Erkenntnisse *werden* sie vielleicht irgendwann zu dieser Realität.

Die Häuser auf dem Hühnermarkt sind ursprünglich nach architektonischen Plänen gebaut worden. Später wurden sie aus der Dokumentation ihrer früheren Existenz, einer Vielzahl von schriftlichen Beschreibungen, von Zeichnungen und Fotos, die einen langen Zeitraum umfassen, rekonstruiert. Bei diesen Häusern besteht also eine symbiotische Beziehung zwischen der Realität und ihrer Darstellung, die beide aufeinander angewiesen sind.

Wenn man Edinburgh von einem seiner Hügel aus betrachtet, erkennt man Bauwerke aus verschiedenen Zeiten: die mittelalterliche Burg auf dem Castle Rock, die barocken Kuppeln in der Neustadt, die brutalistische Architektur der Universitätshörsäle aus den 1960er Jahren. Die Stadt ist eine Gebäudekonstellation, die Hunderte von Jahren und einige Kilometer in der Raumzeit umspannt. Eine Konstellation vergleichbar mit der von Sternen, die am Nachthimmel ein scheinbar kohärentes Muster bilden, das mit einer alten Geschichte oder einem Mythos in Verbindung gebracht werden kann, obwohl diese Sterne in Wirklichkeit Lichtjahre voneinander entfernt sind. Eine solche Konstellation von Gebäuden oder Sternen kann also von Natur aus bedeutungslos oder willkürlich sein und gleichzeitig doch mit jeder beliebigen Bedeutung aufgeladen werden. Die Häuser auf dem Hühnermarkt sind eine solche bewusst mit Bedeutung aufgeladene Konstellation und leiden vielleicht deshalb unter diesem Übermaß an Affektiertheit.

Wir befinden uns jetzt tief im Lockdown. Die physische Stadt beginnt, sich von uns zu trennen, so, wie sich eine einzelne biologische Zelle teilt und dehnt und streckt, bis die Wände, die sie einschließen, der neuen Realität nicht mehr gewachsen sind. Ich bin mir des Prozesses dieser Trennung bewusst, sogar während sie stattfindet. Die Stadt wird zum Traum, ihre Topologie verändert sich in meinem Kopf, während ich versuche, den Weg von der Wohnung zum Stadtzentrum zu rekonstruieren. Eine Baustelle mit einem scharlachroten Kran, eine Bank im Schutz von Platanen und ein mit blassrosa Blüten geschmücktes Caféfenster: Diese Erinnerungen reihen sich aneinander wie Perlen auf einer Kette, aber ich weiß nicht mehr, in welcher Reihenfolge sie auftreten.

Irgendwann wird uns klar, dass wir eine größere Wohnung brauchen, weil wir noch eine ganze Weile weiter von zu Hause aus arbeiten werden. Also ziehen wir von Bockenheim nach Niederrad, ein ruhiges Viertel etwas außerhalb und in der Nähe des Stadtwalds, wo ich bald jeden Tag spazieren gehe. Manchmal beobachte ich Männer, die Bäume fällen und entfernen, weil die beschädigten Bäume bei Winterstürmen umstürzen könnten. Das Brummen der Kettensägen übertönt das Vogelgezwitscher. Die Stämme werden am Wegesrand aufgeschichtet, und diese säuberlichen Anordnungen werden zu Wegmarken, zu Orientierungspunkten für meine Spaziergänge.

Wenn die Bäume von selbst zu Boden fallen, entwurzeln sie sich. Die Wurzeln stecken nicht mehr länger in der Erde und treffen zum ersten Mal auf Luft. Wurzeln sind die Schnittstelle zwischen ihrem lebenden Wirt und der toten Umgebung, und man sieht sie erst, wenn sie selbst nicht mehr leben.

Auf den Stämmen sprießen Pilze, leuchtend gelbe Goldfell-Schüpplinge und blassbeige Judasohren und gestreifte Schmetterlings-Trameten. Wenn die Bäume absterben und zu Boden sinken, wird ihr Schicksal mit dem dieser Pilze verknüpft; der Tod der Bäume verwandelt sich in Leben. Die Fotos, die ich davon mache, sind eine Enttäuschung, die Kappen der Pilze sind überbelichtet im Vergleich zu den Blättern, die sie umgeben, sie sind nicht mehr als weiße Lichtkreise vor einem dunklen Himmel.

Jedes Mal, wenn ich im Wald spazieren gehe, muss ich daran denken, wie sehr sich diese Landschaft von der unterscheidet, die ich in Schottland zurückgelassen habe, wo so wenig Wald übrig geblieben ist. Ich bin es gewohnt, im offenen Feld zu wandern, wo man kilometerweit in die Ferne sehen kann, sich klein fühlt im Vergleich zu der Weite des

Landes, das sich bis zum Meer erstreckt. Hier im Wald kann ich mich in die Details vertiefen, in das grüne Moos, das die Baumstämme umgibt, in die Schuppen der Rinde, in die Adern der Blätter. Der Wald verändert sich alle paar Hundert Meter, besteht aus ausladenden Eichen, dann aus weißrindigen Birken, dann aus Tannen, deren Kronen sich hoch über mir ausbreiten.

Die Vögel strömen aus dem Wald in die Umgebung. Ich höre das Kreischen der Bussarde und den Gesang der Amseln, und ich beobachte, wie Spatzen die Hecken bevölkern. Blaumeisen sind am Vormittag am aktivsten und scheinen danach zu ruhen. Im Flug gleiten sie anmutig über die Straße zwischen unserem Haus und den gegenüberliegenden Wohnungen. Große Krähen ziehen mit ihrem unregelmäßigen, halb hüpfenden Gang durch die Straßen, dieselbe Art von Krähen, die ich aus Schottland kenne. Dort sieht man sie eher am Strand, wo sie im Geröll herumstochern. Niemand nennt sie Wasservögel, aber sie scheinen sich am Meeresrand sehr wohlzufühlen.

Je öfter ich im Wald spazieren gehe, desto mehr bemerke ich. Einzelne Bäume fallen mir auf, als wären sie erst jetzt in mein Blickfeld gerückt. Der Apfelbaum an der Kreuzung, an der ich immer links abbiege, die Birke, die irgendwann einmal gestutzt worden sein muss, mit ihren vielen hellen Ästen, die immer, auch an trüben Tagen, glänzen und schimmern. Ich vermisse die Straßen von Bockenheim, aber ich weiß schon jetzt, dass der Stadtwald meine Rettung sein wird. Während des Lockdowns kann ich selten woanders hingehen, und oft genug will ich das auch gar nicht.

Durch die vielen umgestürzten Bäume, die toten Blätter und Pilzschichten zeichnet der Wald den Lauf der Zeit auf. Licht, das von einem Quasar mit einer Rotverschiebung von zwei ausgestrahlt wird, braucht Milliarden Jahre, um durch das sich ständig ausdehnende Universum zu uns zu gelangen. Aber aus der Perspektive des Lichts ist der Moment ein immerwährendes »Jetzt«, es hat keine Vergangenheit. Dennoch wird es auf seiner Reise durch die sich ausdehnende Raumzeit beeinflusst, seine Wellenlängen werden von kurzen zu längeren Wellenlängen »rotverschoben«: Was von diesem Quasar mit einer Rotverschiebung von zwei bei sechshundertsechsundfünfzig Nanometern ausgesandt wurde, wird von uns bei eintausendachtundsechzig Nanometern beobachtet. Paradoxerweise kann das Licht seine Reise dabei aufzeichnen, auch wenn es aus seiner Sicht *keine* Reise gibt, weil die Momente des Starts und der Ankunft für das Licht nicht getrennt voneinander existieren, sondern ein und dasselbe sind.

Wir, die Beobachter, müssen die Hüter der Reisen des Lichts sein.

DER LUFTMENTSH

Wenn ich an Ernst denke, habe ich das Foto, das ich aus meiner Kindheit kenne, vor meinem geistigen Auge. Es zeigt ihn als sehr jungen Mann, und er trägt die feldgraue Uniform des deutschen Heeres aus dem Ersten Weltkrieg. Das kleine Schwarz-Weiß-Foto befand sich in einem violetten Samtrahmen, der auf Lisls Bücherregal stand, und wie ein Soldat, auf dessen Loyalität man sich verlassen konnte und der an einer taktisch wichtigen Position eingesetzt war, bewegte der sich nie.

Ich weiß nicht das Geringste über Ernsts Militärdienst im Ersten Weltkrieg; mein Vater weiß nur sehr wenig und fasst sein spärliches Wissen für mich so zusammen: »Er wurde 1916, nachdem er die Schule verlassen hatte, einberufen und an der Westfront stationiert. Er hat sich immer glücklich geschätzt, dass er die erste Schlacht an der Somme 1916 verpasst hatte, auch wenn er 1918 in der zweiten Schlacht gekämpft hat. Und er wurde mit dem Eisernen Kreuz ausgezeichnet, sagte aber, dass alle Soldaten, die bis zum Ende des Krieges nicht desertiert seien, das Eiserne Kreuz erhalten hätten.« Mein Vater macht eine Pause, bevor er fortfährt: »Vielleicht war er aber auch einfach nur bescheiden.«

Wenn ich an Eisen denke, denke ich an einen Kompass, dessen Nadel sich unschlüssig bewegt, bevor sie sich auf Norden einstellt. In Einsteins Erinnerungen an seine Kindheit sagte er, er habe stundenlang mit einem Kompass gespielt, ein Geschenk seines Vaters, und sich das unsichtbare Magnetfeld vorgestellt, das das kleine Gerät in seiner Hand mit dem so weit entfernten magnetischen Nordpol verband. Eisen ist ein äußerst stabiles Element, bei dem mehr Energie als bei anderen ähnlichen Elementen benötigt wird, um seinen Atomkern in kleinere Kerne zu zerlegen. Die Stabilität und der Widerstand gegen die Zersplitterung könnten eine passende Metapher für das deutsche Streben nach Einheit im 19. und 20. Jahrhundert sein, nachdem Kaiser Friedrich Wilhelm III. 1813 erstmals verfügte, dass das Eiserne Kreuz der Ehrenorden für die gesamte preußische Armee sein sollte, unabhängig vom Rang.

Ich weiß nicht, wo Ernsts Eisernes Kreuz jetzt ist, ich weiß nicht einmal, ob er es mit nach England genommen oder zurückgelassen hat.

Ende Mai 2020, am Wochenende nach der Aufhebung des Lockdowns, fahren wir mit dem Zug nach Mainz. Es regnet, sodass sich die Fahrt wie eine Fortsetzung der ebenso feuchten Reise nach Darmstadt vor dem Lockdown anfühlt, aber heute ist Markttag in Mainz, und die farbenfrohen Obst- und Blumenauslagen wirken wie eine Opfergabe, ein verfrühtes Erntedankfest zur Feier des Lockdown-Endes.

Noch wissen wir nicht, dass es nur der erste Lockdown von mehreren gewesen sein wird.

Auf dem Marktplatz stoße ich auf eine Nagelsäule, einen hohen Holzpfahl, der einem Totempfahl ähnelt und während des Ersten Weltkriegs aufgestellt und mit kleinen Eisennägeln versehen wurde. Zweck der Nägel war es, die Spenden der örtlichen Bevölkerung für den Krieg und an entsprechende Wohltätigkeitsorganisationen zu symbolisieren; die Menschen »erkauften« sich von ihren Spenden Nägel, und diese wurden dann in den Holzpfahl geschlagen. Ganz oben befindet sich das Totem selbst, ein großes Eisernes Kreuz mit den Daten »1813« auf der einen und »1916« auf der anderen Seite. Die Nägel wurden so angeordnet, dass sie Abbildungen und Wörter wie »VATERLAND« ergeben. Die Nagelsäule ist nur eine von vielen im ganzen Land, aber diese hier wurde nie fertiggestellt, und es gibt immer noch große Lücken im Holz mit viel Platz für künftige Nägel. Dieser unvollendete Holzpfosten steht nicht für etwas Vergangenes, auf das man stolz sein kann, oder für Tote, die man betrauern muss. Es handelt sich nicht um einen Versuch, die Geschichte aufzuarbeiten, vielmehr ist der Krieg im Bezugsrahmen des Pfostens nach wie vor im Gange – und sein Ausgang noch immer ungewiss.

Im Herbst beginne ich mit dem Deutschunterricht, um an das anzuknüpfen, was ich als Kind gelernt habe. Es fühlt sich wie ein Versprechen an die Zukunft an, eine weitere Möglichkeit, die Vergangenheit und mein zukünftiges Leben nach Corona zu verknüpfen. Ich melde mich bei der Volkshochschule an, aber bevor ich den Kurs beginnen kann, müssen meine Fähigkeiten durch einen Online-Test und ein Gespräch mit einer freundlichen Frau am Telefon eingeschätzt werden. Sie stellt mir Fragen, die ich nervös beantworte, bis sie mir versichert, dass ich in die B2-Klasse, also in die »fortgeschrittene Mittelstufe«, kommen werde. Die grammatikalische Struktur der Sprache ist immer noch da, nehme ich an, in meinem Gehirn versunken wie ein altes Schiffswrack, aber ich vermute, dass das Vokabular einfach weggespült wurde. Und so ist es auch.

Der Unterricht findet im Norden Frankfurts statt, ziemlich weit von unserer Wohnung entfernt. Ich muss während der morgendlichen Rushhour von Niederrad losfahren, wo alle Pendler Masken tragen und versuchen, räumliche Distanz zu wahren. Im Bildungszentrum selbst müssen die Fenster in den Klassenzimmern offen bleiben, um die Luftzirkulation zu gewährleisten, was bedeutet, dass wir unsere Mäntel und Mützen tragen müssen, um uns warm zu halten. Aber die Lehrerin ist voller Energie, und die anderen Schüler sind freundlich. Es ist nicht leicht zu verstehen, was sie unter ihren Masken sagen, aber wir gewöhnen uns schnell an den Akzent der anderen.

Wir beginnen mit der Wiederholung der Verbformen im Perfekt und Imperfekt, und dann lernen wir den Konjunktiv. Daran erinnere ich mich noch vage aus der Schulzeit, obwohl ich die Lehrerin schockiere, als ich sie frage, ob der Konjunktiv tatsächlich von echten Deutschen im wirklichen Leben verwendet wird oder ob er nur als Ärgernis für uns Fremdsprachenschüler existiert.

»Aber natürlich!«, sagt sie und weist mich darauf hin, dass ich jedes Mal, wenn ich in einem Restaurant etwas bestelle und »Ich hätte gern« sage, den Konjunktiv verwende. Oder genauer gesagt, den Konjunktiv II, denn im Deutschen gibt es zwei Formen. »Bei welchen Gelegenheiten verwenden wir also den Konjunktiv II?«, fragt sie uns.

Wir schauen sie an, während sie darauf wartet, dass jemand antwortet. Dank Corona ist die Klasse sehr klein, und wir sind nur sieben Personen, die gleichmäßig in diesem quadratischen Raum verteilt sind, jede Frau (wir sind nur Frauen) hat ein Doppelpult für sich. Ich sitze immer ganz vorne, am weitesten entfernt vom offenen Fenster, dem kalten Luftzug und dem Fettgeruch, der von außen zu uns hineindringt (das Bildungszentrum befindet sich in einem Einkaufszentrum und direkt über einer Bäckerei). In den seltenen Fällen, dass ich die Antwort auf die Fragen der Lehrerin weiß, melde ich mich sofort.

»Irreal!«, sage ich. Dieses Wort ist mir aus dem Schiffswrack entgegengesprudelt. Ich weiß kaum, was es bedeutet, aber ich weiß, dass es mit dem Konjunktiv II zusammenhängt.

»Ja, und?« Sie sieht mich mit hochgezogenen Augenbrauen an.

Inzwischen sind sie und die anderen Schülerinnen an meine etwas willkürlichen Einwürfe gewöhnt, die auf dem beruhen, was ich vor so langer Zeit, weit vor den modernen Rechtschreibreformen, gelernt habe (ich will immer ein ß verwenden, wo heute ein Doppel-s verwendet wird). In diesen dunkel erinnerten Grammatik-Lektionen habe ich in der Schule nie gelernt, wie man mit den praktischen Feinheiten des modernen deutschen Lebens umgeht, wie man einen Brief an die Bank schreibt, um einen Überziehungskredit zu beantragen, oder wie man eine zukünftige Vermieterin richtig anspricht – wir haben Thomas Mann im Unterricht gelesen. Ich klammere mich an die Erinnerungen an jene Schulstunden, in denen im Text nichts passierte, außer dass sehr lange darüber diskutiert wurde, wie man ein Künstlerleben führt, und im Klassenzimmer ebenfalls nichts passierte außer einem gelegentlichen schlecht unterdrückten Seufzer der Langeweile. Unser Unterricht an der Volkshochschule ist sinnvoller und dank der Lehrerin auch lebendiger.

»Irreal«, wiederhole ich. »Nicht ganz real?«

Sie nickt und erklärt, dass der Konjunktiv II verwendet wird, um kontrafaktische Aussagen auszudrücken; um über etwas zu sprechen, das noch nicht definitiv passiert ist, aber vielleicht oder vielleicht auch nicht passieren könnte. Es muss ein Element des Zweifels oder der Subjektivität vorhanden sein, damit man diese Form verwendet. Ich denke an die Nagelsäule in Mainz, die noch immer einen möglichen Sieg im Krieg erwartet.

»Was noch?«, fragt die Lehrerin. Und der Unterricht geht weiter.

Luftmentsh ist eine liebevolle Bezeichnung für eine jüdische Person, die in den Wolken schwebt, die abgehoben ist. Das Kunstwort ist jiddisch. Es gibt viele jüdische Witze, die sich darauf beziehen, dass ein Luftmentsh nur an der Ideenwelt interessiert ist und mit den alltäglichen Realitäten des Lebens nicht zurechtkommt. Scholem Alejchem, der große Chronist der Schtetlech (derjenigen Dörfer im russischen Ansiedlungsrayon, in denen die Juden gezwungen waren zu wohnen – ein großes Ghetto unter freiem Himmel), schrieb tragikomische Geschichten über Luftmentshen, die unaufhörlich unrealistische Pläne erdachten, um sich einen Lebensunterhalt zu verschaffen, der ihnen sonst verwehrt blieb; viele gewöhnliche Tätigkeiten oder Arbeiten konnten die Menschen in diesen ländlichen Gemeinden nicht verrichten, weil sie ihnen gesetzlich verboten waren. Die Idee impliziert, dass die Luftmentshen, denen es an physischer Verbundenheit mit der Erde mangelt, ihre Fähigkeit verloren hätten, den gesunden Menschenverstand zu gebrauchen und sich mit den praktischen Dingen des Lebens auseinanderzusetzen. Sie mögen Witzfiguren gewesen sein, aber jemanden als *Mentsh* zu bezeichnen, bedeutet auch, dass er ein anständiger, ehrenhafter Mensch ist, ein ordentliches Mitglied der Gesellschaft.

Luftmensch ist ein deutsches Wort, das genauso klingt wie das jiddische und ebenfalls jemanden beschreiben kann, der in den Wolken lebt. Es wurde jedoch häufig auch dazu verwendet, Juden zu bezeichnen, die dort, wo sie lebten, keine wirklichen Wurzeln hatten, die folglich keine Loyalität zu ihrem eigenen Land empfanden und nicht für dieses Land kämpfen würden, selbst wenn es angegriffen wird. Das Wort Luftmensch taucht in modernen deutschen Wörterbüchern nicht mehr auf, da es durch diese antisemitische Verwendung vergiftet wurde. Luftmensch/mentsh ist also ein zweideutiges Wort, dessen Bedeutung ins Schleudern geraten ist.

Im Oktober 1916, als Ernst gerade seine militärische Ausbildung abschloss und an die Westfront verlegt werden sollte, führte die deutsche Regierung die berüchtigte Judenzählung durch, um die Anzahl der jüdischen Soldaten im Heer festzustellen. Damit sollte die von verschiedenen rechten Parteien verbreitete antisemitische Behauptung erhärtet werden, dass sich jüdische Männer vor ihrer Wehrpflicht drückten. Die Judenzählung zeigte jedoch, dass jüdische Männer mit höherer Wahrscheinlichkeit zum Militärdienst eingezogen wurden als andere Männer und dass für sie die Wahrscheinlichkeit, im Kampf getötet zu werden, ebenfalls höher war. Die Regierung war darüber so schockiert, dass sie die Ergebnisse viele Jahre lang nicht veröffentlichte. Dies führte zu dem hartnäckigen Gerücht, die Niederlage von 1918 sei darauf zurückzuführen, dass die jüdische Gemeinde Deutschland ein »Messer in den Rücken gestoßen« habe, indem sie sich weigerte, im Heer zu dienen, während sie zugleich finanziell vom Krieg profitierte. Die rechtsgerichteten Parteien der Nachkriegszeit nutzten diese Version der Dolchstoßlegende, um ihre antisemitischen Positionen zu rechtfertigen und zu untermauern – mit entsetzlichen Auswirkungen.

Im Jahr bevor die deutsche Regierung die Judenzählung durchführen ließ, schaffte es Einstein endlich, seine Erweiterung der speziellen Relativitätstheorie abzuschließen, die er zehn Jahre zuvor veröffentlicht hatte. In diesem Aufsatz von 1905 hatte er die Konsequenzen untersucht, die sich aus der Tatsache ergeben, dass die Lichtgeschwindigkeit eine universelle Konstante und unabhängig von unserer eigenen Geschwindigkeit in Relation zu ihr ist. Diese einzigartige und bizarre Eigenschaft des Lichts war bereits in der Arbeit von James Clerk Maxwell Mitte des 19. Jahrhunderts angedeutet worden. Maxwell hatte gezeigt, dass Licht ein oszillierendes elektromagnetisches Feld ist, das sich mit einer universell konstanten Geschwindigkeit durch den Raum ausbreitet. Einsteins revolutionärer Schritt bestand darin, die Implikationen dieses sehr theoretischen Befunds für Messungen zu untersuchen, die von realen Beobachtern gemacht werden können, die sich mit unterschiedlichen Geschwindigkeiten bewegen. Er zeigte: Wenn die Lichtgeschwindigkeit für alle Beobachter konstant bleibt – egal, wie schnell oder langsam sie selbst unterwegs sind –, dann müssen sich Raum und Zeit entsprechend verändern. Raum und Zeit waren nicht länger feste und ewige Eigenschaften, wie man vorher angenommen hatte, sondern wurden stattdessen zu weiteren Variablen, deren Eigenschaften davon abhängen, wie sie gemessen werden.

Einsteins Theorie im Aufsatz von 1905 war eingeschränkt in ihren Bedingungen (daher das »spezielle« im Titel) und bezog sich nur auf bestimmte Fälle, in denen sich Beobachter mit konstanter Geschwindigkeit bewegen. Seit dieser Veröffentlichung arbeitete Einstein daran, die Theorie zu erweitern, um auch beschleunigte Beobachter unter dem Einfluss der Schwerkraft einzubeziehen. Diese Arbeit war außerordentlich schwierig, und die

Mathematik, die er zu entwickeln versuchte, überstieg fast seine Fähigkeiten.

Es dauerte zehn Jahre, bis er sein Ziel 1915 schließlich erreichte. In dem daraus resultierenden Aufsatz erklärte er, wie Raum und Zeit – die nach unseren alltäglichen Erfahrungen und der klassischen Physik scheinbar ganz unterschiedliche und getrennte Phänomene sind – tatsächlich zu einer einzigen Entität des Raum-Zeit-Gefüges zusammengefasst werden müssen. Außerdem kann, im Gegensatz zu den früheren Vorstellungen von »Raum« und »Zeit«, die unabhängig von anderen beobachtbaren Phänomenen existierten, die Raumzeit von den Objekten, die sie enthält, beeinflusst werden; sie kann durch in ihr eingebettete Massen wie Galaxien, Sterne und Planeten verzerrt oder gedehnt werden. Die beiden Entitäten Raumzeit und Masse stehen in einer symbiotischen Beziehung: Die Raumzeit gibt der Masse vor, wo und wie sie sich bewegen soll, und die Masse krümmt die Raumzeit.

Einstein arbeitete an diesem Konzept mithilfe von Gedankenexperimenten, die nicht praktisch durchgeführt werden können, weil sie inhärent unmöglich oder unethisch sind, die aber dennoch einen Einblick in die reale Welt geben. Die Erzählungen, die die Konsequenzen der Gedankenexperimente untersuchten, halfen ihm (und anderen Wissenschaftlern), die komplexe Mathematik zu visualisieren und zu verstehen, die notwendig ist, damit seine Theorie auf das beobachtbare Universum angewendet werden kann.

Ein Gedankenexperiment erwies sich als besonders wertvoll. Die etwas abstruse Geschichte dazu lautet: Einstein habe aus dem Fenster seines Büros in Berlin geschaut und einigen Arbeitern zugesehen, die auf dem Dach eines gegenüberliegenden Hauses arbeiteten, als einer von ihnen ausrutschte und fiel. Glücklicherweise landete er unverletzt in einem

Müllhaufen. Einstein rannte aus seinem Büro und fragte den erschrockenen Arbeiter danach, welche Empfindungen er während des Falls gehabt habe, und dieser antwortete, dass er sich schwerelos gefühlt habe. Wie Einstein sich ein paar Jahre später erinnerte, »gibt es für einen Beobachter im freien Fall vom Dach eines Hauses während des Falls – zumindest in seiner unmittelbaren Umgebung – kein Gravitationsfeld«.

Aus diesem Vorfall entwickelte Einstein eine Theorie. Dazu stellte er sich eine Person vor, die sich in einem fensterlosen Fahrstuhl befindet und deshalb nicht wissen kann, wo sie sich in Bezug auf andere Objekte befindet. Einstein überlegte, wie sich dieser Fahrstuhl in verschiedenen Situationen bewegen könnte und was die Person dabei empfinden würde. Wenn der Fahrstuhl fest auf der Oberfläche eines massiven Objekts wie der Erde stünde, würde die Person auf dem Boden des Fahrstuhls stehen und die übliche Anziehungskraft der Schwerkraft spüren, hervorgerufen durch das Gefühl, dass der Boden des Fahrstuhls ihr Gewicht trägt. Würde der Fahrstuhl nach oben fahren und dann herunterstürzen, würde die Person mit der gleichen Geschwindigkeit wie der Fahrstuhl fallen. Daher würde sie den Boden des Fahrstuhls unter ihren Füßen nicht spüren, sie hätte nicht das Gefühl, dass der Fahrstuhl ihr Gewicht trüge. Sie würde sich schwerelos vorkommen.

Dann stellte sich Einstein diesen Fahrstuhl im Weltraum schwebend vor, weit weg von einem massiven Objekt. Auch hier würde sich die Person schwerelos fühlen. So würde sich das freie Fallen unter dem Einfluss der Schwerkraft genauso anfühlen wie das Schweben im Weltraum, und es gäbe kein Experiment, das die Person in einem Fahrstuhl durchführen könnte, um zwischen den beiden scheinbar so unterschiedlichen Szenarien zu unterscheiden. Laut Einstein bedeutet dies, dass diese Szenarien gleich sind und dass es nichts Eigenes oder Besonderes an der Schwerkraft gibt (im Gegensatz zu Newtons Theorie, in der die Schwerkraft als eine mysteriöse Kraft erscheint, die in der Lage ist, sofort über große Entfernungen hinweg zu wirken). Es ist einfach eine Art der Beschleunigung, die auftritt oder nicht auftritt, je nach den herrschenden Umständen.

Alle Studierenden der Physik lernen das Gedankenexperiment mit der Person im Fahrstuhl kennen. Wir sitzen in Vorlesungen über die allgemeine Relativitätstheorie, zeichnen Diagramme von Strichmännchen inmitten von Quadraten und umgeben von Pfeilen, die die Richtung des Fallens und Reisens anzeigen. Die Person im Fahrstuhl ist ein bekanntes Motiv der Physik des 20. Jahrhunderts. Wir verbringen viel Zeit damit, sie extremen Situationen auszusetzen und darüber nachzudenken, welche Kräfte auf sie wirken und was sie dabei fühlt. Die allgemeine Relativitätstheorie, so unpersönlich sie später mit Schwarzen Löchern und Urknallen auch wird, beginnt mit der Überlegung, was eine Person erleben könnte und was sie dabei fühlt. Es ist wichtig zu beachten, dass dieses Gefühl ein echtes Phänomen ist. Es ist nicht so, »als ob« man sich schwerelos fühlt, obwohl man immer noch Gewicht hat. Wenn man im freien Fall ist, ist man tatsächlich schwerelos. Würde man auf einer Waage stehen, die ebenfalls unter einem fällt, würde sie kein Gewicht anzeigen.

Der Luftmentsh ist nicht nur ein bekanntes Motiv der Physik, sondern auch der Kunst des 20. Jahrhunderts. Auf Marc Chagalls elegischen Gemälden von jüdischen Schtetlech aus dem frühen 20. Jahrhundert, etwa auf »Über Witebsk«, gemalt 1914, schwebt ein Bettler über den Dächern dieser Stadt. Die Rabbiner, Kantoren, Bräute und Bräutigame schweben durch den freien Raum über ihren Welten. Sie haben sich von den irdischen Einschränkungen und Vorurteilen befreit, die ihr Leben beeinträchtigen. Sie finden ihre

Freiheit in der Luft, wo sie dem Antisemitismus entfliehen können, der zu dieser Zeit in dieser Region vorherrschte.

Chagalls Werk steht den Vorstellungen von Einsteins Gedankenexperiment nahe: der Person, die vom Dach fällt. Vielleicht sah Einstein Chagalls Gemälde und dachte über die Menschen in der Luft nach, die durch die Möglichkeit des Fliegens und/oder Fallens ihre Häuser hinter sich lassen konnten.

Die Person im Fahrstuhl hat keine Kontrolle darüber, was mit ihr geschieht und welchen Kräften sie ausgesetzt ist. Sie ist gefangen, sie ist passiv, machtlos. Ihr wird alles genommen, sogar ihr eigenes Gewicht, und sie weiß es nicht einmal. Sie glaubt, sie könnte zu Hause sein, aber ohne dass sie es merkt, hat sich dieses Zuhause von einem Ort, der sie schützt, zu einem Ort, dem sie nicht mehr trauen kann, gewandelt. An diesem Ort ist es ihr verboten, Wurzeln zu schlagen, und sie kann nur mehr schweben.

Das Werk des Dichters Paul Celan ist durchdrungen von den Sorgen seines Lebens; geboren 1920 als rumänischer Jude, überlebte er den Holocaust (während seine Eltern ermordet wurden) und beging 1970 Selbstmord. In seiner Sammlung »Die Niemandsrose« kehrt er wörtlich und metaphorisch die Vorstellung von der Erde unter unseren Füßen als etwas, das uns Halt gibt, ins Gegenteil und schreibt: »in der Luft, da bleibt deine Wurzel, da, in der Luft«. Die Luft kann befreiend wirken, aber sie kann auch ein Grab sein.

Der Luftmentsh ist ein »Weltbürger«, wie der österreichisch-ungarisch-ukrainisch-jüdische Schriftsteller Joseph Roth sich selbst nach dem Fall des Habsburgerreichs in den 1920er Jahren nannte. Aber laut Theresa May sind Menschen, die sich als Weltbürger sehen, in Wirklichkeit »Bürger von nirgendwo«, so formulierte sie es in einer Rede, die sie kurz nach ihrem Amtsantritt als britische

Premierministerin 2016 hielt. Da der Luftmensch keine Wurzeln und kein offensichtliches Zugehörigkeitsgefühl zu einem realen (oder realistischen) Ort hat, kann ihm vorgeworfen werden, internationalistische Ideologien wie den Kommunismus oder den Kapitalismus zu unterstützen und illoyal gegenüber seinem Heimatland zu sein. Der ungarische Premierminister Viktor Orbán sagte über den ungarisch-jüdischen Finanzier George Soros: »Wir kämpfen gegen einen Feind, der anders ist als wir. Nicht offen, sondern versteckt; nicht gradlinig, sondern listig; nicht ehrlich, sondern niederträchtig; nicht national, sondern international; er glaubt nicht an Arbeit, sondern spekuliert mit Geld; er hat kein eigenes Heimatland, sondern glaubt, ihm gehöre die ganze Welt.«

Die Nazis bezeichneten Juden als »heimatlose Luftmenschen«. Aber Luft kann Freiheit bedeuten.

Seit 1961 und dem Flug des ersten Menschen ins Weltall ist Einsteins hypothetische Situation Wirklichkeit geworden; Astronauten erleben Schwerelosigkeit, wenn sie die Erde umkreisen, weil sie ständig mit derselben Geschwindigkeit fallen wie das sie umgebende Raumschiff. Und was sagen Astronauten manchmal, wenn sie schließlich zur Erde zurückfallen? Dass alles miteinander verbunden ist und sie sich überall zu Hause fühlen, wo sie landen, weil sie verstehen, dass nationale Grenzen und Beschränkungen allesamt künstlich sind; was uns verbindet, ist tiefer und weit wichtiger als das, was uns trennt. Der amerikanische Astronaut Ron Garan verbrachte sechs Monate an Bord der ISS und sagte danach: »Das Zuhause weitete sich aus und umfasste den gesamten Planeten, und als ich nach meiner sechsmonatigen Mission zur Erde zurückkehrte und wir landeten, dachte ich: ›Ich bin zu Hause.‹ Das wirklich Interessante daran war: Ich befand mich in Kasachstan.«

Der Luftmentsh ist der von Einstein imaginierten Person im Fahrstuhl ähnlich: Er ist ein Testkörper, ein nützliches Mittel, um die zugrunde liegenden Eigenschaften der Umgebung zu ermitteln. Dies kann über die rein physische Umgebung hinaus auch auf die soziale ausgeweitet werden: Die Kritik an den deutschen Juden, die im Ersten Weltkrieg ihrem Vaterland dienten und denen dennoch Verrat vorgeworfen wurde, war sicherlich ein Indikator dafür, was noch kommen sollte.

Es ist möglich, Schwerelosigkeit auf kontrolliertere Weise zu erzeugen, als von einem Dach zu springen.

Vor ein paar Jahren reiste ich mit dem Zug von Heidelberg durch den Schwarzwald bis nach Konstanz an der Grenze zur Schweiz. Während der Regionalzug vor sich hin zockelte, war der Blick aus dem Fenster erwartungsgemäß malerisch: eine Abfolge von hübschen Dörfern mit Fachwerkhäusern, umgeben von dichtem Wald, bis ich etwas sah, das so fehl am Platz wirkte, dass ich dachte, ich müsste eingeschlafen sein und träumen. Ein hoher Turm, futuristisch im Design und mit einem glänzenden Glasfasergewebe ummantelt, ohne offensichtliche Fenster. Während wir vorbeiratterten, starrte ich auf dieses Raumschiff, das zum Start bereit zu sein schien, vielleicht dazu bestimmt, hoch über das Blätterdach der Bäume emporzusteigen. Es könnte sein, dass ich zwei übereinandergelegte Fotos betrachtete, die Vergangenheit und die Zukunft, die sich im Zugfenster überlappten.

Natürlich war es kein Raumschiff. Ich erfuhr später, dass es sich um den ThyssenKrupp-Fallturm handelte, der dafür gebaut worden war, Hochgeschwindigkeitsaufzüge im freien Fall zu testen, um die Sicherheitsmechanismen zu prüfen. Als ich ihn sah, war er mit zweihundertfünfzig Metern der höchste Turm dieser Art auf der Welt. In diesen Aufzügen befinden sich während der Tests keine echten Menschen, sondern Crash-Test-Dummys.

Näher an meinem Zuhause und nicht weit von unserer alten Wohnung in Bockenheim entfernt befindet sich das I.G.-Farben-Gebäude. Es wurde in den 1920er Jahren für das gleichnamige Chemieunternehmen errichtet und war damals das größte Bürogebäude der Welt. Während des Zweiten Weltkriegs koordinierten die in diesem Gebäude tätigen Menschen die Zwangsarbeit, die erforderlich war, um die I.G.-Farben-Fabriken zu betreiben. Fabriken, die das Zyklon-B-Gas produzierten, das zur Ermordung von Menschen in Auschwitz und anderen Vernichtungslagern verwendet wurde.

Der Weg zum I.G.-Farben-Gebäude führt mich vorbei am wegen Corona geschlossenen Palmengarten, den Vaters Cousine Doris als Kind in den 1930er Jahren zu besonderen Anlässen besuchen durfte. Vorbei am Grüneburgpark und seinem gespenstischen Nachklang des gestohlenen und zerstörten Herrenhauses. Die Friedrichstraße hinauf, fast an der Stelle vorbei, an der die 1910 erbaute Westend-Synagoge noch immer steht. Anders als viele andere Synagogen wurde sie während der Novemberpogrome 1938 nicht angegriffen, weil sie an die umliegenden Wohngebäude angrenzte. Die Synagoge ist nur von einer ruhigen Seitenstraße aus zugänglich, sie gibt sich nicht zu erkennen. Man muss wissen, wo man sie suchen soll, und wenn man sie findet, begegnet man zuerst dem Polizeiposten, der davor dauerhaft Wache hält. Dann trifft man auf eine hohe Backsteinmauer mit einem weit oben angebrachten Relief eines Löwen, der die zwei Gesetzestafeln hält – das traditionelle Symbol einer jeden Synagoge.

Wenn ich das I.G.-Farben-Gebäude erreiche, blicke ich auf ein Gitter aus kleinen, dunklen Fenstern, während ich die weite Grasfläche zum Eingang überquere. Abseits steht ein

Pavillon, ein Denkmal für Norbert Wollheim, der wie viele andere Männer von der I.G. Farben zur Zwangsarbeit in Auschwitz eingesetzt wurde und der nach dem Krieg das Unternehmen erfolgreich auf Schadensersatz verklagt hat. Auf einer Innenwand des Pavillons findet sich ein Zitat von ihm aus dem Januar 1945, nach der Befreiung des Lagers durch die Sowjetarmee: »Wir sind gerettet, aber nicht befreit.« In der Nähe des Denkmals stehen Schilder im Gras. Jedes zeigt ein Foto eines Holocaust-Opfers, eines Menschen, der in dem militärisch-industriellen Todeskomplex Auschwitz im Lager Buna (später: Konzentrationslager Auschwitz III) als Arbeitssklave gearbeitet hat, und auf der Rückseite wird sein Schicksal erzählt. Die Schilder erwecken den Anschein einer dauerhaften Demonstration, eines Protests, der nicht verschwinden will.

Im Inneren des I.G.-Farben-Gebäudes befinden sich Paternosteraufzüge, die sich ständig bewegen und niemals anhalten. Sie können von ihren Passagieren nicht gesteuert werden, sie funktionieren autonom. Man steigt geschickt in eine sich bewegende Kabine und wird zu einer anderen Etage befördert, der man beim Näherkommen zusehen kann, während man hinauf- oder hinunterfährt. Man ist die Person im Fahrstuhl.

Es ist anders als bei Einsteins Experiment; diese Aufzüge bewegen sich mit konstanter Geschwindigkeit, sie beschleunigen nicht, und daher fühlt man sich auch nicht schwerelos. Aber im Gegensatz zu gewöhnlichen Aufzügen vermitteln Paternoster nicht einmal die Illusion von Kontrolle, die Technologie weist einem eine ganz und gar passive Rolle zu, während man auf dem Weg zwischen den Stockwerken des Gebäudes die dunklen Intervalle dazwischen erlebt. Auch eine Privatsphäre gibt es in einem Paternoster nicht, da keine Zeit bleibt für Türen, die sich öffnen und schließen. Man ist ausgestellt. Die Aufzüge bilden eine kontinuierliche Kette, ganz wie die Perlen eines Rosenkranzes, und das gibt ihnen ihren Namen: *Pater noster* – Vater unser.

Das Gebäude ist wegen des Lockdowns geschlossen, und ich kann nicht hineingehen und mit den Aufzügen fahren, kann keine vollständige Runde einmal durch das Gebäude drehen. Ich kann sie mir nur in ihrer endlosen Bewegung vorstellen, abwechselnd zwischen öffentlichen Stockwerken und ansonsten im Verborgenen liegenden Abschnitten. In Deutschland gibt es mehr Paternoster als in jedem anderen Land, und sie sind fast alle alt. Sie werden heutzutage nicht mehr gebaut, da sie viel gefährlicher sind und mehr tödliche Unfälle verursachen als herkömmliche Aufzüge.

Wenn ich vor dem geschwungenen Gebäude stehe, kann ich nicht sehen, wo es endet. Es windet sich aus meinem Blickfeld, ein passendes Symbol für das gewaltige militärisch-industrielle Imperium, zu dem es einst gehörte. 1945 hatten die amerikanischen Streitkräfte das I.G.-Farben-Gebäude als zukünftiges Hauptquartier vorgesehen, und es blieb vor der allgemeinen Zerstörung ganzer Stadtteile durch die alliierten Bombenangriffe verschont. Sie hatten das Gebäude wegen seiner Größe ausgewählt und haben es bis 1995 genutzt. Heute gehört es zur Goethe-Universität, und vor dem Gebäude steht eine klobige Gedenktafel, die in massiven Metallbuchstaben seine Geschichte im Krieg erzählt. Daran gibt es nichts auszusetzen – außer der Tatsache, dass es überhaupt verschont wurde.

Das Gegenstück zum Paternoster ist der Shabbatfahrstuhl, der in öffentlichen Gebäuden installiert ist, die voraussichtlich von vielen frommen Juden genutzt werden, zum Beispiel in Brooklyn, New York. Während des Shabbats, der von Sonnenuntergang am Freitag bis zum Sonnenuntergang am Samstag dauert, hält der Aufzug ganz von selbst in jeder

Etage des Gebäudes, damit die Menschen, die mit ihm fahren, keine elektrischen Geräte bedienen müssen. Dieses technische Hilfsmittel ermöglicht es ihnen, eines der wichtigen Gebote zu beachten: »Du sollst am Shabbat nicht arbeiten.« Wie der Paternoster weist auch der Shabbatfahrstuhl den Passagieren eine passive Rolle zu. Man muss geduldig sein, um damit zu fahren.

Zu Beginn meines Deutschunterrichts fällt es mir schwer, die präzisen und künstlichen Grammatikübungen mit dem in Verbindung zu bringen, was ich tatsächlich von den Menschen höre. Ich muss immer über das nachdenken, was ich höre oder lese, und bin mir stets bewusst, dass ich eine andere Sprache zu verstehen versuche; es läuft fast nie automatisch ab. Außer bei dem Wort »fromm«, das ich in einer Dokumentation über das Mittelalter höre, als der Erzähler einen Aspekt des religiösen Lebens in einem Kloster erläutert.

Fromm. Es ist kein Wort, das ich im täglichen Leben hier in Frankfurt benutze, in meinen kurzen Begegnungen mit Menschen in Supermärkten und auf Postämtern. Kein Wort, das mir geläufig sein müsste. Aber sofort erkenne ich, dass »fromm« mit dem jiddischen Wort »frum« verwandt ist. Ein Wort, das sich auf jüdische Menschen bezieht, die die religiösen Gesetze befolgen, den Shabbat halten und in die Synagoge gehen. Die den Shabbatfahrstuhl benutzen würden, obwohl er langsamer ist als ein gewöhnlicher Aufzug. Ich spreche selbst kein Jiddisch, aber es ist die Art von jiddischem Wort, das in den englischen Sprachgebrauch amerikanischer und britischer Juden übergegangen ist.

Weil »fromm« so nahe an »frum« liegt, erkenne ich es sofort, und weil die beiden Wörter offensichtlich so eng miteinander verwandt sind, macht es mich aufmerksamer für das, was ich lerne. Andere häufige deutsche Wörter, die ihren jiddischen Gegenstücken sehr ähnlich sind (wie »Tisch«), bieten ebenfalls eine Verbindung zu dieser fast verlorenen Sprache, sie stellen einen Weg in die Vergangenheit dar.

Jiddisch wurde von Millionen aschkenasischer Juden in ganz Nord- und Osteuropa gesprochen, und als diese Menschen Anfang des 20. Jahrhunderts vor Pogromen und Verfolgung flohen, nahmen sie die Sprache mit in die USA und nach Großbritannien. Heute stirbt sie aus, wird nur noch von den frommsten Juden verwendet (zum Beispiel von einigen, die in Israel leben und sich weigern, die heilige Sprache Hebräisch im täglichen Leben zu benutzen).

Ist Jiddisch das Gegenstück zum Deutschen? Sein Quasi-Spiegelbild? Ist es das, was den deutschen Antisemitismus so pervers macht, dass es sich nicht um einen einfachen, wenn auch kranken Hass auf das andere handelt? Es ist ein Hass auf das andere, das fast genauso ist wie »wir«, dessen Muttersprache so ähnlich klingt wie unsere Sprache. Das andere, das zwischen uns und nicht uns flackert, wie ein subatomares Teilchen, das gleichzeitig existiert und nicht existiert. Das andere, das uns so ähnlich ist, dass es tatsächlich »wir« sein könnte – was bedeutet das dann für uns? Wenn wir nicht besonders und einzigartig sind, wenn der Luftmentsh, der keine wirklichen Bindungen zu unserem Land hat, so ähnlich spricht wie wir, wer genau sind »wir« dann?

DER GOLEM

Als Ernst im Frühjahr 1916 die Schule verließ, wurde er zum Militärdienst eingezogen. Dies kam sicherlich nicht überraschend: Das preußische Ideal, dass junge Männer für ihr Vaterland kämpfen, wurde nach der Reichsgründung 1871 auf den Rest Deutschlands übertragen, und die Erziehung der Jungs hatte ohnehin schon einen militärischen Kern. Nach Beginn des Ersten Weltkriegs mussten die Schüler eine noch intensivere Ausbildung durchlaufen, die sie auf ihre zukünftige Rolle als Soldaten vorbereitete. Diese militärische Sichtweise zeigte sich nicht nur in der obligatorischen Ausbildung, sondern auch in anderen Aspekten des Lebens.

In dem Brief, den Ernst an Doris über seinen zwölften Geburtstag schrieb, erwähnt er, dass die meisten Jungs »Willy« genannt werden, eine Kurzform von Wilhelm, dem Namen des Kaisers. Im Verlauf der Feier finden die Jungs in einem alten Schrank einige Spielzeugsoldaten: »eine Musikkapelle grüner Ulanen, die mit ihren Blechblasinstrumenten und Kesselpauken auf schneeweißen Rossen reiten«, »eine Schwadron roter Husaren« und »dunkelblaue preußische Infanterie«. Neben diesen Soldaten gibt es auch Kostümuniformen, die die Jungs tragen können: »kürassartige Uniformen der blauen Husaren und grünen Dragoner«, »die falsche Pelzmütze des Husaren mit wippender weißer Kordel und schwarz-silbern glitzernder Kokarde« und einen »nachgemachten Lederhelm mit einem quadratischen Schild wie der Doktorhut eines Lehrers, nur glänzend und geschmückt mit einem Rosshaarbusch«. Die Jungs verkleiden sich und kämpfen mit Miniaturschwertern aus Stahl.

Sieben Jahre später wurden sie alle in die preußische Armee eingezogen werden. Trotz der Reichsgründung gab es immer noch keine einheitliche deutsche Armee, und da Frankfurt Teil des Staates Preußen war, wurden die Jungs von der preußischen Armee rekrutiert.

Mein Vater erzählt mir, dass er Ernsts Soldbuch aus dem Ersten Weltkrieg gefunden hat. Deutsche Soldaten mussten ihr Soldbuch während des aktiven Dienstes stets bei sich tragen. Es dokumentierte detailliert ihren Dienst, ihr Regiment, ihre Impfnachweise, ihre Schießausbildung, ihre Krankheiten und Verletzungen sowie entsprechende Aufenthalte im Lazarett und ihre Bezahlung, die bei Vorlage der abgerissenen Coupons aus dem Buch monatlich beglichen wurde.

Mein Vater schickt mir einen Scan jeder Seite per E-Mail, und ich betrachte diese Bilder genau, untersuche jeden Knick, jeden Buchstaben. Ich lerne es intensiv kennen: den mausbraunen Einband, die geklebte Bindung, die abgenutzten Ränder jeder Seite, eine Abnutzung, die nicht nach Monaten, sondern nach Jahren des Gebrauchs entsteht.

Das Soldbuch wurde entweder in einem Lederbeutel um den Hals getragen oder in einer speziellen Tasche am Poncho, und die unvermeidliche Beschädigung dieses Dokuments ist teilweise durch den Körper des Soldaten selbst verursacht, der den Pappeinband und die Seiten formte und krümmte. Der physische Körper wird geisterhaft im Soldbuch erkennbar.

Ernsts Soldbuch ist das einzige Zeugnis seines Militärdienstes und liefert Informationen, die auf andere Weise sehr schwer, wenn nicht gar unmöglich zu erlangen wären, da so viele der zentral aufbewahrten Aufzeichnungen aus dem Ersten Weltkrieg im Zweiten Weltkrieg zerstört wurden. Ich betrachte also diese Scans auf dem Bildschirm meines Laptops, als ob ich durch das Glas einer Museumsvitrine auf eine Art Reliquie schaue, auf etwas, das in der Schlacht war und überlebt hat. Wenn ich mir das Bild ansehe, kann ich hineinzoomen, jeden Abschnitt vergrößern und jeden handgeschriebenen Buchstaben und durchgestrichenen Text genau prüfen. Und es gibt viele Streichungen in dem Heft, dort, wo Informationen ersetzt und aktualisiert werden mussten.

Das erste handgeschriebene Wort auf dem Einband ist nicht der Name meines Großvaters, sondern sein Rang, der geschrieben und dann durchgestrichen und neu geschrieben wurde, als man ihn zum Unteroffizier beförderte. Dann sein Name. Dann ein violetter Stempel, auf dem (wie ich denke) »Kompagnie, Ers. Batt.« steht, »Ers.« für »Ersatz«, also Ersatzbataillon. (Später im Heft gibt es Stempel mit »Ersatz-Infanterie-Regiment 118«.)

Ein Stempel, der nicht durchgestrichen wurde: »6. Kompagnie, Reserve Infanterie Regiment 441«.

In Tinte: *21 Rec division.*

Dann die Ergebnisse, die mein Großvater beim Schießtraining erzielte, eine Aufzeichnung, wie nah seine Kugeln am Ziel waren.

Obwohl das Buch körperliche Merkmale von Ernst wie Größe, Statur, Haarfarbe, Augenfarbe, Schuhgröße, Nasen-, Kinn- und Mundform zusammenfasst, enthält es kein Foto von ihm; er ist hier nur in Worten und Zahlen präsent. Und wie in allen anderen offiziellen Dokumenten seines Lebens in Deutschland wird er als »israelitisch« – also jüdisch – eingestuft.

Das Soldbuch listet auch die Daten auf, an denen mein Großvater gegen Pocken, Cholera und Typhus geimpft wurde. Ich bin über den letzten Punkt verwirrt: Typhus bedeutet im englischen Fleckfieber, und ich weiß, dass es auch heute noch keine wirksame Impfung dagegen gibt. Dann erfahre ich, dass mit Typhus eine andere Erkrankung gemeint ist, die durch Typhusbakterien ausgelöst wird. Vor dem Ersten Weltkrieg wurden Soldaten routinemäßig gegen diese Krankheit geimpft. Diese Typhusimpfungen erfolgten in Gruppen von zwei oder drei Injektionen im Abstand von etwa acht Tagen.

Damals wie heute gibt es Bedenken gegenüber Impfungen, gegenüber dem Einbringen von »fremden« Stoffen in gesunde Körper, weil befürchtet wird, dass dadurch Krankheiten ausgelöst werden könnten, die eng mit den Krankheiten, gegen die geimpft wird, verwandt sind. Damals wie heute streiten die Menschen darüber, ob Impfprogramme obligatorisch oder freiwillig sein sollten.

Ungefähr zu der Zeit, zu der ich das Soldbuch entziffere, suche ich mir eine Hausarztpraxis. Bei meinem ersten Termin fragt mich die Ärztin nach meinen letzten Impfungen, und ich muss den Kopf schütteln. Ich erinnere mich, dass ich eine Tetanus-Auffrischung bekam, nachdem meine alte Katze im Rappel meinen Arm zerkratzt hatte, aber das ist etwa fünfzehn Jahre her. Außerdem habe ich eine vage Erinnerung an meine erste Woche an der Universität, als ich in der Sporthalle in einer Schlange für einen mit Polio-Impfstoff versetzten Zuckerwürfel anstehen musste. Die Ärztin ist höflich schockiert, sie erklärt mir, dass in Deutschland alle zehn Jahre eine Auffrischung erfolge, und jetzt sei bei mir die Kombinationsimpfung gegen Tetanus, Diphtherie, Polio und Keuchhusten fällig. Und natürlich eine Grippeimpfung. In diesem Corona-Winter erscheint es ratsam, jede Art von Krankheit zu vermeiden, schon allein, um das Gesundheitssystem nicht zusätzlich zu belasten. Also vereinbaren wir, dass sie mit der Grippeimpfung als eine Art »Vorspeise« beginnt, bevor wir in ein paar Wochen mit der Kombinationsimpfung fortfahren.

Dass ich geimpft werden soll, lässt mich das Soldbuch in einem neuen Licht betrachten. Kann man das Impfen wirklich mit einer Invasion des Körpers vergleichen? Es ist verlockend, in militärischen Begriffen zu denken – die natürliche »Verteidigung« des Körpers, die einen »fremden Eindringling« angreift. Eine geimpfte Armee, die nicht erkrankt, kann sich besser der eigentlichen Aufgabe widmen. Aber das ist zu absolut. Unsere Körper bauen nur dann Immunität auf, wenn sie anderen Organismen ausgesetzt sind, also brauchen wir diese fremden Körper. So leicht lassen sich die Grenzen zwischen »uns« und »ihnen« nicht ziehen.

Im Rahmen der allgemeinen körperlichen Untersuchung führt die Ärztin auch einen routinemäßigen Bluttest durch, und ein paar Tage später kehre ich in die Praxis zurück, um die Ergebnisse zu erfahren, in der Annahme (ohne triftigen Grund), dass ich eine einwandfreie Gesundheitsbilanz ausgewiesen bekomme. Sie legt ein Blatt Papier mit einer alarmierenden Liste von Zahlen vor mir aus, die sich auf Messungen verschiedener Blutwerte wie Cholesterin, Glukose, Natrium und so weiter beziehen, und erklärt mir, dass die Kreuze neben einigen dieser Zahlen bedeuteten, dass meine Werte außerhalb des normalen Bereichs lägen. Insbesondere macht sie sich Sorgen um mein Kalium, das anscheinend gefährlich hoch ist. Ich habe dieses deutsche Wort noch nie gehört und weiß nicht, wovon sie spricht. Vielleicht meint sie Kalzium. Sie kündigt an, dass wir eine weitere Blutuntersuchung machen müssten, und beginnt, meine Arme auf eine geeignete Vene hin zu inspizieren. Die erste, bei der sie es versucht, zeigt keine Reaktion, kein Blut kommt heraus, also versucht sie es bei einer anderen. Mich hat der Anblick von Nadeln, die in meinen Körper eindringen, nie gestört, aber es erscheint höflich, wegzusehen, während sie meinen Unterarm unter die Lupe nimmt und hier und da auf eine Vene klopft, als würde sie nach etwas unter der Oberfläche suchen. Der zweite Versuch ist sehr schmerzhaft, aber wenigstens bietet diese Vene einen zögerlichen Blutfluss.

Zu Hause schaue ich nach, was Kalium ist, und entdecke, dass es sich um einen wichtigen Elektrolyten handelt. Laut den vielen Websites, die ich lese, erfordert der gemessene Kaliumspiegel in meinem Blut sofortige Behandlung, andernfalls sei mein Herz ernsthaft gefährdet. Aber ich gehe seit fünfzehn Jahren regelmäßig laufen und habe noch nie Anzeichen von Atemnot oder Herzrasen gespürt, mein Herz fühlt sich vollkommen in Ordnung an. Die Stelle der Blutabnahme an meinem rechten Unterarm verfärbt sich in ein beeindruckendes Lila, es ist der einzige sichtbare Aspekt all der Tests und Diskussionen über mögliche Krankheiten.

Zwei Tage später folgt ein weiterer Termin, und die Ärztin ist ratlos. Alles andere scheint in Ordnung zu sein, aber der Kaliumspiegel ist immer noch viel zu hoch. Sie kündigt an, dass sie einen weiteren Bluttest machen wird. Diesmal kehren wir zum linken Arm zurück, der sich gerade von der ersten Blutabnahme erholt hat. Ich versuche, meine Hand zu ballen, um den Blutfluss zu fördern, aber anscheinend ist das keine gute Idee. Wieder schaue ich weg, als würde ich vermeiden wollen, jemand anderem beim Ausziehen zuzusehen, dabei bin ich es, die hier auf links gedreht wird. Was in mir ist und normalerweise verborgen bleibt, wird nun mit offensichtlicher Unwilligkeit an die Oberfläche gebracht. Immerhin gelingt es der Ärztin, etwas Blut in ein Röhrchen zu bekommen. Dann sagt sie, dass sie noch einen weiteren Test machen werde, und bittet mich, im nächsten Raum zu warten.

Ich sitze auf der hohen, schmalen Liege mit Papierbezug und frage mich, was gerade passiert. Mein Herz rast, vielleicht liegt das an dem Kalium, das meine Adern durchflutet und es bedroht. Mir gegenüber hängt ein seltsam aussehendes Gerät an einem Haken an der Wand. Es hat mehrere lange graue Drähte, einige enden in kleinen runden blauen Knöpfen, andere in Klammern.

Eine Frau betritt den Raum und fordert mich auf, meinen Oberkörper frei zu machen sowie jeglichen Schmuck zu entfernen. Als ich halb nackt bin, soll ich mich auf die Liege legen, und sie richtet meine Arme und Beine gerade aus. Dann nimmt sie das seltsame Gerät von der Wand und befestigt jeweils eine Klammer an meinen Handgelenken und Fußknöcheln. Vielleicht bekomme ich jetzt Stromstöße, aber ich bin zu verlegen, um sie zu fragen, was passiert. Dann werden die kleinen blauen Knöpfe in einer Reihe auf meiner Brust angebracht, sie scheinen durch eine Art Saugnapfmechanismus zu halten. Erst jetzt verstehe ich, dass ich ein EKG bekomme, um die Aktivität meines Herzens zu messen.

»Atmen Sie normal und sprechen Sie nicht«, sagt sie mir.

Ich liege einige Minuten still da und versuche, mich daran zu erinnern, wie man normal atmet, dann werde ich wieder von den Knöpfen und Klammern getrennt.

Im Sprechzimmer zeigt mir die Ärztin die EKG-Auswertung, eine schwankende Linie, die auf und ab führt. Ich bin es gewohnt, mein Herz schnell schlagen zu fühlen, wenn ich laufe, und danach wird es wieder langsamer. Mein Herz ist für mich ein Gefühl in meiner Brust, aber jetzt ist es gleichzeitig auch eine Linie auf einem Blatt Papier. Mein Herz schreibt mir eine Nachricht, aber ich kann sie nicht lesen, ich weiß nicht, wie ich entziffern soll, was mein eigener Körper sagt. Die Ärztin kann es, sie hat eine solche Linie schon oft gesehen, und nun deutet sie auf eine Beule nach dem ersten starken Ausschlag. Wenn die angeblich zu hohen Kaliumwerte wirklich ein Problem wären, wäre diese Beule viel ausgeprägter, aber meine sei »normal«; sie ist jetzt weniger besorgt. Wir müssten nur abwarten, was der dritte Bluttest ergebe.

Ein paar Tage später werde ich wieder einbestellt. Ich war in den letzten Wochen so oft in dieser Arztpraxis, dass mich die Arzthelferin am Empfang mit meinem Namen begrüßt, etwas, das mir in Edinburgh noch nie passiert ist. Ich erwarte, dass mir gesagt wird, dass es trotz der seltsamen Werte wirklich gar keinen Grund zur Sorge gibt, weil mein EKG vollkommen in Ordnung ist. Aber diesmal informiert mich die Ärztin, dass die Kaliumkonzentration immer noch zu hoch sei und sie befürchte, dass dies an einer Fehlfunktion meiner Nieren liegen könne. Sie hat den Befund mit einem örtlichen Nierenspezialisten besprochen und einen Termin für mich in zwei Tagen vereinbart.

»So schnell?«, frage ich und wundere mich über das deutsche Gesundheitssystem.

»Es könnte akut sein«, antwortet sie.

»Ich fühle mich sehr müde«, sage ich und frage mich nun, ob dies ein weiteres Symptom des hohen Kaliumspiegels und folgenschwerer Herzschäden oder einer Nierenfunktionsstörung ist. »Ich bin morgens so müde, dass ich kaum aus dem Bett komme«, erzähle ich ihr.

Und das ist wahr. Die Metalljalousien in unserem Schlafzimmer halten das Tageslicht draußen, sodass ich keine Ahnung habe, ob es mitten in der Nacht oder acht Uhr morgens ist, wenn ich aufwache. Tagsüber kämpfe ich mit einem Mangel an Energie und einer Unfähigkeit, mich auf mein Schreiben zu konzentrieren. Aber es wirkt lächerlich, über solche Symptome während einer großen Pandemie zu klagen.

Die Ärztin zuckt mit den Schultern. »Es ist Winter«, sagt sie, »jeder ist müde.« Sie ist nicht an solch alltäglichen, banalen Gefühlen interessiert und weigert sich, sie mit den gemessenen Werten in Verbindung zu bringen.

Als ich die Praxis verlasse, kann ich das Gefühl nicht abschütteln, in mehr als eine Entität aufgeteilt worden zu sein. Ein Körper manifestiert sich durch eine Reihe von Werten oder eine Linie auf einem EKG-Diagramm. Dies ist der messbare und quantifizierbare Körper, das »offizielle« Ich. Und es gibt noch einen anderen, einen eher immateriellen, der sich nur durch Empfindungen und Gefühle auszudrücken vermag. Ich kann versuchen, diesen Körper für die Ärztin sichtbar zu machen, indem ich erkläre, »wie ich mich fühle«, aber diese Sprache scheint in der Medizin keinen Platz zu haben. Ich werde in eine Reihe von medizinischen Fallnotizen verwandelt, reduziert auf eine Tabelle mit Zahlen. Genau wie Ernst es für mich bleibt, egal, wie sehr ich suche und forsche.

Als ich in der Spezialklinik für Nephrologie ankomme, ist es auffallend still, zu ruhig und leer für eine medizinische Einrichtung. Offenbar bin ich die einzige Patientin. Ich werde für einen weiteren Bluttest in einen kleinen Raum gebracht, wo das Fenster weit offen steht: wegen Corona, sagt mir die Phlebotomistin. Als ich versuche zu antworten, schimpft sie mit mir, weil ich spreche. Ich soll still sitzen bleiben und ruhig sein, während mein Ärmel hochgekrempelt wird und das Abtasten der Venen beginnt, zum vierten Mal in zwei Wochen. Aber diese Krankenschwester hat keine Probleme, eine geeignete Vene zu finden, und füllt gleich mehrere Röhrchen mit Blut. Dann werde ich in einen Warteraum geführt, während das Kalium in meinem Blut gemessen wird. Es ist möglich, dass die vorherigen hohen Messwerte eine Anomalie waren, verursacht durch die Art und Weise, wie das Blut entnommen oder transportiert wurde. Kalium zu messen, ist anscheinend sehr schwierig, und ich muss an den weit zurückliegenden Chemieunterricht denken, an die Buchstaben, die die einzelnen Elemente symbolisieren, an die Suche nach der zugrunde liegenden Ordnung und Systematik.

Der Arzt ruft mich in einen anderen Raum, einen mit einer Liege und einer Maschine. Er erklärt mir, dass er einen Ultraschall machen möchte, und ich nicke zustimmend. Ich soll mich hinlegen, und er schaltet das Licht aus. Es ist nun dunkel und friedlich in dem Raum, wir sind vom Bildschirm des Ultraschallgeräts beleuchtet. Der flimmernde Lichtkegel, der sich von der Spitze des Bildschirms nach unten ausbreitet, erinnert mich an Diagramme des expandierenden Universums.

Er zeigt auf meine linke Niere, die weiß umrandet vor dem dunklen Hintergrund erscheint. Wir können unseren eigenen Körper nur kennenlernen, indem wir uns auf diese Weise von ihm distanzieren und ihn auf Bildschirmen betrachten. Er zieht eine grüne Linie über den Bildschirm, macht eine Messung, sagt mir, diese Niere sei völlig normal. Dann geht er zur Leber über, ebenfalls normal. Die rechte Niere hat eine kleine Zyste, angezeigt durch einen dunkleren Kreis, aber auch das ist normal. Alles an meinem Inneren scheint normal zu sein. Ich bin hier beeindruckend durchschnittlich. Und das Kalium? Oh, das sei auch normal, sagt er beiläufig. Die früheren Tests waren in der Tat fehlerhaft, der neue Kaliumspiegel in meinem Blut ist viel niedriger, völlig im akzeptablen Bereich und nichts, worüber ich mir weiter Sorgen machen müsste. Ich bin mir nicht sicher, ob ich überhaupt besorgt gewesen bin. Ich hatte schließlich keine Symptome. Die Ärztin schien deutlich besorgter zu sein als ich.

Mir gefällt diese Ansicht meines Körpers, sie ist wie ein Standbild auf einem alten Schwarz-Weiß-Fernseher. Es ist ziemlich entspannend in dem abgedunkelten Raum, und ich könnte den ganzen Nachmittag hierbleiben und meinen Innereien dabei zusehen, wie sie bei jedem Herzschlag sanft wippen, als ob sie von flachen Wellen an einem Strand hin- und hergespült würden.

Aber ich stehe auf, danke dem Arzt und gehe. Ich überlasse dem deutschen Gesundheitssystem noch mehr Röhrchen mit meinem Blut. Als würde ich langsam ausgesaugt und an die vampirische und datenhungrige deutsche Bürokratie verfüttert.

In meiner Wohnung suche ich online nach Karten der Westfront des Ersten Weltkriegs. Die Division, in der Ernst diente, die 21. Reserve-Division, war in Aisne, in der zweiten Schlacht an der Somme, außerdem in der Champagne und in Cambrai im Einsatz. Die Karten der britischen Armee für diese Gebiete konzentrieren sich darauf, die Schützengräben des »Feindes« darzustellen – Zickzacklinien, die über natürliche Merkmale wie Wälder, Felder und Dörfer gezogen sind.

Ich denke an Bücher wie »Im Westen nichts Neues«, als ich mir vorstelle, wie Ernst in einem Schützengraben kauert, die Läuse von seiner Uniform zupft, mit Händen, in deren Furchen sich der Schlamm festgesetzt hat. Er drückt sich gegen den Boden, während Granaten durch die Luft fliegen. Der Luftmentsh ist auf die Erde gestürzt, lebt nun sogar darin, richtet sich in ihr ein.

Dieses Verlangen, verwurzelt zu sein, kein Luftmentsh zu sein, schwingt auch in der Geschichte des *Golem* mit – jener mythischen Kreatur, die geschaffen wurde, um die mittelalterlichen jüdischen Bürger Prags vor antisemitischen Angriffen zu schützen. Aus dem Lehm ihrer Stadt von ihrem Oberrabbiner geformt, wurde der Golem durch ein Wort auf seiner Stirn zum Leben erweckt und dann durch das Entfernen dieses Wortes wieder deaktiviert. Er war lediglich in der Lage, wortwörtlichen Anweisungen zu folgen, wie ein Vorläufer von Robotern oder Computerprogrammen, er konnte jedoch keine Metaphern verstehen. Wenn er nicht auf den Straßen seine Rolle erfüllte, wurde er auf dem Dachboden der Synagoge aufbewahrt. Schließlich wurde er zu ungestüm, zu unkontrollierbar, und musste auf dem jüdischen Friedhof von Prag, der sich heute unter dem Fernsehturm befindet, begraben werden. Der Golem lebt als Legende weiter, als Fabel oder als hartnäckiges Gerücht.

Die deutschen jüdischen Männer, die im Ersten Weltkrieg für ihr Land kämpften, hatten gehofft, damit ein für alle Mal beweisen zu können, dass sie genauso deutsch waren wie alle anderen, dass sie in ihrem Wunsch, das Vaterland zu schützen, als gleichberechtigt angesehen würden. Soldaten sind wie der Golem darauf gedrillt, Befehle zu befolgen. Abzeichen, die ihre militärische Rolle und Funktion zusammenfassen, sind auf ihren Uniformen angebracht, und wenn sie keinen Nutzen mehr haben, werden sie begraben. Genauso wie der Golem erhalten Soldaten Befehle in einer Sprache, die darauf abzielt, so direkt wie möglich zu sein, die keinen Raum lässt für Feinheiten oder Metaphern. Deshalb ist der Golem immer noch ein so mächtiger Mythos, er repräsentiert das Verlangen, von der Erde, auf der man steht, beschützt zu werden. Es ist das Grundlegendste, was man von seinem Land verlangen kann – dass es einen verteidigt.

Abgeschwächte Versionen von Viren dringen in unseren Körper ein und geben den Zellen Anweisungen. Wenn die Zellen erfolgreich gehorchen, gewinnen wir Immunität gegen die entsprechende Krankheit. So funktioniert eine Impfung: Sie behandelt unseren Körper wie einen Golem.

Im Deutschunterricht lernen wir den Imperativ, die richtige Art, einen Befehl oder eine Anweisung auszudrücken. Ich denke an Ernst, wie er seine militärische Ausbildung absolvierte und wahrscheinlich jeden Tag Hunderte von Befehlen befolgen musste. Ich denke an den Golem, der präzisen Anweisungen folgt.

Wieder nehme ich das Soldbuch zur Hand, und obwohl ich mir bereits jede Seite unzählige Male angesehen habe, fällt mir diesmal etwas auf, das ich vorher nicht so bewusst wahrgenommen oder nicht richtig verstanden habe. Auf Seite 2, unter dem Datum seines Eintritts in die Armee (11. März 1916), gibt es eine weitere Kategorie. Die gedruckten Wörter lauten: »Ist Inhaber folgender Orden und Ehrenzeichen«, und darunter befinden sich zwei handschriftliche Einträge. Der erste lautet: *E K II 27/10 17,* wobei »E K« für Eisernes Kreuz steht. Es bedeutet, dass ihm das Eiserne Kreuz 2. Klasse am 27. Oktober 1917 verliehen wurde, mehr als ein Jahr vor Kriegsende. Ernst war also tatsächlich bescheiden, als er meinem Vater gegenüber andeutete, er habe das Eiserne Kreuz nur dafür erhalten, dass er nicht vor Ende des Krieges desertiert war. Schließlich entziffere ich den anderen handschriftlichen Eintrag, der *Hess. Tapf. Med.* lautet, eine Abkürzung für Hessische Tapferkeitsmedaille, die ihm im Juli 1918 verliehen wurde. Auf der nächsten Seite finden sich Angaben zu seinem Monatsgehalt, anfangs waren es 9,90 Reichsmark, und ich kann gerade so erkennen, dass dieses Gehalt aufgrund des Eisernen Kreuzes erhöht wurde.

Im selben Jahr, in dem Ernst in die Armee eingezogen wurde, ist auch die Synagoge in Offenbach fertiggestellt worden. Ich habe Kontakt mit dem Kulturamt der Stadt Offenbach aufgenommen und ein Treffen mit dessen Leiter in der ehemaligen Synagoge, dem heutigen Capitol Theater, vereinbart. Herr Ziegler ist nicht nur Beamter, er hat auch ein kleines Buch über die Orgel geschrieben, die sich einst in der Synagoge befand, und er freut sich darauf, mir alles zu zeigen.

An einer der Außenwände des Capitols befindet sich eine Tafel, auf der steht: »Es wurde geschändet in der Nacht vom 9. zum 10. November 1938.« Die Tafel sagt nichts über die Novemberpogrome aus, und diese Verwendung des Passivs, das vermeidet, genau zu benennen, wer den Schaden verursacht hat, macht es mir schwer, das Gebäude zu mögen. Ich habe viele ähnliche Tafeln in anderen deutschen Städten gesehen. Manchmal machen diese Tafeln die Nazis verantwortlich, aber es wird nie klar, wer diese Nazis eigentlich waren – Menschen aus der Region, die Seite an Seite mit den jüdischen Gemeinden lebten?

Vor meinem Besuch schickt mir Herr Ziegler eine E-Mail, in der er mir mitteilt, dass ich durch den Bühneneingang kommen und im Technikbüro nach ihm fragen soll. Trotz meiner negativen Gefühle dem Gebäude gegenüber gefällt mir der Gedanke, den Bühneneingang zu benutzen.

Es ist ein bitterkalter Tag. Ich habe den ganzen Morgen beim Deutschunterricht im Norden Frankfurts verbracht und bin hungrig, also kaufe ich mir, bevor ich zum Capitol gehe, eine mit Käse überbackene Brezel und esse sie unterwegs. Hier in Offenbach sind die Corona-Zahlen so hoch, dass das Tragen einer Maske im Stadtzentrum auch im Freien Pflicht ist. Ich muss meine Maske abnehmen, um meine Brezel zu essen, und fühle mich dabei schuldig, wende mein Gesicht von den anderen Passanten ab. Essen ist zu einer leicht schambesetzten Tätigkeit geworden, etwas, das man nicht vor anderen Menschen tun sollte.

Den Bühneneingang des Capitols finde ich ohne Probleme, und obwohl im Technikbüro niemand ist, erscheint eine jüngere Frau und bittet mich, ihr zu folgen. Wir gehen durch den riesigen, schwarz gestrichenen Bereich der Hinterbühne mit hoch aufgestapelten Requisiten und Bühnenteilen, dann öffnet sie eine Tür und lässt mich durchgehen. Ich stehe in einem kleinen, tiefblau gestrichenen Zuschauerraum, das Orchester ist auf Bühne und Parkett verteilt. Sie spielen Tschaikowskys »Nussknacker«, und ich erkenne den »Tanz der Zuckerfee«. Nach der grauen, winterlichen Stadt voller Masken, Verkehr und maroden Betonbauten ist dieser Raum voller Musik und Farbe eine wahre Freude. Herr Ziegler kommt zu mir, wir stoßen die Ellbogen aneinander und setzen uns, um dem Orchester zuzuhören. Es ist das erste Mal seit einem Jahr, dass ich Live-Musik höre, und ich fühle mich überwältigt von diesen bezaubernden Klängen. Sie erinnern mich an Weihnachten und daran, wie Lisl mich als Kind ins Ballett mitnahm. Ich werde ein wenig wehmütig.

Nach etwa zehn Minuten flüstert Herr Ziegler, dass er mir den Rest des Gebäudes zeigen wolle. Er erinnert mich daran, mehrere jüdische Familien ums Leben kamen«. Ich weiß nicht, ob dies ein Ausdruck verspäteter Schuld ist – die Familien wurden gezwungen, in diesem Haus zu leben, das als Mini-Ghetto fungierte – oder ein Versuch, diese Schuld auf den alliierten Bombenangriff abzuwälzen. Wie so oft im restaurierten Deutschland ist die öffentliche Information über die Zerstörungen des Krieges ambivalent und kann sowohl als ein »Schaut, welche schrecklichen Verbrechen an unseren Städten begangen wurden und was wir alles überstehen mussten« wie auch als ein »Schaut, was als Folge unserer eigenen Verbrechen geschah« gelesen werden.

Wir schlendern am Flussufer entlang, gleich außerhalb der Stadtmauern und zwischen zwei Brücken. Hier, im Schatten der Mauern, stoßen wir auf ein offensichtlich modernes Gebäude, einen monolithischen Block in Form eines Würfels, bei dem jede Schicht aus Ziegeln leicht versetzt zur darunterliegenden Schicht angeordnet ist, wodurch das Gebäude wie um die vertikale Achse gedreht wirkt. Nur wenige kleine Fenster sind in die Wände eingelassen, das Gebäude ist geschlossen, und es gibt keinen Zugang, das Tor ist mit einem Vorhängeschloss gesichert. Daneben finden wir ein Schild, auf dem steht, dass dies die neue, im Jahr 2001 fertiggestellte Synagoge ist, die die ursprüngliche Synagoge ersetzt, die am 9. November 1938 niedergebrannt wurde.

Die verschlossenen Tore, die dicken Mauern, die kleinen Fenster – all das verleiht der Synagoge den Charakter einer Festung, von etwas, das gebaut wurde, um äußeren Angriffen standzuhalten. Die Stadtmauern sind jetzt nur noch rein dekorativ, damit die Touristen nett daran entlangspazieren können. Im Gegensatz dazu sind die Mauern der Synagoge kein bisschen dekorativ, sondern essenziell. Weniger als ein Jahr zuvor, im Oktober 2019, wurde die Synagoge in Halle von einem rechtsextremen Terroristen angegriffen, der versuchte, sich hineinzuschießen. Nachdem er scheiterte, erschoss er eine Passantin und einen Gast in einem nahe gelegenen Döner-Imbiss.

Später am selben Tag spazieren wir wieder am Fluss entlang zurück, zu unserem günstigen Hotel in der Altstadt. Die Sonne ist fast untergegangen, und die großen Bäume verdecken viel vom schwächer werdenden Licht. Auf dem Weg vor uns liegt etwas, so groß wie ein Vogel. Es ist ein Mauersegler, der irgendwie dort gelandet ist. Wir bleiben stehen und überlegen, was wir tun sollen. Er hält ganz still. Mauersegler dürfen nicht auf dem Boden landen, und wenn es doch geschieht, ist es ihnen fast unmöglich, wieder abzuheben. Der Vogel ist durch die Schwerkraft und die harte Erde bewegungsunfähig. Er braucht die Luft unter sich, um sich zu fortzubewegen.

Vorsichtig hebe ich ihn auf, halte ihn in meinen Händen und spüre, wie sein Herz schnell und entschlossen schlägt. Dann werfe ich ihn in den Himmel. Aber der Vogel schafft es nicht, zu fliegen, er sinkt zurück auf den Weg und duckt sich auf die Steinplatten. Ich versuche es noch einmal. Er drückt seine Flügel gegen mich, dieser Vogel ist stark, und ich bin hoffnungsvoll. Aber auch der nächste Versuch scheitert. Wir wissen nicht, was wir sonst tun können, also setzen wir den Vogel an die obere Kante des steilen Abhangs abseits des Weges, in der Hoffnung, dass er so außer unmittelbarer Gefahr ist. Wir stehen sehr nahe bei der Synagoge, und der Mauersegler befindet sich im Schatten, oder im Schutz, dieser Mauern.

Ein paar Monate später lernen wir im Deutschunterricht die grammatische Form des Passiv. Laut der Lehrerin ist es schön: guter Stil. »Es ist besser zu sagen: ›Mir wird geholfen‹, als: ›Man hilft mir‹«, nennt sie uns als Vergleich. »›Mir wurde geholfen‹, ist besser als: ›Man hat mir geholfen.‹«

dass es ein entfernter Verwandter von mir gewesen sei, Dr. Max Goldschmidt, ein Cousin von Hermann, der Anfang des 20. Jahrhunderts die Idee gehabt habe, diese Synagoge zu bauen. Herr Ziegler erzählt, dass die damals neue Synagoge über eine Orgel verfügt habe, die größte in dieser Region, und dass es eine lange Debatte darüber gegeben habe, ob sie während der Gottesdienste am Shabbat gespielt werden dürfe. Wenn das Orgelspiel als »Arbeit« angesehen würde, wäre das gegen die Zehn Gebote und somit verboten. Aber wenn es als Mizwa, als gute Tat, betrachtet würde, dann wäre es erlaubt. Glücklicherweise definierten die Rabbiner es als Mizwa. (Es gab zu jener Zeit allgemein eine breite Debatte über den Einsatz von Orgeln in deutschen Synagogen.)

Wir gehen durch den Innenhof, der heute überdacht ist. Der Ort strahlt Eleganz und Selbstbewusstsein aus. Ich sage Herrn Ziegler, dass es mir trotz meiner Bedenken hier gefalle. Und er nickt verständnisvoll, bevor er mich fragt, ob ich die Kuppel sehen wolle, den einzigen Teil des Gebäudes, der nicht renoviert worden sei und der noch genau so sei, wie zu Zeiten der Synagoge. Natürlich möchte ich sie sehen, doch dann fügt er hinzu, dass wir eine Leiter hinaufklettern müssten, um sie zu erreichen, und ich werde nervös.

Er führt mich eine enge Treppe hinauf, bis wir eine Falltür und eine Leiter erreichen, die an der Wand hängt. Mit einiger Mühe stellt er die Leiter so auf, dass er hinaufsteigen und die Falltür öffnen kann. Ich werde immer nervöser. Aber es ist kaum anders, als würde man zu Hause auf eine Leiter steigen, also mache ich mich ganz langsam auf den Weg nach oben. Es gibt einen schlimmen und wackligen Moment, als ich mich durch die Falltür ziehen muss, und ich versuche, nicht daran zu denken, dass ich herunterfallen könnte. Aber ich schaffe es, und wir stehen in einem dunklen, dachbodenartigen Raum. Dann zeigt Herr Ziegler nach oben. Eine Art Feuerleiter ist an der Wand befestigt und führt zu einer kleinen Plattform, von der eine weitere Leiter in eine dichtere, vollkommenere Dunkelheit führt. Ich kann das Ende dieser dritten Leiter nicht sehen. Herr Ziegler klettert die Feuerleiter hinauf und macht einen komplizierten Seitschritt, um auf die Plattform zu gelangen. Er schaut erwartungsvoll zu mir herunter.

»Es tut mir leid, ich kann das nicht«, sage ich. Und es tut mir wirklich leid, dass mir der Mut dazu fehlt. Ich würde wirklich gerne die Kuppel sehen und den Teil der Synagoge erkunden, der sich seit 1916 nicht verändert und dem schrecklichen Lauf der Zeit getrotzt hat. Aber ich bin zu erdverbunden, zu ängstlich, um in die Luft zu steigen.

»Schon in Ordnung«, sagt er und klettert wieder herunter. »Ich zeige Ihnen Fotos davon auf meinem Handy.«

Wir beide blicken auf den kleinen Bildschirm, betrachten den geschwungenen Raum voller Staub und beschädigtem Putz, und er macht mich auf die ursprünglichen Wanddekorationen aufmerksam, die noch mit Goldfarbe überzogen sind.

Wir kehren in den Hauptzuschauerraum zurück, wo ich der bezaubernden Musik lausche und nach oben auf die flache, falsche Decke blicke, hinter der sich die unerreichbare Kuppel verbirgt. Ein Trompe-l'Œil-Effekt aus blauen Himmelstäuschungen ist an die Decke gemalt, und in den Nischen um die Wände herum befinden sich große androgyne Figuren, mindestens drei Meter hoch. Es handelt sich um die Symbole des Theaters, sie ähneln den Oscar-Statuen und sind ebenfalls golden.

Jede Synagoge hat eine Genisa, einen Raum, in dem alte ausgemusterte Thorarollen aufbewahrt werden, da sie heilig sind und nicht einfach weggeworfen werden dürfen. Ich frage mich, wo dieser Raum in diesem Gebäude einst war und ob wir auf unserer Tour unbemerkt daran vorbeige-

Das muss ich hinterfragen, es widerspricht all meinen Erfahrungen beim Lesen und Schreiben auf Englisch: »Wirklich? Das ist immer besser?«

Sie nickt. Sie ist fest davon überzeugt.

Ich denke zurück an das Schreiben wissenschaftlicher Arbeiten in der Astronomie, an den allgegenwärtigen Gebrauch des Passivs in diesen wissenschaftlichen Berichten: »Die Daten wurden gemessen«, »das Teleskop wurde kalibriert«, »die Ergebnisse wurden erzielt«, all das klingt, als gäbe es einen Geist in der Maschine, als wäre der Autor irgendwie nicht am Ort der Wissenschaft präsent. Genau wie die Täter der Verbrechen, an die auf den Gedenktafeln erinnert wird, ebenfalls abwesend sind.

DIE SOMME

Wenn man von Frankfurt aus nach Norden schaut, trifft der Blick auf den Taunus, eine Reihe bewaldeter Kuppen. Zu Beginn des Frühjahrs 1916 könnten die Jungs, die Ernst in seinem Brief über die Feier zu seinem zwölften Geburtstag namentlich erwähnt, einen Ausflug hierhin gemacht haben, während sie auf ihre Einberufungspapiere warteten. Ihr Abitur war noch nicht allzu lange her; jetzt hatten sie die Schule verlassen und könnten sich vielleicht zum ersten Mal in ihrem Leben wirklich frei fühlen, auch wenn dieses Freiheitsgefühl bei dem Gedanken an ihre Zukunft vielleicht einen Beigeschmack von Geschützmetall hätte haben können.

Dies alles lässt sich nur im Konjunktiv beschreiben, der Stimme des Irrealen. Doch was nicht ganz real ist, hat auch die Kraft, Tiefe und Schatten in das zu bringen, was als Tatsache feststeht.

Die Jungs könnten sich über die Breite des Weges verteilt haben, während sie zum nächstgelegenen Gipfel, dem Altkönig, wanderten. Wenn sie darüber gesprochen hätten, was vor ihnen lag, wären solche Gespräche auf Hörensagen und Gerüchte gestützt gewesen und nicht auf Zeitungsberichte, die selten etwas anderes verkündeten als: »Feindliche Angriffe erfolgreich abgewehrt«, und: »Unsere Truppen halten stand.« Auch aus den Briefen von Verwandten an der Front hätten die Jungs nicht viel erfahren haben können, da sie von der Militärzensur so geschwärzt gewesen wären, dass sie den dunklen Linien dieser Hügel geglichen hätten.

Die Hügel sind eher sanft geschwungen als steil, und die Jungs hätten diesen Spaziergang als nicht besonders herausforderrnd empfunden, vielmehr wäre er für sie einfach eine Ausrede gewesen, den ängstlichen Blicken ihrer Eltern zu entkommen. Sie hätten keine Karte zurate ziehen müssen, die Wege im Taunus sind gut markiert.

Sie könnten sich daran erinnert haben, wie sie als Kinder mit Spielzeugsoldaten gespielt hatten. Vielleicht bedauerten die Jungs jetzt, wie sie manchmal mit diesen umgegangen waren, wie sie sie durch das Zimmer geworfen hatten, sodass sie gegen die Wand geprallt und reglos auf dem Boden liegen geblieben waren. Die Jungs könnten sich auch daran erinnert haben, dass ihre Eltern sie angewiesen hatten, die verstreuten Soldaten aufzusammeln und wieder ordentlich in die Schachtel zu legen. Jetzt würden sie vielleicht an diese Soldaten denken, die so geduldig und still in der Dunkelheit der Schachtel lagen und tatenlos auf den nächsten Ansturm warteten.

Als die Jungs den Gipfel des Altkönigs erreichten, hätten sie vielleicht angehalten, um eine Stärkung zu sich zu nehmen, einen Imbiss aus Brötchen und Milch. Während sie aßen, hätten sie auf umgestürzten Baumstämmen gesessen, und als sie aufstanden, um weiterzugehen, hätte einer von ihnen vielleicht sorgfältig jeden Rindensplitter und Mooskrümel von seinen Hosen gebürstet. In den kommenden Jahren, die sie in den Schützengräben verbringen würden, würden sie sich an diese Geste des einen erinnern und sich fragen, wie es ihm erging und wann er aufgehört hatte, sich gegen den Schmutz und den Schlamm zu wehren.

Als sie nun den Hügel hinunter zur Straßenbahnhaltestelle gingen, trieb es sie vielleicht um, dass sie sich nicht einmal mehr daran erinnern konnten, wo diese Spielzeugsoldaten jetzt waren. War die Schachtel noch hinten im Schrank? Sie beschlossen, danach zu suchen, wenn sie nach Hause kämen.

Währenddessen marschierten sie eine Weile im Gleichschritt, und dann hörten sie auf, weil sie es noch nicht mussten. Sie fragten sich vielleicht, ob sie alle in dasselbe Regiment eintreten würden, ob sie zusammenbleiben könnten.

Ich stehe auf einem riesigen Friedhof und sehe auf Reihen knochenweißer Grabsteine, so sauber, dass sie im Sonnenlicht glänzen. Alle Grabsteine sind genau gleich groß und gleich geformt und tragen ein Todesdatum aus einem kurzen Zeitraum: 1916–1918. Um mich herum höre ich ein ständiges Summen, ähnlich dem Klang eines Dudelsacks. Entlang der Gräberreihen wachsen Pflanzen, die man oft auch in englischen Landgärten findet: Rosenbüsche, Lavendel und Strauchveronika, in deren Blüten sich die Bienen heimisch fühlen. Es sind die Bienen, die für das Summen verantwortlich sind; es müssen unzählige sein, mindestens eine für jeden gefallenen Soldaten, der hier liegt. Eine hohe Baumgruppe in einer Ecke dieses Friedhofs ist die Quelle des Bienensummens, und als ich näher komme, raschelt es leise. Ein Kaninchen schießt hinter einem Grabstein hervor und hüpft davon.

Wenn die Sonne zwischen den Wolken hervorkommt, wird jeder Grabstein zum Zeiger einer Sonnenuhr. Im Laufe des Tages rotieren die Schatten auf dem Friedhof um die Grabsteine herum und deuten schließlich weg von der Sonne, hinaus über die Erdumlaufbahn in den Weltraum und die Dunkelheit.

Obwohl die Grabsteine die Zeit anzeigen können, widerlegen sie sie auch. Sie scheinen etwa hundert Jahre alt zu sein, aber die Inschriften wirken scharf und frisch, und die Oberflächen der Steine leuchten weiß im Sonnenlicht. Diese Steine dürfen den physikalischen Gesetzen der Entropie nicht gehorchen; sie werden keine Gelegenheit haben, sich zu neigen, zu kippen, zu bröckeln oder Flechten ein Zuhause zu bieten. Sie sind die Ersatzsteine der Originale und werden niemals alt erscheinen, obwohl sie aus Portland-Stein gehauen sind, der vor hundertfünfzig Millionen Jahren in sedimentären Schichten abgelagert wurde. Dieser Stein, der für alle britischen Kriegsgräber verwendet wird, ist eine Form von Kalkstein (Calciumcarbonat, $CaCO_3$) und ein naher Verwandter des pulverigen Rückstands, der sich in unseren Wasserkochern und nach jeder Dusche auf den Armaturen absetzt. Die Frische der Gräber ist eine sichtbare Ermahnung an uns: Die Erinnerung an die Soldaten selbst soll so frisch bleiben wie diese Regimentssymbole.

Mehr als die Hälfte der Grabsteine trägt keinen Namen, sondern stattdessen die Inschrift:

A Soldier of the Great War
Known unto God

Es könnten sogar deutsche Soldaten sein.

Dieser Friedhof hier im Wald von Delville nahe der Somme enthält mehr als fünfeinhalbtausend Gräber und ist bei Weitem nicht der größte in dieser Region. Zwischen Weizenfeldern, Gärten mit Hühnern und Hunden und ordentlichen kleinen Dörfern mit roten Backsteinhäusern finden sich an jeder Ecke Kriegserinnerungen – Friedhöfe, Denkmäler und Monumente.

Ich bin mit einem Filmemacher hier, um eine Dokumentation über Ernst und mich zu drehen, über die Reise, die uns beide aus Deutschland heraus- und wieder zurückgeführt hat wie Planeten auf ihrer Bahn um die Sonne. Wir sind für ein paar Tage an die Somme gereist, um mehr über Ernsts Kriegsdienst hier zu erfahren. Jetzt wurde ich gebeten, über den Friedhof zu gehen und nachdenklich dreinzublicken, und während ich das tue, bin ich mir der Kamera bewusst, deren dunkles Objektiv allen meinen Bewegungen folgt.

Ernst würde diese Region nicht wiedererkennen, obwohl er etwa zwei Jahre hier verbracht hat. Damals war die Gegend von Häusern, Schulen, Geschäften und Kirchen, von allen Anzeichen menschlicher Besiedlung befreit und durch Granaten und Mörser in eine Fläche aus Schlamm, Kratern und umgerissenen Bäumen verwandelt worden. Auch jetzt noch liegt so viel scharfe Gefechtsmunition unter der Erde begraben, dass einige Waldstücke eingezäunt sind und unzugänglich bleiben. Gelegentlich stirbt sogar ein Bauer beim Pflügen seiner Felder. Es gibt nicht viel, was noch mit dem übereinstimmt, was Ernst an diesem Ort hier gesehen hat. Die Konturen auf der Karte mögen dieselben sein, sogar die Straßen mögen denselben Verlauf haben, aber die Landmarken haben sich vollkommen verändert. Im Grunde kann man gar nicht mehr davon sprechen, dass ich mir die Gegend ansehe, in der Ernst gekämpft hat. Ich werde über die Straßen gefahren, die er entlangmarschiert ist (von St. Quentin nördlich nach Péronne und dann noch weiter nördlich nach Guillemont), aber ich bin Beifahrerin in einem bequemen Auto, und er musste die Strecke in schweren Stiefeln und rauen Socken zurücklegen, während ihm ein unbequemer Tornister bei jedem Schritt gegen den Rücken schlug, im Takt der fernen Granaten und Mörser, der Himmel von Leuchtspuren rot gefärbt. Ich kann nicht sehen, was er gesehen hat, alles, was wir haben, sind Karten der Schützengräben und Frontlinien – Karten, die die Landmarken in militärische Ziele oder Hindernisse verwandeln; wir erfahren diesen Ort hier ganz unterschiedlich, ein Eindruck, der durch die räumliche Nähe nicht etwa verringert, sondern sogar noch verstärkt wird.

Auf diesen britischen Karten wird der Feind als eine Linie dargestellt, mit Zahlen an der Seite; die deutsche Frontlinie, die von Osten nach Westen und wieder zurück schwankte, dabei Wälder, Bauernhöfe und Dörfer verschluckte. Die Zahlen stehen für die Divisionen, und durch sie werden wir erfahren, wo Ernst war.

Wir befinden uns in den Archiven des Historial de la Grande Guerre, des Museums, das den Schlachten an der Somme gewidmet ist und in der kleinen Stadt Péronne liegt. Frédérick, ein Militärhistoriker und ehemaliger Direktor des Museums, steht über den niedrigen Tisch gebeugt, auf dem er Karten und Bücher ausgebreitet hat. Durch die Fensterfront sehe ich ein fließendes Gewässer, einen der vielen kleinen Zuflüsse der Somme, und Weiden, deren Äste ins Wasser herabhängen, als würde jemand seine Finger hineinhalten.

Ernsts Soldbuch führt seine Regimenter auf, und Frédérick kann mir sagen, welchen Divisionen diese Regimenter zugeordnet waren. Anfangs wurde Ernst der 56. Division zugeteilt, dann, ab einem bestimmten Zeitpunkt im Jahr 1917, der 21. Division. Frédérick erklärt mir, dass Ernst wohl den Großteil seines Kriegsdienstes in dieser Region hier verbracht hat, denn da er sich im Sommer 1916 noch in der Ausbildung befunden habe, habe er die erste Schlacht an der Somme, die im Juli begann, verpasst. Wenn er im Oktober hier angekommen sei, habe er wohl am Rückzug teilgenommen, als die Deutschen zwei auffällige Positionen räumten und die geradere Siegfriedstellung bildeten, die weniger anfällig für feindliche Angriffe war und weniger Verteidigungskräfte erforderte; eine Linie, die von Arras im Nordwesten bis nach St. Quentin im Südosten und darüber hinaus gezogen werden kann. Dabei wendeten die Soldaten eine Taktik der verbrannten Erde an und zerstörten alles hinter sich.

Ich stelle mir Ernst und seine Kameraden in den frühen Monaten des Jahres 1917 vor, wie sie Gebäude mit Sprengfallen versehen, Granaten in den Ecken verlassener Häuser verstecken und Gift in Brunnen kippen.

Laut Frédérick wurde Ernst später im Jahr 1917 in eine andere Region geschickt, kehrte aber 1918 für die deutsche Frühjahrsoffensive hierher zurück.

Später machen wir einen Museumsrundgang, und mir wird eine deutsche feldgraue Uniform gezeigt, ähnlich der, die Ernst auf dem Foto trägt, das ich schon mein ganzes Leben von ihm kenne. Aber diese Uniform liegt in einer Vertiefung auf dem Boden, nicht unähnlich einem flachen Grab. Der Mantel ist schwer und wollig, und die dazugehörigen Stiefel sehen nicht so aus, als wären sie für lange Märsche gedacht. Um den Mantel herum liegt der Inhalt eines Rucksacks, als wären es Grabbeigaben: Kämme, Spielkarten, eine Brotdose, ein Löffel, ein Rasiermesser, ein Spaten, ein Schanzgerät, ein Paar grauer Filzhandschuhe. Alles ist matt und dunkel.

»Vor dem Ersten Weltkrieg waren die Armeeuniformen in grellen Farben gehalten«, erklärt Frédérick, »damit die Soldaten ihre Kameraden schon von Weitem erkennen konnten. Aber als man merkte, dass sie dadurch doch zu sehr hervorstachen, nahm man matte und neutrale Farben, damit der Feind sie nicht sehen konnte.«

Das erinnert mich an den Brief, den Ernst an Doris geschrieben hat, und an seinen Verweis auf die Uniformen der Husaren, deren rote, grüne und blaue Farben. Ich muss an den orangefarbenen Schnabel einer männlichen Amsel denken, die jeden Abend auf dem Dach unseres Nachbarn hockt und mit ihrem Gesang ihr Revier markiert.

Über dem feldgrauen Mantel sind zwei Helme zu sehen: die ikonische Pickelhaube, ein Stachelhelm aus Leder, der durch Kaiser Wilhelm II. (und seinen Dackel, der eine Miniaturversion davon getragen hat) berühmt wurde, und daneben der schalenförmige Stahlhelm, der wirklich im Kampf getragen wurde.

»Das ist der Ur-Helm.« Frédérick zeigt auf den Stahl. »Alle Helme der modernen Armeen basieren auf diesem Design.«

Er ist so hässlich wie alles, was speziell für den Krieg entworfen wurde. Aber wenigstens hat er einen rein defensiven Zweck.

Später erzählt mir mein Vater etwas, das Ernst bei den seltenen Gelegenheiten, bei denen er über seinen Dienst im Ersten Weltkrieg sprach, erwähnt hat: wie erstaunt die deutschen Soldaten gewesen seien, als sie zum ersten Mal die unpraktischen kurzen Stiefel und Wickelgamaschen der Briten bemerkten, die so nutzlos gegen das kalte, nasse Wetter waren.

Am Tag vor dieser Reise an die Somme besuchte ich den alten jüdischen Friedhof in Frankfurt und besichtigte das Denkmal für die im Ersten Weltkrieg gefallenen jüdischen Soldaten der Stadt. Dieses Denkmal wurde während des »Dritten Reichs« beschädigt, ist aber jetzt renoviert – abgesehen von der hebräischen Inschrift ganz oben, in der noch immer ein breiter Riss klafft, um die Kluft in der Beziehung zwischen Deutschland und seiner jüdischen Bevölkerung zu symbolisieren. Die deutsche Inschrift auf dem Mahnmal besagt, dass es an 467 »Söhne unserer Gemeinde, die im Weltkrieg 1914–1918 ihr Leben für das Vaterland hingegeben haben« erinnert. In der Nähe des Denkmals befinden sich die Gräber jüdischer Soldaten, die in einem nahe gelegenen Lazarett gestorben sind. Jedes Jahr führen Vertreter der Bundeswehr hier eine Gedenkfeier durch.

Dieser Friedhof ist ein unglaublich friedlicher Ort, jede Steinoberfläche ist durch Moos gemildert, das heiße Sonnenlicht des Sommers wird durch die hohen Bäume gebrochen und erträglicher gemacht. Einige der Grabsteine sind unleserlich, und zwar nicht, weil der Lauf der Zeit die steinernen Inschriften zerbröckelt hätte. Nein, diese Grabsteine haben eine Reihe von runden Löchern an den Stellen, wo die Buchstaben stehen sollten, Löcher, die so regelmäßig sind, als hätte ein Maschinengewehr die Oberfläche beschossen.

Herr Schenkower, der hier für die jüdischen Friedhöfe zuständig ist und mich herumführt, erklärt mir, dass diese

Grabsteine ursprünglich mit Metallbuchstaben versehen waren, die aber von den Nazis gestohlen worden seien. Nicht einmal tote Juden blieben unbehelligt durch den Nationalsozialismus. Deshalb, sagt Herr Schenkower, sei es immer noch verboten, auf diesem jüdischen Friedhof Buchstaben aus Metall zu verwenden.

Das erinnert mich an die Bronzebuchstaben an der Fassade des Reichstagsgebäudes, die erstmals im Dezember 1916 angebracht wurden: »Dem deutschen Volke« – eine demokratische Willensbekundung, die den Kaiser offenbar empörte. Diese Buchstaben wurden in einer Gießerei hergestellt, die die beiden Brüdern Loevy betrieben, deren Familie später in Auschwitz ermordet wurde.

In den Archiven von Péronne frage ich Frédérick nach antibritischer Propaganda, weil ich verstehen möchte, was Ernst über den Feind hatte denken sollen. Frédérick holt eine gebundene Ausgabe der deutschen Satirezeitschrift Kladderadatsch hervor und zeigt mir die Karikatur von einer Figur, die auf den weißen Klippen von Dover kauert und überrascht über den Ärmelkanal auf die versammelten deutschen Truppen starrt; sein Mund steht offen, und seine Pfeife fällt ins Meer.

»Die Deutschen verachteten die Engländer«, sagt Frédérick, »weil deren Heer aus Freiwilligen bestand und daher unmöglich so diszipliniert sein konnte wie das deutsche Heer aus Wehrpflichtigen. Außerdem dachten sie, dass die Engländer aus Opportunismus und nackter Aggression in den Krieg eingetreten waren – denn was hatte der mit ihnen zu tun? England war nicht bedroht.«

Ein Krieg, der zwischen Österreich und Serbien begonnen hatte, breitete sich über ganz Europa aus und erfasste auch Australien, Südafrika, Indien und Kanada. Länder, die man für weit entfernt vom ursprünglichen Konfliktort hätte halten können, wurden nacheinander so unaufhaltsam in den Mahlstrom hineingezogen wie Gegenstände, die in ein Schwarzes Loch stürzen.

Frédérick blättert zu einer anderen Seite der Zeitschrift, auf der die Karikatur eines schottischen Soldaten in Kilt und Schottenmütze zu sehen ist, der durch einen Reifen springt, wobei sein Kilt hochfliegt und sein Gesäß entblößt. Eines der kämpferischsten und populärsten anti-englischen Lieder des Jahres 1914 war der »Haßgesang gegen England« des deutsch-jüdischen Dichters Ernst Lissauer:

> *Drosselnder Haß von siebzig Millionen,*
> *Sie lieben vereint, sie hassen vereint,*
> *Sie haben alle nur einen Feind:*
> *England.*

Im selben Jahr, in dem dieses Gedicht geschrieben, in Zeitungen nachgedruckt und von Schulkindern gesungen wurde, veröffentlichten dreiundneunzig deutsche Intellektuelle (darunter Thomas Mann) ein Manifest an die Kulturwelt, in dem sie ihr Land gegen vermeintliche »Lügen und Verleumdungen« verteidigten und auf den »ihm [Deutschland] aufgezwungenen schweren Daseinskampfe« hinwiesen.

Ein junger Soldat im deutschen Heer hätte gewusst, dass er kämpfte, um sein Vaterland gegen Feinde im Osten und Westen zu verteidigen. Im Osten war es Russland, ein Verbündeter Serbiens, das sich gegen Österreich-Ungarn erhoben hatte. Deutschland und Österreich waren Verbündete, und daher war Deutschland berechtigt, Russland anzugreifen. Im Westen war es Frankreich, ein alter Feind, der immer noch einen Teil deutscher Territorien für sich beanspruchte und ebenfalls ein Verbündeter Russlands war.

Das Gefühl, dass sie »alle deutsche Brüder und nur noch deutsche Brüder« seien, half dabei, die Deutschen gegen ihre Feinde zu vereinen. Kaiser Wilhelm II. sprach davon in einer mitreißenden Rede, die er am 1. August 1914 und in abgewandelter Form ein paar Tage später noch einmal hielt. Er erklärte einen Burgfrieden und stellte fest, dass er keine Parteien oder Konfessionen mehr kenne, nur Deutsche.

Diese wirklich einende Rede trug dazu bei, die deutschen Juden in dem Glauben zu bestärken, dass sie in dieser neuen Kriegsgesellschaft als Gleichberechtigte angesehen würden. Sie könnten auch das Gefühl gehabt haben, dass es gute Gründe gab, gegen Russland zu kämpfen, wo ihre jüdischen Mitbürger in scheinbar endlosen Pogromen verfolgt wurden, sodass sie westwärts nach Deutschland flüchteten. Zumindest für das Jahr 1914 steht fest, dass die deutschen Juden diesen Verteidigungskrieg im Großen und Ganzen genauso unterstützen wie ihre Landsleute. Doch je länger der Krieg ohne klare Siege andauerte, je länger er tobte und schrecklich viele Menschenleben forderte, während die Heere sich im Schlamm vor- und zurückkämpften, desto deutlicher wurden die Unterschiede zwischen der »patriotischen« oder nationalistischen Propaganda in Deutschland und der Realität, der sich die Soldaten stellen mussten.

Nach und nach durchschauten die Soldaten nicht nur die anti-britische, sondern auch die kriegstreiberische Propaganda. Der Krieg in Deutschland wurde zu einem großen Teil durch Kriegsanleihen finanziert, bei denen die Regierung Geld von ihren Bürgern lieh und versprach, es in der Zukunft zurückzuzahlen. 1918 aber schrieben deutsche Soldaten Briefe nach Hause, um ihren Familien zu sagen, dass sie den Krieg nicht durch den Kauf weiterer Kriegsanleihen unterstützen oder verlängern sollten.

Ernsts Soldbuch hingegen zeigt, dass er noch im März 1918 vier Kriegsanleihemarken im Wert von insgesamt zehn Mark kaufte, also fühlte er sich vielleicht immer noch patriotisch, während sich die deutschen Truppen für die Frühjahrsoffensive rüsteten. Oder vielleicht fühlte er sich auch unter Druck gesetzt, seinen Patriotismus zu demonstrieren, eben weil er Jude war. Die Spende war beträchtlich, diese Marken kosteten ihn ein ganzes Monatsgehalt. (Die Kriegsanleihen wurden nie zurückgezahlt; die Hyperinflation nach dem Krieg machte sie vollkommen wertlos.)

Unter den jüdischen Soldaten aus Frankfurt befand sich auch der Astronom Karl Schwarzschild, dessen Familie seit Hunderten von Jahren in der Stadt lebte und dessen Nachname von einem der Häuser in der Judengasse abgeleitet war. (Die Häuser im Ghetto hatten Schilder oder andere Symbole aus Holz, die vor den Eingängen hingen.)

Während er im Herbst 1915 an der Ostfront in Russland diente, las Schwarzschild Einsteins Abhandlung über die allgemeine Relativitätstheorie. Dieser Aufsatz legt Gleichungen fest, die die Beziehung zwischen Masse und Raumzeit auf allgemeinster Ebene definieren (daher der Name der Theorie). Gleichungen, die auf verschiedene spezifische Situationen angewandt werden können.

Schwarzschild gelang es nun, eine exakte Lösung der Gleichungen für die Raumzeit um sphärische Objekte wie Sterne und Planeten herum abzuleiten, und er zeigte auf, dass ein jedes derartiges Objekt einen entsprechenden Radius hat, der durch seine Masse bestimmt wird, heute bekannt als der Schwarzschild-Radius, und außerdem einen physischen Radius. Je massereicher das Objekt ist, desto größer ist der Schwarzschild-Radius. Wenn dieser Radius über den physischen Radius hinaus in den Bereich um das

Objekt herumreicht, kann nichts, nicht einmal Licht, diesem Objekt entkommen.

Zu jener Zeit schien Schwarzschilds Lösung der Gleichungen rein theoretisch zu sein, vielleicht sogar nur ein Artefakt der Mathematik. Kein Astronom, einschließlich Schwarzschild selbst, hatte jemals ein Objekt beobachtet, das diese Eigenschaften aufwies. Es war ein so ungewöhnliches Ergebnis, dass viele Astronomen und Physiker jahrzehntelang nicht an die Realität dieser seltsamen Objekte glauben wollten. Sie mussten theoretisch, irreal oder schlichtweg fiktiv sein. Aber manchmal kann das, was erst einmal nur vermutet wird, tatsächlich entdeckt werden, und der erste Beobachtungsnachweis für Schwarze Löcher (denn das war es, was Schwarzschild vorausgesagt hatte) gelang in den 1970er Jahren.

Die Zeit um den Schwarzschild-Radius verhält sich auf seltsame Weise. Dieses Phänomen ist besser bekannt unter dem Begriff Ereignishorizont. Ein Beobachter in sicherer Entfernung könnte sehen, wie ein Objekt in Richtung des Ereignishorizonts fällt, aber dabei scheinbar langsamer wird, je näher es ihm kommt, bis es schließlich sogar anhält – schwebend und bewegungslos. Das Objekt selbst aber wird eine kontinuierliche Gravitationskraft spüren und in Richtung des Schwarzen Lochs beschleunigt werden, wobei es sogar schneller wird, sobald es den Ereignishorizont durchquert. Es bemerkt ihn erst kaum, kann dann aber, sobald es diesen Punkt überschritten hat, dem Gravitationsfeld der zentralen Masse nicht mehr entkommen, sodass es sich mit ihm vereint und seine gesamte Identität verliert. Ein Apfel, der in ein Schwarzes Loch fällt, verliert seine Apfeleigenschaften und wird einfach Masse. Für den Beobachter, der in sicherer Entfernung bleibt, wirkt der Ereignishorizont wie ein Schleier. Wir können nichts mehr von dem Objekt sehen, nachdem es den Ereignishorizont überschritten hat, und so bleibt uns nur ein statisches Bild, das es für immer am Rand des Ereignishorizonts schwebend zeigt. Ein Bild, das in einem Moment des ewigen Jetzt aufgenommen wurde, ohne Vergangenheit und ohne Zukunft. Schwarze Löcher sind Objekte, die die Umgebung in einer gewissen Entfernung von ihren physischen Radien dunkel erscheinen lassen, und sie erinnern uns daran, dass wir, wenn wir unsere Umgebung beobachten, nicht nur auf das Licht achten müssen, sondern auch auf dessen Abwesenheit.

Ernst ist hier an der Somme nicht zu finden – außer in meiner Vorstellung und auf der Landkarte. Er lässt sich nicht wirklich an einem Ort lokalisieren, sosehr ich mich auch bemühe. Alles, was ich tun kann, ist, ihn mit dem Wort »Somme« in Verbindung zu bringen. Aber es ist unmöglich zu wissen, was er hier getan hat, wie er diese Landschaft verändert hat, indem er sich in die Erde gegraben oder sie mit Granaten in die Luft gesprengt hat, und wie er seinerseits von ihr verändert wurde. Das Foto des jungen Mannes in seiner feldgrauen Uniform ist alles, was ich habe, und es steht für immer am Abgrund eines Augenblicks, am Rande des Ereignishorizonts.

Im Gegensatz zu Ernst war Schwarzschild nicht zum Kampfeinsatz verpflichtet worden: 1914 war er bereits einundvierzig Jahre alt und damit älter als die Jahrgänge, die damals einberufen wurden. Als der Krieg erklärt wurde, war er Direktor des Astrophysikalischen Observatoriums in Potsdam, eine prestigeträchtige Position in der deutschen Wissenschaft, und dennoch meldete er sich laut biografischen Skizzen »freiwillig« zum Militärdienst, weil er Jude war und seine Loyalität gegenüber dem deutschen Staat demonstrieren wollte. Aber vielleicht beschreibt »freiwillig« den Druck nicht angemessen, den er angesichts seiner relativ hohen akademischen Position verspürt haben könnte, seine Loyalität öffentlich zu belegen. Hinter dem Wort »freiwillig« mag sich ein ganzes Geflecht von Gefühlen und Kräften verborgen haben, die sein Verhalten beeinflussten.

Schwarzschild starb, nur wenige Wochen nachdem Einstein im Mai 1916 vor der Preußischen Akademie der Wissenschaften einen Vortrag über seine Arbeit gehalten hatte und mein Großvater seine militärische Ausbildung in der Kaserne in Darmstadt begann.

Die makellosen Oberflächen der Grabsteine, das kurz geschnittene Gras und die regelmäßig gestutzten Bäume und Büsche auf dem Friedhof im Wald von Delville zeigen, dass hier alles existiert, um zur Schau gestellt zu werden, dass es zum Anschauen bestimmt ist. Die Trauerarbeit auf einem britischen Soldatenfriedhof ist als öffentliche Pflicht, als Spektakel angelegt. Im Gegensatz dazu wirkt der deutsche Friedhof im nahe gelegenen Fricourt privater, weniger besucht. Der schwarze Marmor der Grabsteine scheint das Licht zu absorbieren, und die Inschriften sind schwer zu lesen. Der Friedhof selbst ist von Bäumen umgeben und nicht leicht zu finden.

Nach dem Friedhof besichtigen wir einen im Wald versteckten deutschen Bunker. Nichts ist in Erwartung von Besuchern geputzt oder aufgeräumt: Kein Weg führt zu diesem Bunker, er wird von hüfthohem Gras getarnt, durch das wir waten müssen. Es ist, als sei die Uhr zurückgedreht worden, und der Bunker warte noch immer auf die Rückkehr seiner Soldaten. Am Eingang rutsche ich über ein Geröllfeld aus losen Steinen fast direkt in den Bunker. Der Kameramann lässt sich hinab, aber ich bleibe davor hocken und spähe unter dem Betonsturz in den schummrigen Raum dahinter. Auf der anderen Seite des Bunkers, jenseits des rauen und unebenen Bodens, kann ich eine Treppe sehen, die nach unten führt. Wie viele Soldaten haben diesen Raum genutzt? Wie viele

Männer kauerten unter den Wurzeln der Bäume und des Grases und fühlten sich, als wären sie lebendig in einem Massengrab verschüttet?

Ich frage Frédérick nach Ernsts Eisernem Kreuz.

»Oh ja,« antwortet er, »das muss er aus einem ganz bestimmten Grund erhalten haben. Selbst gegen Ende des Krieges bekamen die meisten Soldaten keines. Ich vermute, es wurde ihm für die deutsche Verteidigungsaktion gegen den französischen Angriff bei La Malmaison im Oktober 1917 verliehen, das würde zu dem Datum im Soldbuch passen.«

Nachdem die Frühjahrsoffensive 1918 von den Alliierten zurückgeschlagen wurde, war das deutsche Heer am Ende. Doch selbst als es sich im Herbst 1918 durch Frankreich und über die Grenze nach Osten zurückzog, blieb es weitgehend intakt, mit relativ wenigen Desertionen.

Ernst zog sich mit dem Heer zurück, verließ seinen Posten nicht und erreichte Offenbach, wo er, wie sein Soldbuch zeigt, am 2. Dezember 1918 demobilisiert wurde.

Und kurz darauf begannen die Schuldzuweisungen in der deutschen Gesellschaft: Wenn man das Heer nicht aufgelöst hätte, hätte es doch sicherlich weiterkämpfen können. Warum war es also notwendig gewesen, eine Niederlage zu akzeptieren? Bestimmt waren andere Faktoren im Spiel. Bestimmt gab es einen Feind innerhalb Deutschlands, der die Kriegsanstrengungen untergraben hatte, indem er nicht kämpfte oder vielleicht sogar vom Konflikt profitierte ...

Deutschland drohte unter dem Druck einer kommunistischen Revolution auseinanderzubrechen, mehrere Städte wie München hatten sich zu Räterepubliken erklärt. Ja, Großbritannien, Frankreich und die anderen siegreichen Länder drängten darauf, dass Deutschland Gebiete im Osten und Westen aufgab.

Aber Einsteins Gleichungen sagen uns, dass das Gefüge von Raum und Zeit kontinuierlich ist und in der Lage, scheinbar getrennte und isolierte Objekte miteinander zu verbinden. Arthur Eddington, ein englischer Astronom, der während des Krieges in Cambridge arbeitete, war Pazifist wie Einstein und Quäker. 1918 entging er nur knapp dem Gefängnis, weil er den Militärdienst verweigerte. Wie Schwarzschild hatte auch er Einsteins Abhandlung über die allgemeine Relativitätstheorie gelesen und erarbeitete, wie man deren absonderliche Implikationen mithilfe von Sonnenfinsternissen testen könnte. Wie von der allgemeinen Relativitätstheorie vorhergesagt, sollte sich die Verzerrung des Raums durch die Sonne in einer Verschiebung der Position der Sterne zeigen: Nämlich dann, wenn das von ihnen ausgestrahlte Licht durch die Sonne gebogen wird, während sie vor ihnen vorbeizieht. Normalerweise kann man diesen Vorgang nicht sehen, da das Sonnenlicht so viel heller ist als das der Sterne. Aber während einer Sonnenfinsternis, wenn die Sonne durch den Mond verdeckt wird, könnte diese Verschiebung in der Position der Sterne messbar sein. So führte Eddington während einer Sonnenfinsternis im Mai 1919 eine Expedition nach Príncipe, eine Insel vor der Küste Westafrikas, durch, um den Hyaden-Sternhaufen zu beobachten, und organisierte eine weitere Expedition, die nach Sobral in Brasilien entsandt wurde, um dort zur selben Zeit ähnliche Beobachtungen anzustellen.

Diese Beobachtungen wurden mithilfe von Glasfotoplatten durchgeführt. Vom Gipfel eines Berges auf Príncipe – einem Berg, der auf einer Karte einfach als Daumenabdruck von Höhenlinien angezeigt wird, weil es keine andere Möglichkeit gibt, ein dreidimensionales Objekt auf einem zweidimensionalen Blatt Papier darzustellen – machte Eddington mehrere Fotografien der Sonne, die vom Mond verdeckt ist, sodass im vorübergehend verdunkelten Himmel nur die Sonneneruptionen und die weiter entfernten Sterne zu sehen sind.

Im Herbst 1919 kehrte er nach England zurück und hielt im November desselben Jahres einen Vortrag, in dem er argumentierte, dass die von ihm gewonnenen Ergebnisse Einsteins Theorie bestätigten; die gemessene Verschiebung der Positionen der Hyaden, verursacht durch die Sonne, war unvereinbar mit dem, was Newtons Theorie vorhersagte, aber völlig konsistent mit der allgemeinen Relativitätstheorie. Dieses Ergebnis wurde in britischen und amerikanischen Zeitungen veröffentlicht und half, den Namen Einsteins in diesen Ländern, die zuvor Feinde Deutschlands gewesen waren, bekannt zu machen.

Fraglos wollte Eddington nach dem Krieg eine Verbindung zu deutschen Wissenschaftlern herstellen, und dieses Experiment sollte ihm dabei helfen. Seine Ansichten als Quäker ließen ihn »den Feind« nicht als eine Nation unzivilisierter Kriegshetzer betrachten. Als er 1918 vor dem Militärgericht erscheinen musste, wollte er sich auf sein Gewissen berufen, um seine Weigerung, in der Armee zu dienen, zu begründen. Aber die Universität argumentierte stattdessen für ihn, dass seine astronomische Arbeit, insbesondere seine Reiseplanungen zur Beobachtung der Sonnenfinsternis im folgenden Jahr, für die Kriegsanstrengungen unerlässlich sei. Effektiv rettete die allgemeine Relativitätstheorie (eine Theorie, die von einem Bürger »des Feindes« entwickelt worden war) Eddington vor der Front. Allerdings war selbst in wissenschaftlichen Kreisen Eddingtons Wunsch, künftig wieder mit deutschen Wissenschaftlern zusammenzuarbeiten, nicht sonderlich beliebt. Deutsche Wissenschaftler waren aus der Royal Society ausgeschlossen worden, und unter britischen Wissenschaftlern herrschte die Meinung vor, dass man nichts mehr mit den deutschen Kollegen oder ihren wissenschaftlichen Ergebnissen zu tun haben sollte. Aber der Zeitpunkt der Sonnen-finsternis half Eddington zweifellos, sein Ziel zu erreichen. Die Länder befanden sich nicht mehr im Krieg, die Alliierten waren siegreich, und nun war die Zeit gekommen, die deutsche Wissenschaft neu zu betrachten.

Eine Sonnenfinsternis bringt die Zeit durcheinander. Das Licht der Sonne benötigt acht Minuten, um die Erde zu erreichen, das Licht, das vom Mond reflektiert wird, benötigt etwas mehr als eine Sekunde. Eine Sonnenfinsternis, wenn also der Mond vor der Sonne vorbeizieht, sieht für uns so aus, als ob sie gleichzeitig in unserem gegenwärtigen Moment stattfindet, obwohl die Sonne in Wirklichkeit bereits weitergezogen ist, während wir noch die Finsternis sehen. Wir beobachten ein Ereignis, das in der Vergangenheit der beiden dafür verantwortlichen Objekte liegt. Alles, was uns bleibt, sind Geschichten, um uns die Welt zu erklären.

Lisl hielt ihre eigene Familiengeschichte schriftlich fest. Sie schreibt, da Österreich an ihrem dritten Geburtstag im Sommer 1914 Serbien den Krieg erklärt habe, sei der Krieg für sie »ein völlig normaler Zustand« gewesen. Ihr Vater Edmund sei sofort einberufen, aber aufgrund einer früheren Beinverletzung vom Dienst befreit worden.

Edmund hatte bereits in den 1890er Jahren als junger Mann in der k. u. k. Armee gedient, und zwar als Einjährig-Freiwilliger, der nicht den üblichen dreijährigen Pflichtdienst leisten mussten. Diese Freiwilligen mussten ihre eigene Unterkunft und ihren Lebensunterhalt privat bezahlen, anstatt in den Kasernen zu leben, und bildeten eine Offiziersklasse, die von den normalen Wehrpflichtigen getrennt war. Es muss sehr ungewöhnlich gewesen sein, dass ein jüdischer Mann dies tat; vielleicht war er einer der ersten nach der jüdischen Emanzipation in Österreich im Jahr 1890.

Lisl schreibt, dass seine Ausbildung ihn aus seinem religiös geprägten jüdischen Umfeld herausgelöst und er in der Folge seine Religion aufgegeben habe, sehr zum Unmut seiner Eltern.

In ihren Erinnerungen an ihre Kindheit während des Ersten Weltkriegs beschreibt Lisl den extremen Mangel an Lebensmitteln in Wien, der 1918 so weit fortgeschritten war, dass die Stadt am Rande einer Hungersnot stand. Ihre Mutter steckte Paraffin und Leder aus der Familienfabrik ein und ging auf Hamsterfahrten, bei denen sie diese Waren illegal mit den Bauern und Landbewohnern außerhalb der Stadtgrenzen gegen Lebensmittel eintauschte. Brot war selten und Schokolade undenkbar – Lisl bekam stattdessen getrocknete Pflaumen. Als Gruppen von hungernden und zerlumpten Soldaten durch die Stadt zogen, gab es nichts außer schneebedecktem Müll, und keiner der Zivilisten bot ihnen etwas zu essen an.

Mittellose und verfolgte Juden, die vor Pogromen in Russland flohen, kamen ebenfalls nach Westen, nach Österreich und Deutschland. Anfangs wurden sie von den jüdischen Gemeinden in diesen Ländern unterstützt, aber es gab auch Vorurteile gegen sie, verstärkt durch die Angst, dass Juden, die so offensichtlich fremd und arm waren und in ihren östlich geprägten Kaftanen so anders aussahen als die assimilierten österreichischen und deutschen Juden, Antisemitismus befeuern und Probleme für sie alle verursachen könnten.

Zur gleichen Zeit, als Eddington in Príncipe war, legten die Alliierten den Vertretern der neu entstandenen Weimarer Republik den Versailler Vertrag vor, in dessen Folge Deutschland zwanzig Prozent seines Territoriums und dreiunddreißig Prozent seiner Kohlevorkommen verlor.

Und Ernst machte sich auf den Weg nach Freiburg im Breisgau, um dort Jura zu studieren.

DER WALD

Anfang 2018 verbrachte ich drei Monate als Stadtschreiberin in einem kleinen Ort namens Dilsberg in der Nähe von Heidelberg. Sechs Monate zuvor hatte ich das Konsulat in Edinburgh aufgesucht, aber ich hatte noch keine offizielle Antwort auf meinen Antrag auf Staatsbürgerschaft erhalten, und so fühlte sich diese Zeit in Deutschland ein wenig wie ein Schwebezustand an. Meine Beziehung zu dem Land wurde irgendwo in einem Regierungsbüro in Berlin geprüft, und es ließ sich nicht in Erfahrung bringen, zu welchem Ergebnis man kommen würde.

Zu dieser Ungewissheit kam noch hinzu, dass von einer Stadtschreiberin erwartet wird, sich an einem Ort aufzuhalten, der nicht ihr »Zuhause« ist: Diese Kluft zwischen der Schriftstellerin und ihrer neuen Umgebung soll irgendwie Kreativität auslösen.

Als ich ankam, war ich mir nicht ganz sicher, was ich während meines Aufenthalts in Dilsberg schreiben würde, aber ich überlegte, ob es vielleicht mit dem dichten Wald zu tun haben könnte, der die steilen Hügel rund um das Dorf bedeckte. Die Art von Wald, die es in Schottland kaum noch gibt, und schon gar nicht in der Nähe meines Hauses an der Küste, wo die Hügel, die man im Süden in Lammermuir und im Norden in Fife sieht, violett-braun mit niedrigem Heidekraut und Stechginster bewachsen sind, aber nirgendwo Baumbestand aufweisen.

Vielleicht verbrachte ich deshalb einen Großteil des Tages damit, die verschlungenen Pfade auf den Hügeln rund um den

Dilsberg zu erkunden. Als ich Ende Januar dort ankam, hatte ein Winter voller Eis und Schnee die verschiedenen Oberflächen unter den Füßen geglättet und sie in gefährlicher Schönheit vereint, weshalb ich sehr langsam gehen musste, um nicht zu stürzen. Das bedeutete, dass ich Zeit hatte, meine unmittelbare Umgebung zu betrachten und kennenzulernen. Jeden Tag ging ich denselben Weg vom Dorf hinunter zum Fluss und wieder hinauf. Der Hügel war steil, aber nicht sehr hoch, und es dauerte nicht allzu lange, vielleicht nur ein paar Tage, bis mir diese Strecke vertraut vorkam und ich sie so sicher gehen konnte, als würde ich die Seiten eines oft gelesenen Buches umblättern. Es half, dass die Wege Namen wie Schleusenweg oder Oberforstweg trugen, die auf kleine, hoch an die Bäume genagelte Holzschilder gemalt waren.

Später, nach dem Tauwetter und dem Einsetzen des Frühlings, waren meine Schritte auf den genannten Pfaden deutlich zu hören, sie knirschten auf den kleinen Steinen. Aber sobald ich einen Schritt vom Weg auf den weichen, mit totem Laub und Tannennadeln bedeckten Boden machte, konnte ich lautlos gehen. Nur ein kleiner Schritt zur Seite, und der ganze Wald fühlte sich anders an, geheimnisvoller, und ich betrachtete ihn nicht mehr vom Standpunkt des menschlichen Pfades aus, sondern von einem Ort, an dem Tiere herumliefen und sich versteckten. Und es gab Tiere; wenn ich in der Dämmerung spazieren ging, sah ich Rehe zwischen den Bäumen verschwinden, hörte das Rascheln von etwas Kleinerem im Gestrüpp. Ich fand Kot auf den Wegen. Jemand sagte mir, ich solle mich beim Spazierengehen vor den Wölfen in Acht nehmen, die von Osten hierherzögen, und ich lachte unbehaglich, weil ich dachte, es würde sich um eine fremdenfeindliche Metapher handeln. Aber ich bekam es oft zu hören. Wölfe, die aus Polen oder Tschechien nach Westen zogen, wurden von dieser Gegend mit ihren Schafen und Rindern angezogen. Ich dachte, ich würde gern einem Wolf begegnen, dann wäre die vage Illusion, dieser Ort könnte aus einem Volksmärchen, vielleicht einem der Gebrüder Grimm, heraufbeschworen sein, komplett. Und vielleicht war ich deshalb hier, um so etwas zu schreiben, um ein Märchen hervorzuzaubern, das die Kluft zwischen mir und dem, was mich umgab, erkundete.

Ich wohnte im Dachgeschoss des alten Kommandantenhauses, das in einen öffentlichen Kunstraum umgewandelt worden war. Das Gebäude wurde so genannt, weil es während des Dreißigjährigen Krieges von Kommandant Tilly, dem Anführer der gegenreformatorischen Kräfte, bewohnt worden war, als er seinen Feldzug in dieser Gegend durchführte. Das Gebäude eignete sich gut für diesen Zweck, da es direkt am Dorfrand lag und eine Sicht auf die umliegenden Hügel (und die feindlichen Truppen) über mehrere Kilometer hinweg ermöglichte. Der Eingang zum Haus war über eine Wendeltreppe in einem Steinturm zu erreichen, und jedes Mal, wenn ich diese durch jahrhundertelangen Gebrauch abgenutzten Stufen hinaufstieg, fühlte ich mich wie ein Mädchen in einem Märchen, das sich auf den Dachboden begibt, um Gold – oder Geschichten – aus Stroh zu spinnen.

Die Eingangstür zu meiner Wohnung war aus klarem Glas, und durch sie konnte ich sehen, wie der obere Teil der Treppe nach unten verschwand und sich die rauen Steinmauern des Turms wölbten. Aber nachts, wenn das Licht in der Wohnung eingeschaltet war, wirkte das Glas wie ein Spiegel, und wenn ich es anschaute, sah ich nur mein eigenes Spiegelbild in der Dunkelheit schweben. Ich achtete darauf, nicht auf die Glastür zu schauen, ich wollte mich nicht in diesen Raum projiziert sehen, der keine sichtbaren Grenzen zu haben schien.

Neben der Wohnung war mir ein Atelier zugewiesen worden, ein kleiner quadratischer Raum in einem Nebenge-

bäude gleich neben dem Steinturm, der nur über eine Stein-
brücke zugänglich war. Im frühen 20. Jahrhundert war das
Kommandantenhaus als Dorfschule genutzt worden, und
das heutige Atelier war die Garderobe der Kinder gewesen.
Jetzt, in diesem Raum, waren die einzigen Geräusche, die
ich machte, das Klappern auf der Laptoptastatur und das
Seufzen, wenn mir nicht einfiel, wie ich etwas ausdrücken
sollte. Sie vermischten sich mit dem Rauschen des Verkehrs
in der Ferne und dem Vogelgezwitscher, das die dicken
Steinmauern durchdrang, und ich dachte an die Kinder, die
hier ihre Mäntel an Metallhaken aufgehängt und ihre Stra-
ßenschuhe unter Holzbänken verstaut hatten.

Gleich gegenüber dem Kommandantenhaus finden sich
die Ruinen einer kleinen Burg, die heute eine Touristenat-
traktion ist. Zu dieser Jahreszeit aber machte sich kaum ein
Tourist die Mühe, den Hügel hinaufzugehen, um sie sich
anzusehen, und tatsächlich schien das ganze Dorf unter einem magischen Bann zu stehen; es gab ganze Tage, an denen ich keine einzige Menschenseele auf den Straßen sah,
und ich stellte mir vor, dass alle Bewohner Winterschlaf
hielten, bis der Schnee und das Eis schmolzen.

Das Dorf war von einer dicken Steinmauer umgeben, mit
einem Tor an einem Ende, das gerade breit genug war, um
Autos durchzulassen. Das einzige Haus, das nicht vollständig im Schutz der Mauer lag, war das Kommandantenhaus
selbst. Seine vielen hohen und schmalen Stockwerke stie-
ßen an die Mauer und ragten sogar über sie hinaus, sodass
ich mir, wenn ich nachts im obersten Stockwerk im Bett lag,
ausrechnete, dass ich mich eigentlich außerhalb des Dorfes
befand, direkt über dem steilen Abhang des darunterliegenden Hügels. Über meinem Bett befand sich das Dach,
und manchmal hörte ich Getrappel. Ein kleines Tier, ein
großer Vogel? Eines Nachts gegen zwei Uhr, als ich wegen

des Getrappels nicht schlafen konnte – manchmal schien es direkt über meinem Kopf innezuhalten, als würde es über mich nachdenken, bevor es sein Hin und Her fortsetzte –, zog ich meinen Mantel an und ging nach draußen. Aber es war mir unmöglich zu sehen, was sich auf dem entsprechenden Teil des Daches befand. Ich hätte durch den Wald hinuntergehen und den Fluss überqueren müssen, um dann vom Nachbarort aus – bei Tageslicht – hinaufzuschauen, um das Kommandantenhaus zu sehen. Jetzt, um zwei Uhr nachts, stand ich draußen auf dem offenen Kopfsteinpflaster, jeder runde Stein glänzte im Mondlicht. Es fühlte sich nicht weniger seltsam an, als im Inneren des Gebäudes zu sein. Hinter mir befand sich das Kriegerdenkmal des Dorfes, das nach dem Ersten Weltkrieg errichtet worden war und, wie so viele ähnliche Denkmäler in anderen Ländern, auch für die Nennung der Toten des Zweiten Weltkriegs genutzt wurde. Jeder Aspekt meiner unmittelbaren Umgebung – das Kommandantenhaus, die Burgruine, das Denkmal, die Dorfmauer – verdankte seine Präsenz einem Krieg.

Im Atelier verbrachte ich die Nachmittage mit Schreiben (oder öfter mit Lesen), und abends schloss ich die Ateliertür hinter mir ab und ging zu der Wohnung hinauf, wo ich in der Küche, die nachträglich hineinimprovisiert worden war, Abendessen kochte. Ich wärmte das Essen mithilfe der Doppelkochplatte auf, die auf dem Abtropfbrett balancierte, bevor ich mich an den kleinen Tisch setzte, der gerade groß genug für zwei Personen war. Ich aß mit Blick auf den leeren Stuhl, die Glastür hinter mir; ein Kribbeln der Angst arbeitete sich meinen Rücken hinunter. Wer oder was war da draußen und beobachtete mich?

In der ersten Woche passierte mir etwas, wodurch ich mich noch fremder fühlte. Ich war zu einem Treffen einer lokalen Schreibgruppe in Heidelberg eingeladen. Dafür musste ich mit dem Bus von Dilsberg ins nahe gelegene Neckargemünd und dann weiter mit dem Zug ins Zentrum von Heidelberg fahren. Von Tür zu Tür dauerte es nur etwa eine halbe Stunde. Die Züge fuhren häufig, die Busse seltener. Nach halb neun Uhr abends fuhren sie überhaupt nicht mehr.

Ich traf die Schriftstellerinnen und Schriftsteller und verbrachte einen angenehmen Abend mit ihnen, dann nahm ich den Zug zurück nach Neckargemünd. Ich wusste, dass es von dort aus keine Busse nach Dilsberg geben würde, hatte mich aber entschieden, zu Fuß zu gehen. Es waren nur fünf Kilometer, und ich kannte den Weg, ich hatte mir die Karte noch an diesem Morgen angeschaut. Aus dem Bahnhof raus und nach rechts, dann etwa drei Kilometer über die am Fluss entlangführende Hauptstraße und anschließend durch eine weitere Rechtskurve den Serpentinen folgend den steilen Hügel hinauf, wo ganz oben Dilsberg innerhalb seiner Mauern lag. Ich hatte die Karte sorgfältig studiert, um mir den Weg vorzustellen, die dicht gedrängten Konturen des Hügels, die Serpentinen, den Fluss immer zu meiner Linken. Ich konnte den gesamten Fußweg als eine Abfolge verschiedener kartografischer Merkmale visualisieren.

Aber ich hatte in der grundlegendsten und offensichtlichsten astronomischen Beobachtung versagt und vergessen, dass in dieser Nacht Neumond war. Als ich in Neckargemünd aus dem Zug stieg, wurde mir klar, dass der Himmel bereits völlig dunkel war und die einzigen Straßenlaternen alle in der Nähe des Bahnhofs standen. Die Straße folgte zwar dem Flusslauf, aber auf der Straßenseite, die nicht zum Flussufer führte, ragte ein steiler Abhang auf, einst ein Steinbruch, jetzt wachte er über ein Industriegebiet. Entlang dieser Straße befanden sich einige Firmen, die Baumaterialien verkauften: Kies, Sand, Ziegel und so weiter. Tagsüber war die Aussicht von der Straße über den Fluss malerisch. Nachts, in völliger Dunkelheit, konnte ich überhaupt nichts sehen. Ich konnte nicht einmal die Hand vor meinen Augen erkennen, und ich bekam Angst, von der Straße abzukommen und hinunter – in was? In den Fluss? – zu fallen. Ich wusste es nicht. Der einzige Trost war, dass auch mich niemand sehen konnte. Ich war vollkommen unsichtbar.

Ich achtete darauf, so langsam und leise wie möglich zu gehen. Mit jedem einzelnen Schritt fühlte ich mich, als würde ich mich auf einem unbekannten Planeten bewegen. Jeder Kontakt meiner Füße mit dem Bürgersteig schien ein kleiner Sieg zu sein, und so tastete ich mich bedächtig vorwärts. Als sich meine Augen an die Dunkelheit gewöhnt hatten, konnte ich die Silhouette der entfernten Hügel gegen einen durch die Lichtverschmutzung leicht grauen Nachthimmel erkennen. Die nahe gelegenen Objekte, von denen ich wusste, dass sie mich umgaben – die leeren Industriegrundstücke, die Kies- und Schotterhaufen, der Wald, der den Abhang überragte –, waren für mich nicht zu erkennen. Gelegentlich fuhren Autos vorbei, und ich fürchtete ihre Scheinwerfer, die mich blendeten und den Prozess der Dunkeladaption von vorne beginnen ließen.

Ich bewegte mich durch diese Leere, weil es keinen Sinn hatte stehen zu bleiben. Solange ich es schaffte weiterzugehen, würde mein Weg irgendwann enden. Als ich wieder zum Himmel aufschaute, bemerkte ich, dass er jetzt nur noch locker bewölkt war und ich einige Sterne erkennen konnte, das krumme W der Kassiopeia, das Dreieck, den Hyaden-Sternhaufen. Ich atmete aus, ich hatte mich unter diesem Himmel schon an anderen Orten bewegt. Diese Sterne sahen hier und jetzt genauso aus wie dort. Auch wenn die Landschaft um mich herum so dunkel und fremd wirkte und ich den Boden, auf dem ich ging, nicht kannte, so kannte ich doch den Himmel über mir. Vielleicht würde ich mich hier doch bald heimisch fühlen.

Gefühlte Stunden später erreichte ich endlich den Fuß des Hügels, der nach Dilsberg hinaufführte, was bedeutete, dass ich die Industriegebäude hinter mir gelassen hatte. Jetzt wusste ich, dass ich von Feldern und Wald umgeben war. Nun war der Himmel nicht mehr hinter dem Hang und dem Wald verborgen, er öffnete sich über mir in alle Richtungen, und es war dunkel genug, um die Milchstraße zu erkennen, einen schwachen Lichtstreifen, der von unserer eigenen Galaxie erzeugt wird. Ich ging weiter den Hügel hinauf und fühlte mich sicherer in dem, was ich tat. Es war unglaublich dumm gewesen (ich verdrängte die Tatsache, dass es auch ziemlich gefährlich gewesen war), aber jetzt war der Umriss der Dorfkirche deutlich vor den Sternen auszumachen, und ich wusste, dass das Kommandantenhaus in der Nähe war. Sobald ich mich drinnen mit einer Tasse Tee eingerichtet hätte, wäre alles wieder in Ordnung.

Das Wohnzimmer war warm und hell erleuchtet, und der Tee war dem, den ich zu Hause trank, beruhigend ähnlich. Aber der dunkle Raum direkt hinter der Glastür schien jetzt noch größer zu sein als zuvor, als hätte er sich mit dem tiefschwarzen Abhang, der Straße und dem Fluss vereint. Die Grenze zwischen drinnen und draußen fühlte sich durchlässig an, als hätte ich all diese Dunkelheit in mich aufgenommen.

Das Dorf selbst war so klein, dass ich, wenn ich dem unebenen Pfad und der Mauer folgte, nur fünf Minuten brauchte, um es zu umrunden. Auf der Seite von Dilsberg, die am weitesten vom Dorfeingang entfernt lag, stand ein großer Baum, dessen Äste mit Seilen gegen den Wind gesichert waren, als wären sie Segel auf einem Boot. An einem der Äste hing ein hölzernes Schild, ähnlich in Größe und Form wie die, die die Waldwege markierten, und auf diesem stand »FRIEDENS-LINDE 1870–71«. Diese »Friedenslinde« war einer von unzähligen Bäumen, die in ganz Deutschland gepflanzt worden waren, um das Ende des Deutsch-Französischen Krieges und die anschließende deutsche Einigung durch die Gründung des deutschen Kaiserreichs zu markieren. Eine niedrige Holzbank umgab den Stamm dieses Baumes, vielleicht um Passanten zu ermutigen, sich zu setzen und über den Frieden nachzudenken. Ich fand es interessant, dass die Daten der Kriegsdauer festgehalten worden waren, was in leichtem Widerspruch zu der vermeintlichen Absicht der Erinnerung an den anschließenden Frieden stand.

Rund um Dilsberg, und später auch im Frankfurter Stadtwald, folge ich den Schildern an den Bäumen und lerne, die abgebildeten Symbole mit den verschiedenen Wegen zu verbinden, als würde ich mir eine neue, in Holz geschriebene Sprache aneignen. Der Wald besteht nicht nur aus Bäumen, sondern auch aus Wörtern.

Die derart mit Nachrichten versehenen Bäume erinnern mich an den Deutschunterricht in der Schule, insbesondere an die Novelle »Die Judenbuche«, die in den 1830er Jahren von Annette von Droste-Hülshoff verfasst wurde. Die Geschichte spielt in einem abgelegenen, von Wald umgebenen Dorf in Westfalen. Die Waldumgebung ist zentral für die Handlung, die sich um einen Jungen namens Friedrich Mergel dreht, der nach dem Tod seines Vaters inoffiziell von seinem Onkel adoptiert wird und dadurch gemeinsam mit dessen unehelichem Sohn aufwächst, der als eine Art Doppelgänger fungiert, ein blasser Schatten von einem Jungen namens Johannes Niemand. Der Onkel, der zu einer Gruppe von Holzdieben gehört, Blaukittel genannt, setzt Friedrich zum Schmierestehen ein; in dieser Region sehen die Einheimischen nichts Unmoralisches darin, Holz für den eigenen Gebrauch zu stehlen oder es mit Gewinn weiterzuverkaufen. Während er Wache hält, hat Friedrich eine Begegnung mit dem Förster Brandis (zuständig für die Ergreifung der Holzdiebe) und schickt diesen in einen Hinterhalt. Am nächsten Tag wird Brandis ermordet aufgefunden. Die darauffolgende Untersuchung bleibt ohne Ergebnis, obwohl jeder die Blaukittel für schuldig hält. Friedrich, mittlerweile durch seine Erlöse aus dem Holzdiebstahl ein eitler, selbstbewusster junger Mann, gerät in einen betrunkenen Streit mit einem örtlichen Juden namens Aaron, der ihn bezichtigt, seine Schulden für eine silberne Uhr nicht beglichen zu haben. Kurz darauf wird Aaron in der Nähe einer Buche ermordet aufgefunden – demselben Baum, zu dem Friedrich den Förster Brandis fehlgeleitet hat. Friedrich und Niemand verschwinden daraufhin zusammen aus dem Dorf, bevor sie vom örtlichen Richter und zugleich Gutsherrn, dem das Land gehört, auf dem die Buche steht, zu dem Verbrechen befragt werden können. Die jüdische Gemeinde fordert Rache für diesen ungelösten Mord und kauft dem Gutsherrn den Baum ab, um mit einer Axt eine hebräische Inschrift in seine Rinde zu ritzen. Mehr als zwanzig Jahre später erscheint ein verwahrloster Mann in der Gemeinde. Man glaubt, in ihm Johannes Niemand zu erkennen, der endlich nach Hause zurückgekehrt ist und nun Geschichten erzählt, wie er gezwungen wurde, als Sklave in der türkischen Armee zu dienen. Einige Monate später wird er an der Buche erhängt aufgefunden, und der Gutsherr ist nun überzeugt, dass es sich in Wirklichkeit um Mergel und nicht um Niemand handelt. Die allerletzte Zeile des Buches ist eine Übersetzung der hebräischen Inschrift, die die Juden in den Baum geschnitzt haben: »Wenn du dich diesem Orte nahest, so wird es dir ergehen, wie du mir getan hast.«

Die Handlung wirkt geradlinig und unkompliziert, doch unter der Oberfläche lauern Ungewissheiten und Halbwahrheiten; was man beim Lesen für wahr hält, wird ständig untergraben. Ist Mergel wirklich der Mörder von Aaron? Wenn nicht, warum flieht er? Welche Funktion hat Niemand in der Geschichte? Und während der Gutsherr von der Identität des gehängten Mannes am Ende der Geschichte überzeugt zu sein scheint, lassen sich keine »Beweise« dafür finden. Auch die Gründe für die Rückkehr des nicht eindeutig identifizierten Mannes bleiben offen. Es ist nie klar, warum er sich gezwungen fühlte, am Ende ins Dorf zurückzukehren und sich zu erhängen. Liegt es an der Macht der hebräischen Inschrift auf dem Baum?

»Die Judenbuche« ist in der deutschen Literatur bekannt für das Gefühl der Ungewissheit, das sie hervorruft, und für ihre entschieden unromantische Darstellung des Landlebens. Ebenso unromantisch ist auch die Art und Weise, wie Christen und Juden gezeigt werden, die zwar nebeneinander leben, aber dennoch voneinander getrennt bleiben. Selbst die vermeintlich sympathischen Figuren (wie Friedrichs Mutter Margreth) werden als sehr antisemitisch dargestellt. Die Juden werden stets als eine nicht voneinander unterscheidbare Horde gezeichnet. Keine der Hauptfiguren, die alle Christen sind, ist besonders liebenswert oder sympathisch, aber zumindest werden sie als Individuen präsentiert, mit Namen und Eigenschaften versehen, und ihnen werden (bis zu einem gewissen Grad) eine gewisse Eigenständigkeit und ein Ziel mitgegeben. Den jüdischen Figuren bleibt dies verwehrt; der Einzige, der namentlich erwähnt wird, ist das Mordopfer Aaron, der jedoch immer als »Aaron der Jude« oder »der Jude Aaron« bezeichnet wird. Seine Frau ist lediglich »die Jüdin« oder »die Frau«. Diese Darstellung der Juden als Horde zeigt sich auch in ihrem kollektiven Verlangen nach »Rache« für den Mord, wobei Aarons Witwe wiederholt das Alte Testament zitiert, nämlich die Worte: »Auge um Auge, Zahn um Zahn.« Neben Rache wollen sie auch noch Geld, das ihnen die Christen, denen sie es geliehen haben, schulden. Da keiner der Juden (anders als die Christen) als Figur mit individuellen Wünschen und Bedürfnissen, geprägt von den Zwängen ihrer sozialen und physischen Umgebung, gezeichnet wird, deutet im Text nichts darauf hin, dass dieses klischeehafte Verlangen nach Geld und Rache etwas anderes als eine angeborene Eigenschaft ist.

Anfangs scheint die Geschichte eine unsichtbare, aber allwissende Erzählstimme zu haben, die nach Belieben von Figur zu Figur zu springen vermag. Aber schon bald offenbart sich diese Erzählperspektive als gar nicht so allwissend. Nach der ergebnislosen Untersuchung des Mordes an Brandis, etwa in der Mitte der Novelle, kommentiert die Erzählstimme, dass sie weiß, wie unbefriedigend es ist, aber: »Es würde in einer erdichteten Geschichte unrecht sein, die Neugier des Lesers so zu täuschen. Aber dies alles hat sich wirklich zugetragen; ich kann nichts davon oder dazu tun.«

So ist es die Erzählstimme, die uns den größeren Kontext nicht klarmacht; Juden hatten zu dieser Zeit keinen automatischen Schutz durch das Gesetz oder Anspruch auf Gerechtigkeit und waren stattdessen auf die persönlichen Interessen (oder deren Abwesenheit) des örtlichen Gesetzgebers (in diesem Fall des Gutsherrn) angewiesen, damit dieser Ermittlungen zu Verbrechen, die an ihnen begangen wurden, durchführte. Juden hatten einen »geschützten« Status, sie galten als direkt unter dem Schutz (oder der Willkür) des jeweiligen Herrschers stehend. Als während des Fettmilch-Aufstands in Frankfurt im frühen 17. Jahrhundert Juden aus dem Ghetto vertrieben, angegriffen und ermordet wurden und die Überlebenden unter anderem nach Hanau und Höchst flüchteten, bestand die Stadt darauf, dass der Anführer des Aufstands, der Bäcker Fettmilch, zur Rechenschaft gezogen und den Juden die Rückkehr in die Stadt in Frieden erlaubt werde. Viele, viele andere ähnliche Pogrome gegen Juden blieben jedoch ungestraft.

Das Buch in der Schule zu lesen und sich mühsam durch die langen Sätze zu arbeiten, fühlte sich an, als würde man sich weit abseits von jedem Pfad durch das Unterholz im Wald kämpfen, ohne weiter als bis zum nächsten Baum sehen zu können. Der Deutschunterricht musste zu ungewöhnlichen Zeiten stattfinden, was an mir lag. Meine anderen A-Level-Fächer waren Mathematik und Physik, und weil ich darauf bestand, auch Deutsch zu lernen (ein Fach, das normalerweise nur von Schülern belegt wurde, die andere geisteswissenschaftliche Fächer hatten, und das deshalb parallel zum Mathematik- und Physikunterricht stattfinden konnte), mussten wir während der Mittagspause in fachfremden Klassenräumen unterrichtet werden. Oft wurde uns der Musikraum zugewiesen, und wir saßen im Halbdunkel, weil die hohen Vorhänge zugezogen bleiben mussten: Weder der Sonnenschein noch der Lärm der anderen, die zu Mittag aßen und sich entspannten, sollte uns ablenken. Zu fünft saßen wir stattdessen um einen kleinen Tisch in der Mitte des Raumes – sonst war alles voller Notenständer – und schauten auf unsere Texte. Das dämmrige Zimmer, die langen deutschen Sätze, von denen wir nur wenig verstanden, die Stimmen draußen und die Stille drinnen; das ist es, woran ich mich erinnere, wenn ich an den Deutschunterricht zurückdenke.

In Dilsberg finde ich eine englische Übersetzung der »Judenbuche« online und kann die gesamte Novelle an einem Nachmittag lesen, sodass ich mir von Anfang bis Ende ein

Bild von ihr machen kann, wie ein Landschaftspanorama. Jetzt bin ich davon beeindruckt, wie das mehrdeutige Ende uns dazu einlädt, alles zu hinterfragen, was uns die ganze Zeit erzählt wurde. Liest man es auf die eine Weise, handelt es sich um eine herkömmlich erzählte Geschichte über die Macht eines verfluchten Baums, Rache zu üben; liest man es auf die andere Weise, ist es eine Geschichte über ein Volk, das aufgrund von Vorurteilen von der übrigen Gesellschaft ausgeschlossen ist und gezwungen wird, seine eigene Form der Gerechtigkeit zu finden. Ich bin mir immer noch nicht sicher, welche Interpretation die Autorin beabsichtigt hat.

Mich beeindruckt auch der Umstand, dass das Buch mit der Rückkehr einer Figur endet, die möglicherweise für ein Verbrechen verantwortlich ist – oder auch nicht. Bedeutet ihre Rückkehr die Akzeptanz von Schuld und der unausweichlichen Konsequenzen, egal, wie schrecklich sie auch sein mögen? Oder drückt sie einfach den Wunsch aus, zu seinen Wurzeln zurückzukehren? Dieser Wunsch mag erfüllt sein, wird aber gleichzeitig durch das Schicksal des Heimkehrers zunichtegemacht, der von seiner Dorfgemeinde nicht erkannt und anerkannt wird und hoch über dem Boden, über den Wurzeln des Baumes, in der Luft stirbt. Es gibt eine entfernte Parallele zu meiner eigenen »Geschichte« und meiner Rückkehr in ein Land, das Schauplatz eines Verbrechens ist; diese Rückkehr bedeutet ebenfalls eine Art von Akzeptanz, eine Anerkennung der Vergebung.

Als ich »Die Judenbuche« zum ersten Mal las, fühlte sich der Schauplatz im Wald für einen Teenager in London fremd und jenseitig an. Ich erinnere mich an nur einen echten Wald zu dieser Zeit: Burnham Beeches in der Nähe von Maidenhead und Slough, westlich von London. Hier standen riesige, uralte Bäume, aber es gab kein dichtes, schattiges Unterholz, vielmehr handelte es sich um einen lichtdurchfluteten Wald. Die Stämme dieser Buchen waren dick genug, um die lange hebräische Inschrift aus der »Judenbuche« aufzunehmen, und ihre glatte Rinde ließ die etymologische Nähe zwischen Buche und Buch leicht verstehen.

Buchenwald: ein Name, der für einen Ort steht, der mit Buchenwäldern nichts mehr zu tun hat, stattdessen beschwört er den Gedanken an Masseninhaftierung und Massenmord herauf. Was wie ein harmloses Wort wirkt, zieht einem plötzlich den Boden unter den Füßen weg und ruft andere Assoziationen hervor. Ich kann keine schriftliche Beschreibung eines Buchenwaldes lesen, ohne auch an alles erinnert zu werden, was das KZ Buchenwald repräsentiert.

Als wir »Die Judenbuche« in der Schule lasen, hat nie jemand den Antisemitismus im Text kommentiert. Unsere Lehrerin, die mit einem Kindertransport aus Deutschland nach England gekommen war (irgendwie wussten wir alle davon, ohne dass es jemals erwähnt wurde), saß im dunklen und staubigen Musikraum und hörte geduldig unseren Versuchen zu, die langen Sätze laut vorzulesen. Ich schrieb jedes neue Wort in mein Vokabelheft und achtete besonders auf das ß und die Umlaute, die mich mit ihren doppelten Punkten immer an einen Herzschlag erinnerten, der dem dichten (und oft undurchdringlichen) Gestrüpp der deutschen Wörter Leben einhauchte. Jetzt, wo ich an meinem Laptop sitze und bei jedem Öffnen eines neuen Programms einen Doppelklick auf die Maus mache, erinnert mich diese Handlung sowohl an die zwei Punkte als auch an Lisl, die mir damals im Krankenhaus liebevoll die Hand tätschelte.

Am Ende der »Judenbuche« steht die gleichnamige Buche allein auf einer Lichtung, alle anderen umstehenden Bäume wurden entweder legal oder illegal gefällt – nur sie wurde von der jüdischen Gemeinde »gerettet« und als Zeichen, Hinweis, Text verwendet.

In Frankfurt besuche ich das neu renovierte Jüdische Museum, das im ehemaligen Haus der Familie Rothschild am Main untergebracht ist und im Schatten verschiedener hoher Büro- und Bankentürme liegt. Das Museum besteht aus dem strahlend weiß getünchten Herrenhaus aus dem 18. Jahrhundert und einem modernen Gebäude daneben, und in dem Raum zwischen beiden steht die glänzende Aluminiumskulptur eines Baumes. Es ist ein Baum ohne Blätter, er hat für immer Winter. Auf seinen oberen Zweigen balanciert ein weiterer Baum in einem absurden Winkel, fast kopfüber und mit seinen sichtbaren Wurzeln hoch in der Luft. Dieser zweite Baum wird von demjenigen gehalten, dessen Wurzeln an ihrem richtigen Platz sind, so deute ich die Skulptur. Oder aber: Der zweite Baum wurde in seinem Fall aufgehalten und schwebt für immer in dieser Position, unfähig, zu landen und sich mit der Erde zu verbinden. Ich muss an Paul Celan und seine Luftwurzeln denken.

Hier im Stadtwald, Anfang 2021 und mitten während des zweiten Lockdowns, gehe ich jeden Tag spazieren. Automatisch folge ich meinem Weg, ich verlasse die Wohnung, gehe nach links, dann nach rechts und an der Straße entlang, die in einen Fußweg übergeht, der in den Stadtwald führt. Der Stadtwald ist vom städtischen Raum durch eine Eisenbahnbrücke getrennt, unter der ich hindurchgehen muss, um in den eigentlichen Wald zu gelangen. Der Betonträger dieser Brücke wurde mit chaotischen und farbenfrohen Graffiti beschmiert, ein Palimpsest aus Wort- und Bildschichten.

Doch jetzt, in diesem Winter, wird der Durchgang von einer Gruppe lokaler Fußballfans neu gestaltet. Spaziergänger haben sich versammelt, um die Männer zu beobachten, die in aller Ruhe und zielstrebig ihren Entwurf aufmalen. Anstelle von Homer Simpson auf LSD mit irren Augen ist nun ein riesiger schwarz-weißer Adler zu sehen, und das Wort »EINTRACHT« zieht sich über mehrere Meter und wird von Daten und Slogans flankiert. Diese Graffiti-Künstler verstehen ihr Handwerk, sie sind präzise und professionell. Sie haben ein Soundsystem aufgestellt, sie haben Leitern dabei. Die Arbeit wird im Laufe eines Wochenendes vollendet, und als sie fertig sind, hinterlassen sie kein Chaos, es gibt keine Farbkleckse, keine Anzeichen dafür, dass sie jemals hier waren – abgesehen von dem Wandbild selbst.

Der Adler ist das Symbol des hiesigen Fußballvereins. Einer der Slogans lautet in erstaunlich sauberen schwarzen Buchstaben: »Als sie die Ultras holten, habe ich geschwiegen. Als sie die Hools holten, habe ich geschwiegen. Als sie die normalen Fans holten, gab es keinen mehr, der protestieren konnte.« Dies ist eine »Adaption« des berühmten Widerstandsgedichts von Pastor Martin Niemöller: »Als die Nazis die Kommunisten holten, habe ich geschwiegen … Als sie mich holten, gab es keinen mehr, der protestieren konnte.«

Etwa zehn Minuten weiter steht eine weitere Eisenbahnbrücke im Wald, ebenfalls von Eintracht-Fans bemalt, diesmal mit riesigen Schlagringen. Ich fühle mich unwohl, wenn ich an dem vereinnahmten Niemöller-Spruch vorbeigehe, an dem riesigen Adler, an den Symbolen der Gewalt, an den rot-weiß-schwarzen Farben, bei denen ich an die Flagge des ehemaligen Reichs denken muss. Der Wald ist Hintergrund einer Zurschaustellung geworden, die gefährlich nahe an den Abgrund einer geächteten Ideologie zu führen scheint.

Wenige Gehminuten von der Eintracht-Brücke entfernt befindet sich das Haus der NaturFreunde Frankfurt. Es erinnert mich an eine Pfadfinderhütte, und wenn ich daran vorbeigehe, lese ich die Aushänge, die hinter der Glasfront angebracht sind. An prominenter Stelle steht: »Wir trauern um die Opfer der rassistischen Morde in Hanau. Wir unterstützen Antirassismus.« Darauf sind die Namen der Ermordeten aufgeführt: Gökhan Gültekin, Ferhat Unvar, Mercedes Kierpacz, Said Nesar Hashemi, Sedat Gürbüz, Fatih Saraçoğlu, Hamza Kurtović, Kaloyan Velkov und Vili Viorel Păun.

In den 1930er Jahren vereinnahmten die Nazis Berg- und Wandervereine, um zu zeigen, was es hieß, wahrhaft deutsch (und damit: nicht jüdisch) zu sein: sich mit der Landschaft verbunden und inmitten von Bergen, Wäldern und Bäumen zu Hause zu fühlen. Der einfachste Akt, ein Waldspaziergang, wurde durch die Ideologie verzerrt. Ich frage mich, ob es an diesem geschichtlichen Hintergrund liegt, dass die NaturFreunde die Morde von Hanau so deutlich verurteilen, warum sie das Bedürfnis verspüren, sich von Rassismus zu distanzieren.

In der Nähe des Stadtwaldes gibt es eine Unterkunft für Flüchtlinge und Asylbewerber, und ich überlege, was diese von dem Eintracht-Graffiti halten, ich hoffe, sie fühlen sich davon nicht bedroht. Man kann einen Baum anschauen und an nichts weiter denken. Man kann genauso gut ständig daran erinnert werden, dass einen der Aufenthalt im Wald nicht vor bestimmten Aspekten der deutschen Gesellschaft schützt.

Allerdings gibt es ein Problem mit den Bäumen in diesem Wald. Das wärmere und trockenere Klima der letzten Zeit hat ihre Wurzeln ausdörren lassen, sodass selbst relativ sanfte Windböen sie umstürzen können. Deshalb sieht man beim Spazierengehen häufig Baumstämme, die über Wege gefallen sind. Bäume, die einst fest mit der Erde verbunden waren, sind entwurzelt worden. Ihre Wurzeln sehen zu können, fühlt sich irgendwie falsch an, als würde ihr Geheimnis offenbart, gegen den Willen der Bäume. Ein Baum, der horizontal über einem Pfad liegt und mir den Weg versperrt, wirkt wie ein Satz, der mit einer dicken Linie durchgestrichen wurde. Worte, auf die ich keinen Zugriff mehr habe, ein Pfad, den ich nicht mehr beschreiten kann.

Der Philosoph Martin Heidegger behauptete, Juden seien »unfaßbar«, weil sie wurzellos wären. Die Fähigkeit der Juden, mit einer sich endlos entfaltenden Diaspora zurechtzukommen, indem sie von einem Land zum anderen zögen, verweigere laut Heidegger die Besonderheit eines bestimmten Ortes, und dies erschien ihm wie eine Zurückweisung der emotionalen Verbindung, die andere Menschen zu ihrer Heimat, ihrem Fleckchen Erde, empfanden. Ungeachtet dessen, dass deutsche Juden wiederholt ihre Loyalität zu ihrem Land demonstriert hatten, wurde sogar ihr Militärdienst von Heidegger geleugnet, als er behauptete, Juden hätten nicht gekämpft.

Ernst studierte Jura in Freiburg (an derselben Universität, an der Heidegger von 1933 bis 1934 Rektor war) und in Frankfurt. Von Mai 1919 bis Mai 1923 ist er zunächst in Freiburg und später in Frankfurt gemeldet, wo er seine Abschlussprüfungen absolvierte, die es ihm erlauben sollten, in Hessen zu praktizieren. Nach seinem Abschluss arbeitete er als Notar am Oberlandesgericht, der Landesjustizbehörde von Hessen. In dieser Rolle, die einiges an Autorität mit sich brachte und Vertrauen ausstrahlte, wurde von ihm verlangt, unparteiische Ratschläge zu Rechtsgeschäften zu erteilen (im Gegensatz zu Anwälten, die für ihre Mandanten tätig waren) sowie Dokumente zu entwerfen und zu beglaubigen. Vielleicht ließ er den Gedanken zu, seine Position in der Gesellschaft sei sicher und unantastbar. Damit war er nicht der Einzige, denn um 1930 war ungefähr ein Viertel aller deutschen Anwälte jüdisch (in Berlin fast die

Hälfte): Ein Personenkreis, dem lange Zeit der Zugang zur Justiz verweigert worden war, wie in der »Judenbuche« veranschaulicht, holte nun die verlorene Zeit auf.

Als ich versuche herauszufinden, was ein Notar genau macht, erfahre ich, dass er Zeuge bei der Unterzeichnung von Verträgen sein kann und dass er als Teil dieser Zeugenschaft den Vertrag laut und vollständig für die Unterzeichner vorlesen muss. Ich frage mich, ob dieser performative Aspekt seiner früheren Karriere Ernst in seinem späteren Leben als Lehrer zugutekam.

Im Deutschunterricht müssen wir uns nicht sonderlich bemühen, Wörter genau auszusprechen oder unseren Akzent zu minimieren; man hat uns gesagt, dass es für uns sowieso fast unmöglich sein wird, »authentisch deutsch« zu klingen. Es sei viel besser, sich auf die Grammatik und den Wortschatz zu konzentrieren. Wenn ich aber einen Satz vorlese und mir bewusst wird, dass ich ein Wort besonders schlecht ausgesprochen habe, wiederhole ich es trotzdem manchmal. Und in einer Unterrichtsstunde spricht unsere Lehrerin mit uns über den »Ton«. Sie weist darauf hin, dass in einem deutschen Satz oder Nebensatz nur ein Wort in einer lauteren und leicht höheren Tonlage betont wird und dass der Rest der Wörter gleichmäßig und konsequent intoniert werden sollte. Sie bittet uns, darüber nachzudenken, während wir reihum einen Satz vorlesen. Keiner von uns kann es. Wir alle, egal, ob wir aus England/Schottland, Indien, Serbien oder Russland stammen, sprechen mit zu viel Schwung und Variation in Ton und Stimmlage. Wir alle scheinen mehrere Wörter betonen zu wollen, auf einer Tonleiter auf und ab zu wippen. Wir versuchen es immer wieder. Wir schaffen es trotzdem nicht.

Ernst arbeitete in den 1920er und 1930er Jahren als Anwalt und Notar. Im April 1933 verlangten die Nazis von allen jüdischen Anwälten, einen Antrag auf Wiederzulassung zum Anwaltsberuf zu stellen; nur diejenigen, die schon entweder vor 1914 im Beruf oder Frontkämpfer gewesen waren, hatten damit Erfolg, die anderen verloren ihre Lebensgrundlage. Der hohe Anteil jüdischer Frontkämpfer in der Anwaltschaft war offenbar eine große Überraschung für diejenigen, die für die Durchführung dieses Verfahrens verantwortlich waren.

Dieser Schutz für Veteranen war eine Forderung von Präsident Hindenburg gewesen, der das deutsche Heer während des Ersten Weltkriegs geführt hatte und damit den Einsatz früherer Soldaten ehren wollte. Aber 1934 starb Hindenburg, und bis 1935 verloren auch die jüdischen Frontkämpfer jeglichen Schutz. Im September desselben Jahres traten die Nürnberger Gesetze in Kraft, um »deutsches Blut und deutsche Ehre« zu schützen; infolgedessen durften Juden nicht mehr in Partnerschaften mit oder in Unternehmen von Nichtjuden arbeiten und konnten auch keine Nichtjuden mehr beschäftigen oder heiraten. Jüdische Studenten wurden vom Jurastudium, dem Studium der Zahnmedizin und der Medizin und anderen Berufen ausgeschlossen.

In Edinburgh, wenn der Herbst dunkle Abendhimmel bringt, steigt Orion, der Jäger, südlich von unserem Haus auf. Er ist zu sehen, wenn ich von der Arbeit nach Hause komme, und so assoziiere ich dieses Sternbild immer mit den Dächern der Nachbarn. Diese Verbindung zwischen Orion und unserer Straße ergibt physikalisch keinen Sinn, aber das Bild in meinem Kopf ist so klar, dass ich es selbst hier in Deutschland abrufen kann.

Tatsächlich ergibt diese Verbindung nicht mehr oder weniger Sinn als Orion selbst, der natürlich weder ein Jäger noch eine kohärente, aus derselben ursprünglichen Staubwolke entstandene Sternengruppe ist (anders als die Hyaden oder Plejaden). Vielmehr handelt es sich um eine zufällige Ansammlung, die wir als Schultern, Gürtel und Beine identifizieren. Die einzelnen Sterne sind teilweise bis zu Hunderte Milliarden Kilometer voneinander getrennt, und Bewohner von Planeten, die um sie kreisen, könnten »Orion« nicht sehen. Orion ist das Ergebnis einer zufälligen Sichtlinie und nichts weiter, ein Beispiel dafür, dass wir zufälligen Anreihungen zu viel Bedeutung beizumessen pflegen. Aber Orion hat seinen Nutzen. Er ist ein leicht zu findender Orientierungspunkt für einen Himmelsabschnitt und eine Fundgrube für Legenden; viele, viele verschiedene Kulturen erzählen Geschichten über Orion, auch weil er nahe dem Himmelsäquator liegt (der Projektion des Erdäquators auf den Himmel) und deshalb von fast jedem bewohnten Land aus sichtbar ist.

Als ich Quasare erforschte, sah man sie als unglaublich leuchtstarke Zentren sehr entfernter Galaxien an, wobei davon ausgegangen wurde, dass ihre enorme Strahlungsabgabe in jedem Wellenlängenbereich von Radio bis Röntgen (mit optischen Wellenlängen irgendwo dazwischen) von einem supermassiven Schwarzen Loch und einer sich darum drehenden Akkretionsscheibe aus erhitztem Gas erzeugt wird. Eine »gewöhnliche« Galaxie leuchtet aufgrund ihrer Sterne, während Galaxien mit Quasaren diese zusätzliche Komponente aus Schwarzem Loch und Akkretionsscheibe haben. Weil Quasare so leuchtstark sind, überstrahlen sie das Licht ihrer »Wirtsgalaxien«, was bedeutet, dass sie punktförmig oder sternförmig erscheinen (daher ihr alternativer Akronym-Name: QSO oder »quasistellare Objekte«).

Die erste Identifizierung von Quasaren als kosmologische Objekte gelang 1963 dem niederländisch-amerikanischen Astronom Maarten Schmidt, und bald wurde klar, dass andere Galaxien mit ähnlichen ungewöhnlichen Merkmalen möglicherweise mit ihnen verwandt sind. Heute gibt es den Oberbegriff »Aktive Galaxienkerne« (AGN; active galactic nucleus), der sich auf einen verwirrenden »Zoo« (dieser Begriff wird häufig in der wissenschaftlichen Literatur verwendet) verschiedener beobachteter Eigenschaften dieser Objekte bezieht.

Viele Astronomen beschäftigen sich damit, wie all diese sehr unterschiedlichen beobachtbaren Eigenschaften von AGNs mit ihren intrinsischen Eigenschaften zusammenhängen könnten. Mit anderen Worten: Was wir sehen, ist irgendwie mit dem verbunden, was wirklich da ist, aber die Verbindung zwischen beidem ist komplex. Die intrinsischen Eigenschaften werden als ein Schwarzes Loch angesehen, das von einer Akkretionsscheibe aus superheißem Gas umgeben ist, die wiederum von einem Torus aus kühlerem Gas und Staub umgeben ist (astronomischer Staub ist nicht das, was sich unter Betten findet; der Begriff beschreibt Moleküle und größere Partikel). Was wir von einem solchen Objekt sehen können, könnte durch den Winkel beeinflusst werden, aus dem heraus wir es betrachten – ein Sichtlinien-Effekt. So könnten zwei Objekte erscheinen, als würden sie sich sehr voneinander unterscheiden, obwohl wir sie einfach nur aus verschiedenen Blickwinkeln sehen.

Die Klassifizierung astronomischer Objekte ist wichtig, weil sie Hinweise auf die ihnen innewohnende Natur liefern kann. Dem liegt die Annahme zugrunde, dass die Klassifizierung eine streng objektive und wiederholbare Aktivität ist und nicht durch Befangenheiten der Astronomen verzerrt wird. Aber diese Annahme hat sich als falsch erwiesen, und Klassifizierung kann mit Unsicherheit und Kontroversen behaftet sein. Das offensichtlichste Beispiel ist Pluto; der vormals neunte Planet im Sonnensystem wurde zuerst 1930 von Clyde Tombaugh entdeckt, aber nach einer langen Debatte innerhalb der Internationalen Astronomischen Union wurde sein Status 2006 herabgestuft, und jetzt ist er offiziell ein »Zwergplanet«, kleiner als viele der Jupitermonde.

Der grundlegende Unterschied zwischen Sternen und Planeten besteht darin, dass Erstere (wie die Sonne) ihr eigenes Licht durch Kernfusionsprozesse erzeugen, während Letztere (zum Beispiel die Planeten in unserem Sonnensystem) nur zu sehen sind, wenn sie dieses von einem nahen Stern stammende Licht reflektieren. Doch dann gibt es eine Klasse kleiner, dunkler Sterne namens Braune Zwerge, die eine Stellung zwischen diesen beiden Objektarten einnimmt. Jedes Mal, wenn wir kategorisieren, durchkreuzt etwas unseren Versuch, klare Grenzen zu ziehen.

Im Sommer 1993 schrieb ich meine Doktorarbeit. Lisl war im Herbst davor gestorben, und ich fühlte mich, als hätte man mir den Boden unter den Füßen weggezogen und als würde ich fallen und fallen, ohne dass mich etwas auffangen könnte. Alles, was ich tun konnte, war weiterzuarbeiten, jeden Morgen zum Observatorium zu gehen, den Hügel zu meinem Büro hinaufzusteigen, wo ich den Tag damit verbrachte, die Spektren von Quasaren zu betrachten, die Wellenlängen jedes Elements zu notieren und zu messen, das einst Licht von diesen Objekten ausgestrahlt hatte: Wasserstoff, Sauerstoff, Calcium, Kohlenstoff. Die Vorläufer unserer Knochen.

Gegen Ende meiner Dissertation erhielt ich eine befristete Stelle an einer astronomischen Fakultät in London, wo ich meine Forschung über Quasare fortsetzen konnte. Einige Monate später äußerte ein anderer Astronom mir gegenüber, ich hätte die Stelle nur bekommen, weil der Leiter der betreffenden Abteilung ebenfalls Jude sei. Ich versuchte, dem logisch zu begegnen, indem ich argumentierte, dass keine der Personen, die mich interviewt und die Entscheidung über meine Einstellung getroffen hatten, jüdisch gewesen sei, aber ich war tatsächlich wie vor den Kopf geschlagen; dieser hochgebildete Mann, der in der Lage zu sein schien, objektive Argumente auf die Fragen des Universums anzuwenden, war einer der üblichen, bösartigen antisemitischen Tropen erlegen: der mächtigen jüdischen Kabale. Er machte sich nicht die Mühe, diese Behauptung mit Beweisen zu untermauern, aber das hielt ihn nicht davon ab, sie aufzustellen, und ich merkte, dass ich hier mit Logik oder Vernunft nicht weiterkam. Zugleich war ich auch verwirrt darüber, wer ich eigentlich war. Sah man mich als »Jüdin«? War das für meine Kollegen mein prägendes Merkmal?

Die Definition eines Quasars ist relativ einfach: Der wesentliche Faktor ist das Vorhandensein eines supermassiven Schwarzen Lochs im Zentrum einer ansonsten gewöhnlichen Galaxie. Ob man die Auswirkungen dieses Schwarzen Lochs auf seine Umgebung tatsächlich sehen kann, ist eine andere Sache, denn diese könnten für uns unsichtbar sein.

Ist das mit dem Jüdischsein so ähnlich? Etwas in mir, das vielleicht sichtbar ist, vielleicht aber auch nicht? Und wer ist eigentlich jüdisch? Das ist unterschiedlich, je nachdem, wer die Definition vornimmt.

Die gängigste kulturelle und soziale Definition besagt, dass jemand jüdisch ist, weil seine Mutter es ist. Damit weicht man dem Problem aus und verlagert es einfach in die Geschichte zurück.

Die Nürnberger Gesetze von 1935 definierten eine Person als jüdisch, wenn sie drei oder vier jüdische Großelternteile hatte. Diese Einstufung war dauerhaft; einmal definiert, war es unmöglich, ein Nicht-Jude zu werden, selbst wenn man zum Christentum konvertierte. Eine jüdische »Rasse« war geschaffen worden.

Oder es ist eine Frage der Praxis: Eine Person ist jüdisch, wenn sie der Thora folgt und die Mizwot einhält, das heißt die Gesetze, die sich auf das Verhalten im täglichen Leben beziehen und die Definitionen für koscheres Essen und koschere Kleidung sowie die Anforderungen an das Gebet, die Einhaltung des Shabbats und so weiter enthalten.

Ein Teil der Antwort ist in unsere Körper eingeschrieben; jüdische Männer werden beschnitten, um den Bund mit Gott, den Abraham als Erster geschlossen hat, immer wieder zu erneuern. Noch tiefergehend: In unserer DNA befinden sich Gene, die häufiger von jüdischen Personen geteilt werden. Am bekanntesten ist vielleicht die genetische BRCA-Variante, die eng mit einer Form von Brustkrebs verbunden ist und bei Frauen aschkenasischer Abstammung viel häufiger vorkommt als in der Gesamtbevölkerung. Aber die DNA liefert keine eindeutige Antwort, es gibt kein Gen, das Juden von Nicht-Juden unterscheiden kann. Und selbst wenn es eins gäbe, sollte die Frage wirklich mit einem solchen materialistischen, essentialistischen Argument beantwortet werden, das jegliche Autonomie leugnet?

Es ist klar, dass es sich überschneidende Definitionen gibt, die sich auf die Vorfahren, das tägliche Leben und häusliche Praktiken sowie auf unsere Körper beziehen. So, wie die Sternbilder aus Sternen in unterschiedlichen Entfernungen und Zeitaltern bestehen, verkörpern wir Juden eine Mischung aus eisenzeitlichen Bräuchen und Nahrungstabus sowie aufklärerischen Einstellungen zu individueller Moral.

Ironischerweise – oder tragischerweise – fanden die Juden in Deutschland heraus, wie sie die Quadratur des Kreises schaffen konnten, wie sie den jüdischen Gott verehren und gleichzeitig ein loyaler Untertan des Staates zu sein vermochten. Der Philosoph Moses Mendelssohn riet den Juden im 18. Jahrhundert: »Schicket euch in die Sitten und in die Verfassung des Landes, welches ihr versetzt seid; aber haltet auch standhaft bei der Religion eurer Väter. Traget beider Lasten, so gut ihr könnet!«

In der Folge begann sich Mitte des 19. Jahrhunderts in Deutschland eine rationalere Form des Judentums (bekannt als »liberales Judentum«) durchzusetzen, als die Juden neue weltliche Rechte erhielten. In den liberalen Synagogen beteten die Menschen nicht mehr für die Wiederherstellung des jüdischen Staates, da ihre neuen deutschen Staatsbürgerschaften diese Hoffnungen teilweise zu erfüllen schienen. Wenn sie sicher sein konnten, ihre Religion ausüben zu können und gleichzeitig endlich als Deutsche akzeptiert zu werden, dann wirkte der Wunsch nach Zion nicht mehr so drängend. Vielleicht war es möglich, die scheinbar endlose Diaspora, die unaufhörliche Bewegung der Juden von einem Ort zum anderen, der Geschichte zu überlassen.

Es war dieser Pakt zwischen dem Judentum und dem entstehenden deutschen Nationalstaat, den die Nürnberger Gesetze zerstörten. Einige Monate nach ihrer Einführung muss Ernst beschlossen haben, zum ersten Mal nach England zu reisen.

DIE BÜROKRATIE

Um mehr über Ernst zu erfahren, bietet sich das Hessische Staatsarchiv an. Ich gehe auf die Website des Archivs und öffne die Suchmaschine für die Datenbank. Da ich von Natur aus ungeduldig und unmethodisch bin, mache ich mir nicht die Mühe, die Anleitung zu lesen, wie man eine richtige Suche durchführt, sondern gebe einfach Ernsts Daten ein und hoffe das Beste. Überraschenderweise funktioniert es, und das Archiv identifiziert eine relevante Datei. Ja, das muss er sein, der hier erwähnte Mann hat das gleiche Geburtsdatum wie Ernst. Die Datei enthält nicht nur Informationen über ihn, sie ist auch nach ihm benannt. Wie ich erfahre, gibt es eine ganze Akte, die ihm gewidmet ist, aber der Inhalt ist nicht online verfügbar, ich muss ins Archiv gehen, um sie zu lesen.

Die Kategorie dieser Art von Akten heißt Devisenakte; wenn jüdische Menschen nach 1933 versuchten, das Land zu verlassen, mussten sie eine Dego-Abgabe zahlen, eine Abgabe an die Deutsche Golddiskontbank, um ihr eigenes Hab und Gut mitnehmen zu können. Die Höhe dieser Abgaben hing vom Wert der Gegenstände ab und stieg von 1933 bis 1939 so rapide an, dass die Juden schließlich sechsundneunzig Prozent des Wertes zahlen mussten. Diese Steuer war bereits vor der Machtübernahme der Nazis im Jahr 1933 eingeführt worden und sollte ursprünglich verhindern, dass sehr reiche Menschen ihr Vermögen dem Zugriff der deutschen Steuerbehörden entzogen. Nach 1933 wurde sie für die Nazis eine bequeme Möglichkeit, jüdischen Menschen, die vor der Verfolgung zu fliehen versuchten, Geld abzunehmen, unabhängig davon, wie viel – oder wie wenig – sie besaßen.

Ich fahre nach Wiesbaden, nachdem ich am selben Tag eine meiner zahlreichen Blutuntersuchungen hatte. Mein rechter Unterarm fühlt sich an, als hätte ich eine Prellung. Das Archiv ist nur zehn Minuten zu Fuß vom Bahnhof entfernt, aber es ist ein steiler Weg den Hügel hinauf. Ich komme an eleganten Wohngebäuden vorbei und erreiche das Archiv, ein dunkles, gedrungenes, kompliziertes Gebäude, bei dem ich den Eingang erst suchen muss. Nachdem ich endlich hineingefunden habe, werde ich in den Lesesaal geführt. Hier findet sich eine Mischung aus Studierenden, die vielleicht für ihre Doktorarbeit recherchieren, und vielen älteren Leuten, die möglicherweise über ihre Familien forschen. Ein alter Mann, der in der Nähe sitzt, hat es sich gemütlich gemacht und ist von Stifthaltern voller Bleistifte, Kugelschreiber und Radiergummis umgeben. Jedes Mal, wenn er eine Seite umblättert, raschelt es. Eine Wendeltreppe führt vom Lesesaal hinauf zu einer geheimen Kammer.

Mir wird die Akte ausgehändigt, eine sepiafarbene Mappe mit sauber getuschter Handschrift: »Dr. jur. Ernst Goldschmidt«. Ich öffne sie, und wie erwartet ist es die Dokumentation der Verhandlungen zwischen Ernst und den Nazi-Behörden hier in Hessen, die ihm erlauben sollen, seine Besitztümer mit nach England zu nehmen.

Die erste Seite ist ein Brief vom 22. September 1938. Aber er ist nicht von Ernst, sondern von Louise, die bescheinigt, dass diese Besitztümer schon älter sind und nicht speziell für die Zwecke der Ausfuhr angeschafft wurden. Zu diesem Zeitpunkt scheint Ernst bereits offiziell nach England umgezogen zu sein, seine Adresse wird als *jetzt London* beschrieben. Louises schwarze Schrift befindet sich am unteren Rand dieser Seite:

Für Dr. Ernst Goldschmidt
Rosa Louise Goldschmidt geb. Merzbach
die Mutter

Ich blättere die Seite um und sehe eine Liste von Haushaltsgegenständen, eine Inventarliste. Im ersten Abschnitt sind Möbel aufgeführt, die ich wiedererkenne: Eckschrank, Sekretär, beides befindet sich jetzt in meiner Wohnung in Schottland. Für den Umzug eines Sofas, einer Matratze, einer Daunendecke und eines Tisches waren bereits 352 Reichsmark an Abgaben gezahlt worden. Es folgen weitere Seiten, auf denen noch mehr Haushaltsgegenstände detailliert aufgelistet sind:

Zwölf Weingläser
Zwölf Süßweingläser
Zwölf Limonadengläser
Zwölf Schnapsgläser
Zwölf Eisschalen
Zwölf Butterteller

Bettwäsche und Handtücher sind ebenfalls aufgelistet:

Neun Handtücher, farbiger Rand
Zwei Badetücher
Vier Topflappen
Ein Dutzend Gläsertücher

Die Anforderungen an diese Art von Verzeichnis waren in den einschlägigen Verordnungen festgelegt: »Es ist nicht erlaubt, im Verzeichnis Sammelbegriffe wie ›1 Wäschestück‹ zu verwenden. Vielmehr sind genaue Angaben erforderlich, wie z. B. 5 Tischtücher, 12 Küchentücher usw.«

Die Detailfülle ist überwältigend, und bei der Lektüre wirkt diese Liste (sie umfasst fast neun Seiten), als hätte man eine Scheidungsvereinbarung vor sich. Es handelt sich um den privaten Haushaltsbestand, und dieser wurde einzig und allein deshalb öffentlich gemacht, um das Recht auf Privatsphäre zu untergraben und diesen Menschen (das heißt Juden) kein Recht darauf zuzugestehen; jeder Aspekt ihres Lebens war den von den Nazis erlassenen Gesetzen unterworfen, selbst wenn diese Gesetze ganz offensichtlich idiotisch und vollkommen zwecklos waren.

Je mehr ich über die Gesetze der Nazis in den 1930er Jahren lese, desto mehr denke ich, dass die Nazis vom Innenleben der Juden besessen waren. Die zahlreichen antisemitischen Gesetze ab 1933, die sich mit dem Leben der Juden befassten, wirken wie ein perverses Verlangen, ihnen »nahe« zu sein, wie eine Art juristische Rassenvermischung. Die Nazis verbrachten offensichtlich sehr viel Zeit damit, über Juden nachzudenken und zu sprechen, Gesetze gegen sie zu entwerfen, Details über ihre Haushalte auszuarbeiten und ihr geraubtes Eigentum zu verteilen.

Auf einer Seite der Inventarliste ist das Silberbesteck aufgeführt, und ich bin überrascht zu lesen, dass es im Jahre 1922 gekauft wurde. Ich hatte angenommen, es befände sich seit Generationen in der Familie, aber das ist offenbar falsch. Ich frage mich, ob es in diesem Jahr der Hyperinflation gekauft wurde, um etwas von beständigem Wert zu haben.

Mir ist klar, und jedem, der dies damals gelesen hat, muss es ebenso klar gewesen sein, dass ein einzelner Mann nicht so viel Porzellan, so viele Vasen, Servietten, Butterdosen, Tischdecken, Wassergläser und so weiter brauchen konnte. Es ist die Liste des über Jahre angesammelten Familienbesitzes, die Bestandsaufnahme der Besitztümer seiner Eltern, die sich also ebenfalls auf die Auswanderung nach England vorbereiteten.

Dann sind da noch die Bücher. Jedes einzelne Buch, das Ernst nach England zu schicken plante, musste hier mit Titel und Autor aufgelistet werden. Es gibt eine fünfbändige Enzyklopädie der Rechtswissenschaft, eine Rechtsgeschichte, dreißig Bände Goethe, zwei Goethe-Biografien und Werke anderer deutschsprachiger Autoren: Lessing, Schiller, Hofmannsthal, Hauptmann, Kafka. Ebenso findet sich englische und amerikanische Literatur in Übersetzung: Upton Sinclair, Oscar Wilde, Thomas Hardy, Harriet Beecher Stowe, Radclyffe Hall, Rudyard Kipling, Walt Whitman, Alfred Tennyson. Mehrere Bände von Dostojewski und Tolstoi. Alte griechische und lateinische Grammatiken. Zwei Exemplare des deutschen Kinderbuchklassikers »Der Struwwelpeter«.

Es gibt Werke von H. G. Wells und den kurzen Essay »Daedalus« von J. B. S. Haldane, einem Biologen und populärwissenschaftlichen Schriftsteller aus der ersten Hälfte des 20. Jahrhunderts. Es gibt Bücher über englische Grammatik; vielleicht hatte Ernst bereits während seiner Zeit in Frankfurt begonnen, sich auf diesen Umzug vorzubereiten.

Rund achthundert Bücher sind hier auf zwölf Seiten aufgelistet, und nachdem ich alle Seiten durchgelesen habe, lehne ich mich zurück und ruhe meinen schmerzenden Arm aus. Der alte Mann seufzt, schiebt Papiere hin und her, und die Studentin hinter mir bespricht offenbar ihre Recherchen mit einem der Archivare.

Ich widme mich wieder der Akte. Nach dem Inventar folgen Briefe zwischen dem Anwalt, der im Namen von Ernst handelte, und den Behörden. Dieser Anwalt, ein Dr. Hans Marcus, wird in seinem Briefkopf als »Devisenberater für jüdische Auswanderer« beschrieben. Seit 1935 darf Ernst nicht mehr selbst als Anwalt arbeiten, er muss einen nicht jüdischen Anwalt beauftragen, in seinem Namen zu handeln. Vielleicht kannten sie sich bereits, vielleicht hatten sie in besseren Zeiten im selben Büro gearbeitet, zusammen in einem kleinen Gasthaus in der Nähe des Oberlandesgerichts gegessen, wo viele andere Anwälte saßen, Apfelwein tranken und verschiedene Aspekte ihrer Fälle diskutierten. Im Brief von Hans Marcus an das Devisenamt wird argumentiert, dass Ernsts Habseligkeiten alle alt seien und keine davon mit der Absicht erworben worden sei, sie in England zu verkaufen, daher sollten sie ihm umgehend zugeschickt werden.

Ich lese diesen Brief sehr langsam, versuche, ihn zu verstehen, und muss einige Wörter in meinem limitierten deutschen Wörterbuch auf dem Handy nachschlagen. Währenddessen frage ich mich, welche Motive Hans Marcus gehabt haben mochte, Ernst zu vertreten. Musste er diese Rolle ausüben, oder hatte er sich freiwillig bereit erklärt, für seinen ehemaligen Kollegen zu handeln? Wo genau lagen seine Sympathien?

Dann erreiche ich das Ende des Briefes, wo nach der Unterschrift ein Nachtrag steht: »PS: Herr Dr. Ernst Goldschmidt ist Frontkämpfer.«

Hans Marcus hält den Behörden vor Augen, dass Ernst ein Veteran des Ersten Weltkriegs ist. Er hat keine offizielle Immunität mehr vor den jetzt geltenden antisemitischen Gesetzen; diese endete 1935. Dennoch versucht Hans Marcus, diese wiederzubeleben, und erinnert das Devisenamt daran, dass Ernst Seite an Seite mit anderen deutschen Männern in den Schützengräben gekämpft hat. Dieser letzte Appell am Ende des Briefs zeigt mir, dass Herr Dr. Marcus wirklich alles versucht hat.

Es scheint nicht viel gebracht zu haben. Die Antwort des Devisenamtes lautet einfach: »Gegen Freigabe des Umzugsgutes bestehen keine Bedenken, sofern für die im Hinblick auf die Auswanderung gemachten Neuanschaffungen vom Antragsteller eine Dego-Abgabe gezahlt wird, die ich in

Höhe des sich nach den Rechnungen und geprüften Unterlagen ergebenden Wertes auf den Betrag von 360 RM festzusetzen vorschlage.« Die Behörden unterstellen meinem Großvater, Waren mit der Absicht zu verschiffen, sie später zu verkaufen, und diese unbegründete Anschuldigung ist vermutlich die juristische Rechtfertigung, die sie brauchen, um eine »Abgabe« zu erheben.

Ich lese weiter, und es scheint, als hätte Ernst dieses Geld nicht gehabt. Louise zahlte es im Dezember 1938 in seinem Namen, und die Akte enthält Kopien der Banküberweisung. Um dem Ganzen noch die Krone aufzusetzen, musste sie dieses Geld von einem Konto beim Bankhaus Hengst überweisen, dem früheren Bankhaus Merzbach, das ihrer Familie gehört hatte und jetzt (seit April 1938) »arisiert« worden war. Zugleich wirken 360 Reichsmark wenig im Vergleich zu dem, was andere jüdische Familien an das Devisenamt zahlen mussten. Vielleicht hatte Hans Marcus' Erinnerung an Ernsts Veteranenstatus doch seine Wirkung entfaltet. Die Akte schweigt darüber.

Ein paar Tage später gehe ich nach einem weiteren Arzttermin nach Hause. Auf beiden Seiten der Straße stehen Mietshäuser, die durch breite Grasstreifen vom Bürgersteig getrennt sind. Jede Wohnung hat einen Balkon mit Blick auf die Straße. Auf den Balkonen finden sich Geranienkästen, Wäsche zum Lüften und Plastikstühle; sie alle sind ungefähr gleich gebaut und unterscheiden sich doch sehr voneinander. Die Markisen der Balkone sind von der Sommersonne verblichen, aber heute, mitten im Winter, erscheint es unmöglich, dass wir jemals dankbar für den Schatten der Markisen sein werden. Der Himmel ist grau, was ich mit Großbritannien assoziiere, doch auch Frankfurt kennt trübe Wintertage.

Vor mir befindet sich ein großes Hindernis, fast so groß wie ich, das den Bürgersteig blockiert. Als ich näher komme, erkenne ich, dass es Möbel sind. Kein ungewöhnlicher Anblick, es scheint eine Frankfurter Spezialität zu sein, unerwünschte Haushaltsgegenstände auf den Bürgersteig vors Haus zu stellen und von der städtischen Müllabfuhr abholen zu lassen. Dieser Haufen aber ist etwas anderes. Es sind nicht nur ein paar unerwünschte Möbel, vielmehr handelt es sich offenbar um den gesamten ehemaligen Besitz einer Person. Nicht nur Möbel, sondern auch eine in ihre Einzelteile zerlegte Einbauküche. Daneben stehen Pappkartons mit altem Porzellan, Glaswaren, fleckigen Kochtöpfen, einem verbeulten Filzhut und einem aufgesprungenen Kosmetikkoffer, der den Blick auf das verspiegelte Innere und ein paar Lockenwickler freigibt. Eine Kiste mit angebrochenen Shampooflaschen und Haarspraydosen. Das gesamte Leben von jemandem ist auf dem Bürgersteig ausgebreitet und wartet darauf, zur städtischen Müllhalde transportiert zu werden.

Es wirkt überraschend ordentlich. Alle demontierten Regale, Betten und Tische sind feinsäuberlich gestapelt. Die Stühle sind zu wackeligen Türmen ineinander gestellt. Jemand hat sich offensichtlich Mühe gegeben, um nicht mehr Unordnung zu machen als eben notwendig. Alles zusammen bildet einen riesigen Würfel, eine komprimierte Version der Wohnung, in der sich die Sachen einst befunden haben müssen. Es ist, als hätte man den Ballon von jemandes Leben aufgestochen, die ganze Luft abgelassen und es auf das hier geschrumpft: abgesplittertes Furnier und fleckige Kissen.

Es erinnert mich an die Werke von Rachel Whiteread, es ist so dicht wie ihre Gipsarbeit »House« im East End von London und ebenso undurchschaubar. Was in einer Wohnung eindeutig wäre und sich leicht vergessen ließe, hat sich jetzt, durch das Zusammenstellen und Neuanordnen auf einem Bürgersteig, in ein Rätsel verwandelt. Ich umkreise es fasziniert und frage mich, was hier wohl passiert ist. Ist jemand gestorben, und der Vermieter hat einfach die Wohnung leer geräumt, um Platz für den nächsten Mieter zu schaffen?

Während ich Fotos mache, kommt ein Mann herüber und holt ebenfalls sein Handy heraus. Er hält es hoch und bedeutet mir ziemlich unhöflich, ich solle aus dem Weg gehen.

»Interessant, oder?«, sage ich, vielleicht etwas naiv.

»Interessant? Das ist scheiße! Einfach scheiße!«

Ich merke, dass er Beweisfotos macht. Jemand aus einer nahe gelegenen Wohnung erscheint auf dem Balkon, er hat ihn schreien hören und fängt an zurückzuschreien. Ich gehe weiter und lasse die beiden streiten.

Zwei Tage später ist alles verschwunden, als hätte es nie existiert. Aber ich habe meine Fotos. Natürlich erinnert mich das an die Liste von Ernsts Habseligkeiten; an etwas, das von Natur aus privat ist und auf einmal öffentlich gemacht wird. Aber es erinnert mich auch an meine kürzlichen Bluttests. Etwas, das drinnen sein sollte, wird mit viel Aufwand und Arbeit nach außen geholt. Etwas, das vollkommen akzeptabel ist, wenn es drinnen ist, wird nur wenige Meter entfernt nicht mehr als solches angesehen, weil es sich jetzt am falschen Ort befindet.

Ich habe Zugang zu anderen Aufzeichnungen. Fritz, der ältere Bruder, der keine Bar Mizwa haben konnte, war ebenfalls beim Offenbacher Bürgeramt registriert, was einen unerwarteten Einblick bietet. Dort steht, dass er bis 1909, als er dreizehn Jahre alt war, zu Hause bei seinen Eltern (und jüngeren Brüdern) lebte und dann ins weit entfernte Regensburg ging. Er lebte dort während des gesamten Krieges bis Oktober 1919, als er zu seiner Familie zurückkehrte. Es gibt keinen Hinweis darauf, was das für ein Ort in Regensburg gewesen sein könnte; ein Kinderheim, in dem er Hilfe mit seinen Behinderungen bekam?

Ich frage Vaters Cousine Doris, was sie über ihn weiß, und sie antwortet, dass ein Dienstmädchen Fritz als Kind habe auf den Kopf fallen lassen und er danach nie wieder derselbe gewesen sei. Aus irgendeinem Grund erscheint mir diese Geschichte als etwas zu bequem. Ein einziger Unfall? Vielleicht fiel dieser mit dem Beginn einer Krankheit oder eines Leidens zusammen.

Fritz lebte anschließend fast vier Jahre bei seiner Familie in Offenbach (es war die Zeit, als Ernst zum Studium in Freiburg war), bevor er 1923 wieder wegging. Diesmal in den Norden, nach Bielefeld, um in einer Anstalt der Bethel-Stiftung betreut zu werden. Diese Stiftung existiert noch immer; sie ist ein von der christlichen Religion geprägtes Zentrum, das sich um Menschen mit Epilepsie und Lernbehinderungen kümmert und ihnen Wohnraum, Bildung und Unterstützung bietet.

Die Bethel-Stiftung in Bielefeld befand sich (und befindet sich immer noch) nicht weit von Bellersen, dem ursprünglichen »Dorf B.«, dem Schauplatz der »Judenbuche«. Aber Fritz' Aufenthalt hier war eine positivere Interaktion zwischen jüdischer und christlicher Kultur in diesem Teil Deutschlands. Die Tatsache, dass Fritz dort unterkam, belegt, dass die Verantwortlichen nicht per se antisemitisch waren und dass auch seine Eltern, Louise und Hermann, keine Einwände gegen sein Leben unter praktizierenden Christen erhoben hatten. Beides zeigt, wie deutsche Juden zu dieser Zeit in der Gesellschaft integriert waren.

Ich lese auf der Website von Bethel über deren Geschichte, wie die Stiftung Mitte des 19. Jahrhunderts gegründet wurde, erfolgreich wuchs und vielen Menschen Schutz bot.

Es freut mich so sehr, dass ich Fritz an diesem Ort ausfindig gemacht habe, dass ich die Bethel-Stiftung anschreibe und um Informationen bitte, die sie möglicherweise noch über ihn haben.

Die Antwort schockiert mich. Alle ihre Patientenakten werden üblicherweise nach dreißig Jahren vernichtet, und die einzige Information, die sie noch haben, bezieht sich auf eine Operation von Fritz im Februar 1936. Diese Operation sollte Fritz jedoch nicht von einer Krankheit heilen oder ihm helfen, sich von einem Unfall zu erholen. Nein, es handelte sich um eine Zwangssterilisation, da Fritz unter das »Gesetz zur Verhütung erbkranken Nachwuchses« fiel.

Das Gesetz war im Juli 1933 verabschiedet worden und im Januar 1934 in Kraft getreten. Es galt für Menschen mit geistigen oder körperlichen Behinderungen. Die Informationen, die ich von Bethel über Fritz erhalte, beinhalten ein Foto des relevanten Eintrags: eine handschriftliche Zeile, die mir das Datum der Operation selbst und das Datum eines Berichts an das Erbgesundheitsgericht mitteilt, das die Aufgabe hatte, den Prozess zu überwachen. Es ist eine erschreckende Erinnerung an die Macht des Regimes, mit der es nicht nur in das gesellschaftliche Leben der Menschen, sondern auch in ihre Körper eingegriffen hat, und es war ein Vorläufer der Aktion T4, dem Massenmord an Hunderttausenden von Deutschen mit geistigen oder körperlichen Behinderungen.

Ich hatte mir eine Stiftung vorgestellt, die ihre schutzbedürftigen Bürger irgendwie vor dem Schlimmsten des nationalsozialistischen Regimes zu schützen vermochte. Ich erwähne dies nur als Beispiel dafür, wie leicht es ist, bei solchen Dingen endlos naiv zu sein, selbst wenn man sich bereits über vieles informiert hat.

Wie der Eintrag zu Fritz zeigt, wurden die Patienten bereits 1936 körperlich verletzt und im Zuge der nationalsozialistischen Rassegesetze misshandelt.

Das Etikett der »erblichen Krankheit«, das Fritz angeheftet wurde, widerspricht natürlich der Familiengeschichte, dass er als Kind auf den Kopf gefallen ist. Wahrscheinlich ist beides nicht wahr, aber die Familiengeschichte war ein Versuch, von der Möglichkeit abzulenken, dass sein Zustand angeboren sein könnte (und damit auch Ernst und den dritten Bruder Robert betraf) und mit der Familie selbst zusammenhing. Es war schwer genug, jüdisch zu sein, ohne sich mit noch weiteren Vorwürfen auseinandersetzen zu müssen. Es war viel einfacher, einem Unfall die Schuld zu geben, der von einem Dienstmädchen, also jemandem außerhalb der Familie, verursacht worden war.

Nach seiner Operation lebte Fritz noch bis Dezember 1938 in Bielefeld. Danach kehrte er vermutlich nach Offenbach zurück, weil sich die Familie dort darauf vorbereitete, zu Ernst nach England zu ziehen. Sie lebten noch immer über der

Bank, doch jeden Tag, wenn sie ihre Wohnung betraten oder verließen, hatten sie das neue Schild »Bankhaus Hengst« vor Augen. Sie wurden daran erinnert, was sie verloren hatten und dass dieser Diebstahl vom neuen Regime nicht nur sanktioniert, sondern vielmehr gefordert worden war.

Dezember 1938, einen Monat nach den Novemberpogromen: Tausende von Synagogen in Deutschland und Österreich waren zerstört worden, und die Nazis zwangen die jüdischen Gemeinden, für die anschließenden Aufräumarbeiten zu bezahlen. Die Wohnung selbst wäre für die Familie der sicherste Ort gewesen, jetzt, da es auf den Straßen nicht mehr sicher war, aber die Wohnung stand voller Umzugskisten, sie wurde gerade sowohl physisch als auch emotional ausgeräumt.

Die Liste der Gegenstände in der Devisenakte ist lang und beeindruckend optimistisch. Diese Menschen werden nicht mit leichtem Gepäck reisen; sie nehmen ihre Buttermesser und ihre Zuckerzangen und ihre Käseteller und ihre Obstteller mit. Ich zähle insgesamt achtundvierzig Servietten. Dennoch muss sich von vielem getrennt werden; es gibt nirgends Erwähnungen von Kinderspielzeug, Fotoalben oder anderen Erinnerungsstücken aus glücklicheren Tagen. Es gibt allerdings ein einzelnes Kinderbesteck. Und ein Ururgroßmutterporträt. Merkwürdigerweise gibt es auch keine Erwähnung irgendeiner Art von praktischem Gerät; auf all den Seiten voller Geschirr gibt es nichts, was sich tatsächlich auf das Zubereiten oder Kochen von Speisen bezieht. Keine Töpfe oder Pfannen oder Auflaufformen oder Schneebesen oder Siebe oder Pfannenwender.

Noch etwas fehlt: Die Liste der Vasen und Meissener Porzellanfiguren und anderem Zierrat enthält keine Kerzenhalter, was bedeutet, dass es keine Menora gibt – den vielarmigen Leuchter, der für das jüdische Leben und die Kultur symbolisch ist. Tatsächlich deutet in dieser langen Liste von Familienhabseligkeiten nichts darauf hin, dass sie jüdisch sind. Vielleicht hatten sie nie etwas oder hatten solche Gegenstände zerstört oder versteckt, als die Nazis an die Macht kamen. Nur unter den Büchern von Ernst ist ein kleiner Hinweis zu finden: zwei Werke von Martin Buber, der über Mystik im Judentum schrieb, dazu ein hebräisches Gebetsbuch. Es gibt auch mehrere Reiseführer über Gegenden in Deutschland und eine Karte von Berlin. Vielleicht hoffte Ernst zu diesem Zeitpunkt noch, dass der Umzug nur vorübergehend sein würde.

Irgendwann müssen sie erkannt haben, dass Hermann zu krank war, um die Reise nach England anzutreten. Dann muss es zu einer Frage des Wartens geworden sein, zu dem Versuch, den zunehmenden Schrecken der Außenwelt auszublenden, während Hermann gepflegt wurde. Louise hätte ihn nicht verlassen, und Fritz konnte ohne sie nicht gehen.

Ernst kehrte im September 1938 zurück, um in der Familienwohnung in Offenbach das Inventar seiner Bücher zu erstellen. Oben auf der ersten Seite mit den Büchern steht: »Für Dr. Ernst Goldschmidt, früher Frankfurt, Schumannstr. 10, jetzt London«. Das steht dort in schwarzen Buchstaben, vielleicht später von seiner Mutter getippt, als sie diese Liste zum Inventar des Haushalts hinzufügte.

Ich kann mir vorstellen, wie Ernst die Bücher aus den Regalen nimmt und zwischen den Stapeln sitzt, während er jeden Titel und Autor eintippt, nur er und die Schreibmaschine und die Bücher. Die Liste der Bücher hat keine erkennbare Reihenfolge; er muss einfach so schnell wie möglich seine Regale durchgegangen sein. Er hat wohl nur wenige Tage in Frankfurt und Offenbach gehabt, um die notwendigen Vorkehrungen zu treffen, bevor er nach London zurückkehrte. Am 6. September war er wieder in England, und die Liste wurde am 22. desselben Monats dem Devisenaktenbüro vorgelegt.

So wird eine Familie, ein Haushalt, eine kleine Welt auf ihre Bestandteile reduziert – wie der Kern eines bisher stabilen Atoms, das aufbricht und in verschiedene Richtungen auseinanderfliegt, wenn es einer überwältigend zerstörerischen Energie ausgesetzt wird.

Hermann starb am 22. April 1939, Louise und Fritz müssen Mitte Mai abgereist sein, im Bürgeramtsregister steht, dass sie am 17. Mai »nach London« gingen.

Ich stelle mir den Ort vor, der einst ihr Zuhause war. In der Wohnung über der Bank führt unbarmherzig ein leerer Raum zum nächsten, die Schränke beherbergen nichts als Dunkelheit. Staub setzt sich auf den Regalen ab, und das Sonnenlicht bewegt sich von Dielenbrett zu Dielenbrett. Unten gehen die Leute in die Bank hinein und wieder hinaus, und wenn sie draußen sind, wenden sie den Blick von der Wohnung ab, deren Fenster nun keine Vorhänge mehr haben.

Offenbach schüttelte seine Juden ab, als hätten sie nie dort gelebt, nie Straußenfedern importiert, um modische Damenhüte zu schmücken, oder feines Silber graviert oder eine der ersten elektrischen Straßenbahnen in ganz Deutschland finanziert oder eine Synagoge gebaut, aus deren Halle jeden Shabbatmorgen der Glanz der größten und lautesten Orgel in diesem Teil der Welt zu hören war: die anschwellende Musik, der singende Chor. Als ob niemand eine Druckerei eingerichtet und Notenblätter von Wagners beliebten Opern verkauft hätte oder einen speziellen Lockenstab patentiert oder das köstlichste Marzipan verkauft oder die weichsten Lederhandschuhe genäht, die jemals getragen wurden. Als die Offenbacher Juden verschwanden, verschwanden auch all diese kleinen Aspekte des Lebens, an die sich die Menschen gewöhnt hatten. Und niemand erwähnte sie mehr. Niemand erwähnte die Tatsache, dass das neue Kino der Stadt in Wirklichkeit die alte Synagoge war und dass man, wenn man beim Betreten des großen Auditoriums genau hinsah, vielleicht noch die Brandspuren sehen konnte, dort, wo die heiligen Schriftrollen der Thora in jener Höllennacht am 9. November 1938 in Brand gesteckt worden waren.

Die Wohnung der Familie, zusammen mit dem Rest der Bank, die das Bankhaus Merzbach gewesen war und dann das Bankhaus Hengst wurde, wurde 1944 von den alliierten Streitkräften bombardiert. Zusammen mit einem Großteil des Zentrums von Offenbach wurde das Gebäude vollständig dem Erdboden gleichgemacht, abgesehen von den Tresoren der Bank, die wie zwei Metallobelisken in den Ruinen stehen blieben, das arisierte Äquivalent von Shelleys »Ozymandias«: »Seht meine Werke, Mächt'ge, und erbebt!«

Vielleicht gelang es Ernst, Louise und Fritz abzuholen, als sie in Harwich ankamen, und er konnte sie nach London begleiten. Beide mussten sich als Ausländer bei der Polizei melden.

Und dann stand Fritz noch eine weitere Reise bevor: Er fand in der Grafschaft Shropshire (nahe der englischen Grenze zu Wales) in einer »Sonderschule« namens Petton Hall einen Platz zum Leben. Ich stelle mir vor, wie er und Ernst im Zug von Paddington sitzen, auf einer langsamen Reise in die nächstgelegene Stadt Shrewsbury. Ernst und Fritz hatten seit ihrer Kindheit kaum zusammengelebt; Fritz wurde zum ersten Mal weggeschickt, als er dreizehn Jahre alt war, und bevor er mit dreiundzwanzig zurückkehrte, verließ Ernst das Elternhaus, um zu studieren. Und jetzt finden ihre unterschiedlichen Leben plötzlich in diesem engen Zugabteil zusammen, das nach abgestandenem Zigarettenrauch und alten Bacon-Sandwiches riecht.

Zwei Männer mittleren Alters sitzen einander gegenüber und blicken vielleicht auf die ungewohnte Landschaft hinaus. Andere Menschen betreten und verlassen das Abteil, ein Pfarrer, ein Soldat, ein Hausmädchen. Eine Frau mit zu einem straffen Dutt frisierten Haaren setzt sich ein kleines Mädchen auf den Schoß, das Ernst und Fritz anstarrt. Ernst wäre es lieber, wenn Fritz nicht sprechen würde, da er nur Deutsch spricht. Um Fritz oder sich selbst abzulenken, zeigt Ernst vielleicht stumm auf die Welt dort draußen: eine getigerte Katze, die lässig auf einem Zaun balanciert, eine Wäscheleine mit Socken, die alle in dieselbe Richtung zeigen. Ein kräftiges Pferd zieht einen mit Kohlesäcken überladenen Karren. Für Fritz ist das alles sehr neu und anstrengend, und er schläft bald ein, da ihn seine Medikamente schnell müde machen, was Ernst erleichtert. Die letzten Tage, Wochen, Monate waren erschöpfend. Jetzt können sie sich vielleicht niederlassen und innehalten. Ausatmen.

Dann wären Fritz und Ernst mit einem Taxi vom Bahnhof in Shrewsbury zur Schule gefahren. Als Ernst die Schule wieder verlässt, ihre schicken viktorianischen Türmchen im Rücken, denkt er, die Aufgabe sei erledigt, sie drei seien so sicher, wie sie nur sein können. Er lässt zu, dass er im Zug zurück nach London wegdöst, ist aber wieder wach, als er ankommt, und läuft von der Paddington Station zu seiner Unterkunft in Notting Hill, anstatt die U-Bahn zu nehmen. Kein Grund, für einen so kurzen Weg drei Pence zu verschwenden.

Ich konnte Fritz' neues Zuhause in Shropshire mithilfe des »1939 Register« ausfindig machen, einer Art Volkszählung, die Ende September, nur wenige Wochen nach Kriegsausbruch, in ganz England und Wales durchgeführt und anschließend zur Verteilung von Lebensmittelkarten verwendet wurde. Louise steht ebenfalls im Register, wohnhaft in 3 Horbury Crescent, London W11. Sie wird als »Rosa L.«, »verwitwet« und unter der Kategorie »Beruf« mit »Privatiere« aufgeführt. Obwohl ich weiß, dass Ernst dort zusammen mit seiner Mutter lebte, ist er nicht erwähnt. Ich kann ihn nirgendwo im Register finden, obwohl ich nach allen möglichen Schreibweisen von »Goldschmidt« suche. Irgendwo muss er sein, aber er hat sich sowohl der offiziellen Kontrolle als auch meiner Überprüfung entzogen.

Ich finde auch Lisl mit ihrer ersten Meldeadresse in England. Sie wohnt in 9 Craven Road, Reading, und wird als »Krankenschwester/Hauswirtschafterin« für ein Paar namens Bayne-Brown und eine weitere Person, die vermutlich deren Kind ist (der Eintrag ist geschwärzt, um den Datenschutzbestimmungen gerecht zu werden, da es möglicherweise noch lebt), geführt. Robert Bayne-Brown ist Militärangehöriger, in den Anmerkungen zu seinem Eintrag im Register wird er als »Squadron Leader« bezeichnet.

Ich weiß, dass es 1938 nur eine einzige Möglichkeit für Lisl und andere junge jüdische Frauen aus Deutschland und Österreich gab, in das Vereinigte Königreich einzureisen: Sie benötigten ein Visum für Hauspersonal, um als Dienstmädchen arbeiten zu können.

Die Aufzeichnungen der Israelitischen Kultusgemeinde in Wien füllen einige der noch offenen Lücken. Nach dem Anschluss Österreichs an Deutschland am 12. März 1938 galten – über Nacht – alle antisemitischen Gesetze des »Dritten Reichs«, die in den letzten fünf Jahren zusammengekommen waren, auch für österreichische Juden. Sie waren im täglichen Leben nur allzu vertraut mit Antisemitismus. In dem Chaos, das auf die Niederlage von 1918 und das Ende des Habsburgerreiches folgte, mussten sie antisemitische Ausschreitungen in Wien miterleben, die sich auf die gleiche Dolchstoß-Legende bezogen, die in Deutschland kursierte. Oft genug hatte das austrofaschistische Regime, das nach 1934 an die Macht kam, weggesehen, wenn jüdische Studenten an der Universität Wien verprügelt wurden.

Doch nun, im März 1938, wurden jüdische Gesellschaften und Gemeinden, mit Ausnahme der Kultusgemeinde, aufgelöst und verboten. Die Nazis benötigten die Kultusgemeinde, um die geplante Auswanderung von Juden zu verwalten. Jüdische Menschen verloren ihren Broterwerb, sie durften nicht im öffentlichen Dienst oder anderen Berufen arbeiten und waren effektiv von allen Aspekten des öffentlichen Lebens ausgeschlossen.

Lisl schreibt, dass ihre Mutter es nach dem Finanzcrash von 1929, bei dem ihr Vater sein Geschäft verlor, geschafft habe, einen kleinen Wollladen in der Nähe eines Straßenmarktes im 14. Bezirk zu eröffnen, in dem die Marktfrauen die besten Kundinnen gewesen seien. Im März 1938 wurde dieser Laden – ebenso wie andere jüdische Geschäfte – von den Nazis beschlagnahmt. Die österreichischen Juden wurden nun zur Auswanderung ermutigt, doch der Prozess war schwierig und voller Hindernisse, da sie eine Ausreisesteuer zahlen mussten, ähnlich der Dego-Abgabe, der die deutschen Juden unterlagen.

Die Auswanderungsbemühungen von Lisl und ihren Eltern sind durch Formulare belegt, die sie ausfüllen mussten und die über all die Jahre in den Archiven der Kultusgemeinde, deren Auswanderungsabteilung für die Verwaltung der Formulare zuständig war, aufbewahrt und nun mir zugeschickt wurden.

Lisl füllt das Formular am 20. Mai 1938 aus, zu diesem Zeitpunkt ist sie siebenundzwanzig Jahre alt. Sie gibt an, Absolventin der städtischen Kunstgewerbeschule zu sein, wo sie zur Gebrauchsgrafikerin ausgebildet worden sei, und nun Illustrationen für Werbungen und Modezeitschriften zu erstellen. Sie verdiene derzeit achtzig Reichsmark pro Monat und habe dreihundert Reichsmark für die Auswanderung zur Verfügung. Ansonsten sei sie vermögenslos. (Jeder Jude, der versuchte, das Land zu verlassen, musste eine Vermögenserklärung gegenüber den Behörden abgeben.) Doch habe sie seit ihrem Abschluss eine weitere Ausbildung gemacht und könne nun auch Kleidungsstücke aus Maschenware entwerfen und herstellen. Auf dem Formular wird sie gefragt, welche Sprachen sie spricht, und selbstbewusst gibt sie an, Grundkenntnisse in Französisch und Italienisch zu haben und perfekt Englisch zu sprechen. Ich bezweifle, dass Letzteres stimmt. Ich weiß, dass sie nicht gern zur Schule ging und in den Prüfungen nicht gut abgeschnitten hat, bevor sie mit sechzehn die Kunstgewerbeschule besuchen durfte. Die Familie hatte keine englischen Verwandten und nie Urlaub in England gemacht (auch wenn Edmund in den 1920er Jahren geschäftlich dort war). Lisls Handschrift ist rund und klar, und als sie angibt, nach Palästina oder England oder in die USA auswandern zu wollen – oder in jedes andere Land, in dem sich mit ihrem Beruf Geld verdienen ließe –, klingen ihre Worte, ihre Ambitionen, die so viele verschiedene Möglichkeiten aufzeigen, zuversichtlich.

Sie soll Auskunft geben, ob sie Verwandte in anderen Ländern hat, aber sie lässt diese Frage offen – es ist die einzige Frage, auf die sie nicht antwortet. Zu dieser Zeit lebt Gustav, der jüngere Bruder ihrer Mutter Frieda, mit seiner Familie in Italien, doch dieses Land mit seinem eigenen faschistischen Regime wäre jüdischen Flüchtlingen gegenüber nicht sehr aufgeschlossen gewesen. Aber Lisl kann zwei Referenzen vorweisen: eine davon ist ein gewisser Dr. Gustav Leipen, der in der Gölsdorfgasse 4 wohnt und Rechtsanwalt ist. Außerdem hat sie einen gültigen Reisepass.

Es werden Fragen zu ihren Verwandten gestellt, und Lisl gibt Auskunft über ihre Eltern. Die allerletzte Frage auf dem zweiseitigen Formular lautet: »Welche dieser Verwandten sollen jetzt und welche später auswandern?« Und sie antwortet: »Beide Elternteile später.« Vielleicht war das die Rettung für sie: eine junge Frau mit Studium und Berufsaussichten und (scheinbar) perfektem Englisch, die keine alten Eltern mitnehmen wollte.

Nach ihrer Ankunft in London kam Lisl sehr wahrscheinlich in einer vom German Jewish Aid Committee organisierten Unterkunft im Woburn House in Bloomsbury unter, wo sie auch das kleine Heftchen mit Ratschlägen erhielt, das allen Flüchtlingen ausgehändigt wurde. Später wurde sie dann wohl zur Paddington Station geleitet, um einen Zug nach Reading zu nehmen.

Jetzt, Ende 1938 oder Anfang 1939, schaut sie im Haus ihrer neuen Dienstherren in einen Schrank und versucht, sich einen Reim auf das Porzellan und Geschirr zu machen. (In Deutschland schaut eine andere, viel ältere Frau ebenfalls in einen Schrank, in einer Wohnung, in der sie mehrere Jahre gelebt hat und die nun ausgeräumt und katalogisiert werden muss.) Lisl betrachtet die runde Teekanne, einen Gegenstand, der ihr vor ihrer Ankunft in England nie begegnet ist (in Wien trinkt man nur Kaffee), einen Miniaturglobus. Sie hat diese Anstellung als einen Akt der Nächstenliebe erhalten, und sie weiß, dass sie dafür dankbar sein sollte, und das ist sie auch. Sie kann sich entspannen und an die heimische Kaffeekanne denken.

Lisl wird die Hüterin der Erinnerungen sein, auch wenn sie das noch nicht weiß. Sie wird der letzte lebende Mensch sein, der diese Erinnerungen in sich trägt: die Abneigung ihrer Mutter gegen ihr glattes Haar, die Sucht ihres Vaters nach den wöchentlich im örtlichen Kino gezeigten Cowboy-

Filmen, den unerfüllten Wunsch ihrer Mutter, über das vierzehnte Lebensjahr hinaus in der Schule zu bleiben, die Schuldgefühle ihres Vaters, weil er die Religion seiner Eltern aufgegeben hat. Jahre später, als Lisl in einer Strickerei im Londoner West End arbeitet, wird sie sich an die genauen Farbtöne der Wolle erinnern, die ihre Mutter in ihrem Laden verkauft hat: Johannisbeerviolett, Petersiliengrün und ein Rot, das der Farbe der Ziegel des Stephansdoms im Zentrum von Wien ähnelt. Sie erinnert sich an die Küche in ihrer Wohnung in der Währinger Straße im 19. Wiener Bezirk, an den kohlebefeuerten Herd, an die Fleckerl, die so dünn ausgerollt waren, dass man durch sie hindurch Zeitung lesen konnte, bevor sie zum Trocknen über die Stuhllehnen drapiert wurden, an das Sonnenlicht, das grün durch die Gläser mit den selbst eingelegten Gurken schimmerte. Sie erinnert sich daran, wie sie sich mit dem Dienstmädchen Fanni so heftig gestritten hat, als wären sie Schwestern – und jetzt ist sie das Dienstmädchen und hat niemanden, mit dem sie sich zu streiten traut. Sie hat ein paar englische Sätze auswendig gelernt, die sie vor den aufgereihten Teetassen übt. Sie sind ihr Publikum, und wenigstens beschweren sie sich nicht, dass sie ihren Akzent nicht verstehen können.

Lisl ist nicht an Häuser mit einem eigenen Garten und Haustüren mit drei in das Holz eingelassenen farbigen Glasscheiben gewöhnt. Sie hat bisher nur in Wohnungen in mehrstöckigen Gebäuden gelebt, wo der Kohlenkeller einige Stockwerke tiefer lag und der Dachboden zum Wäschelüften einige Stockwerke höher. Trotz der Stille in diesem Haus herrscht hier ein Unbehagen, wie ein Geräusch, das zu leise ist, um bewusst wahrgenommen zu werden, das aber dennoch in der Magengrube zu spüren ist. Vielleicht kommt das Unbehagen von der Angst um die Eltern, die sie zurückgelassen hat. Ein Unbehagen, über das sie nicht sprechen könnte, selbst wenn sie die englischen Worte dafür hätte, sodass dieser Klangschmerz vielleicht die einzige Möglichkeit ist, es zu artikulieren. Aber manchmal hält sie das vom Essen ab, und während der Mahlzeiten ist sie sich bewusst, dass Mrs. Bayne-Brown sie dabei beobachtet, wie sie etwas Braunes und Knorpeliges auf ihrem Teller herumschiebt.

Das meiste Essen, das es hier gibt, ist fertig im Laden gekauft worden, etwas, das ihre Mutter nicht gutheißen würde. Wenn sie nach Hause schreibt, erzählt sie ihren Eltern von dem seltsam bitteren Geschmack der Orangenmarmelade (die sie eigentlich mag) und davon, dass die Leute davon sprechen, Tee »aufzubrühen«, was sie anfangs verwirrt hat. Und dass die Sonnenuntergänge hier im Sommer später anfangen und länger dauern und dass die Schatten der Bäume eine Ewigkeit brauchen, um über den Rasen bis zum Haus zu kriechen.

Sie erzählt ihnen nicht, dass die Familie sonntagmorgens in die Kirche geht und dass sie sich vor der Haustür aufstellen, während sie ihre Hüte zurechtrücken. Sie haben ihr nie vorgeschlagen, mit ihnen in die Kirche zu gehen, weil sie wissen, was sie ist. Alles, was sie tut, und die Art und Weise, wie sie es tut, hat mit dem zu tun, was sie ist. »Ja, so schmieren wir Juden unser Brot«, war sie bei mehr als einer stillen Mahlzeit versucht zu sagen. Trotzdem hat sich noch niemand die Mühe gemacht, sie zu fragen, ob sie etwas gegen Speck hat.

Lisl erzählt ihren Eltern auch nicht, dass fast jeder, den sie getroffen hat, annimmt, sie sei Deutsche, und dass sich niemand dafür interessiert, wenn sie versucht, es richtigzustellen. Schließlich klingt sie in ihren Ohren deutsch. Es nützt nichts, wenn sie erklärt, dass sie ganz andere Wörter verwendet; in Österreich ist eine Kartoffel ein Erdapfel. Österreicher sprechen anders, essen anders, haben eine andere Geschichte. Wie viele Wiener Familien hatten auch ihre Eltern eine Sommerwohnung am Rande der Stadt und in der Nähe des Waldes gemietet. Ihre Verwandten stammen aus Orten, die über das gesamte ehemalige Österreich-Ungarn verstreut liegen: Böhmen, Slowakei, Prag, Waagbistritz in Ungarn ... Ihr Nachname Jellinek ist typisch österreichisch, nicht deutsch. (Obwohl Österreich jetzt offiziell zu Großdeutschland gehört, eine Vereinigung, die im ganzen Land gefeiert wurde, mit kaum einem Akt des Widerstands.)

»In diesem Haus gibt es einen Platz für alles, und alles hat seinen Platz«, sagt Mrs. Bayne-Brown zu ihr, während sie sich abmüht, den Stapel blau-weiß gemusterter Tassen wieder ordentlich in den Schrank zu stellen. Lisl versteht das nicht, die Wiederholung und Umkehrung der Worte »Platz« und »alles« ist verwirrend, aber sie ahnt, dass es nicht positiv gemeint ist.

Mrs. Bayne-Brown beobachtet Lisl genau, ganz gleich, um welche Aufgabe es sich handelt. Ihr Mann hingegen schenkt Lisl überhaupt keine Aufmerksamkeit, sie könnte genauso gut ein Möbelstück sein.

Lisls Vater Edmund füllt ebenfalls ein Formular zum Zwecke der Auswanderung aus. Sein Formular ist auf den 2. August 1938 datiert, drei Monate später als Lisls. Er ist Bahnpensionist, und seine letzte Tätigkeit war Kaufmann, aber dafür hat er keine spezifische Ausbildung erhalten. Das Formular besteht aus einer Reihe von Lücken und schrägen Linien hinter Fragen, die er nicht beantworten kann. Er spricht etwas Englisch, Französisch und Italienisch und möchte in die USA, nach Südamerika, England oder Palästina auswandern. Er hat Verwandte in Italien (Friedas Bruder) und auch in den USA: Dr. Hanns Sachs. Dieser ist ein Cousin von Frieda mütterlicherseits, ein Psychotherapeut, der ein

Schüler Freuds war und mit ihm in Wien arbeitete, bevor er nach Boston auswanderte.

Die beiden Referenzen sind die gleichen wie bei Lisl, darunter Dr. Gustav Leipen in der Gölsdorfgasse 4. Eine kleine Internetrecherche zeigt, dass dieser mit Elsa Sachs, Hanns' Schwester, verheiratet und dadurch mit Frieda verwandt war.

Aber hinter der Frage: »Haben Sie einen gültigen Paß?«, streicht er das »Ja« durch und setzt daneben ein »Nein«. Edmund hat keinen Pass, keine Arbeit, keine Ausbildung und kein Vermögen.

Er nennt Frieda und Lisl als Verwandte und gibt an, dass die Familie *gleichzeitig* ausreisen wolle. Widerspricht das Lisls Aussage, dass ihre Eltern erst später nachkommen sollten? Vielleicht hat die Familie das verschiedene Vorgehen besprochen, oder Lisl hat für sich entschieden, dass es am besten wäre, es erst einmal allein zu probieren und woanders Arbeit zu finden, bevor sie ihre Eltern zu sich holt. Gleichzeitig auszureisen, sollte sich als unmöglich erweisen, das wissen wir.

Laut Einstein (der 1938 in Sicherheit in Princeton lebte und arbeitete) ist es wie folgt: Was in einem Bezugsrahmen, in dem drei Personen alle mit der gleichen Geschwindigkeit in die gleiche Richtung reisen, gleichzeitig ist, verhält sich in einem anderen Bezugsrahmen ganz anders. Dort bewegt sich eine Person, und die anderen stehen still.

Als Lisl sich also darauf vorbereitet, Wien im Spätsommer 1938 zu verlassen, und in den Zug steigt, steht Frieda auf dem Bahnsteig. Für einen kurzen Moment bewegen sich beide Frauen nicht, bis der Zug die Bremsen löst und eine Wolke aus dunklem Rauch zum hohen verglasten Bahnhofsdach und den rot-weiß-schwarzen Bannern aufsteigt. Lisl schaut aus dem Fenster und sieht, wie Wien rückwärts gleitet und ihre Mutter mitnimmt, zunächst langsam und dann immer schneller, bis Frieda aus dem Blickfeld verschwindet. Dies ist das letzte Bild, das Lisl von Frieda haben wird, die kurz darauf unsichtbar ist und im Dunkel des verrauchten Bahnhofs verschwindet.

Lisl weiß nichts von der Urknalltheorie, bis ich versuche, sie ihr zu erklären, als sie über tausend Kilometer nordwestlich von Wien und mehr als fünfzig Jahre in der Zukunft in einem Krankenhausbett liegt, aber sie wird instinktiv verstehen, dass fast alles im Universum in ständiger Bewegung ist und sich von allem anderen entfernt.

Lisl nahm auf dieser Reise kaum Habseligkeiten mit. Sie musste kein detailliertes Inventar von Servietten oder Badetüchern oder Büchern anfertigen. Alles, was sie hatte, war ein Koffer mit ein paar Röcken und Blusen, die sie selbst genäht hatte, und einigen Pullovern, gestrickt mit Wolle aus dem Laden, der Frieda gestohlen worden war.

Eines seiner Lieblingsbücher ist nicht in Ernsts Bücherverzeichnis aufgeführt. Wenn wir Lisl besuchten, las ich immer wieder »Alice's Adventures Under Ground«, den kurzen Vorläufer von »Alice im Wunderland«, und man sagte mir, dass Ernst verschiedene Ausgaben dieses Buches gesammelt habe. In einem kleinen schwarzen Notizbuch, das Ernst benutzte, um englische Wörter und ihre deutschen Äquivalente aufzuschreiben, gibt es einen ganzen Abschnitt über das Vokabular, das in »Alice im Wunderland« und »Alice hinter den Spiegeln« verwendet wird.

Ich halte dieses Notizbuch jetzt in meinen Händen. »Tumble, doze, shriek, scold, patter, mutter, cling, frown, pant, choke, pat, stoop, snatch, coax, wriggle, nibble«: alles Verben, die in »Alice« verwendet werden und hier sorgfältig in mit Bleistift geschriebenen Buchstaben aufgelistet sind, aber ihre deutschen Äquivalente sind fast nicht zu entziffern. Ernsts Handschrift verändert ihre Form, wenn er zwischen Englisch und Deutsch wechselt. Sein deutsches kleines »u« hat eine kleine geschwungene Linie darüber, die übliche Art, ein »u« in Kurrentschrift, einer deutschen Handschrift des frühen 20. Jahrhunderts, zu schreiben, um es von »n« zu unterscheiden. In den englischen Wörtern hat das »u« fast nie diese Linie. Es ist ein anderer Buchstabe, eine neue Identität. Auch die »e« sind unterschiedlich, in Ernsts deutscher Handschrift sind sie dünne Linien, fast wie ein zusammengedrücktes »v«, im Englischen hingegen sind seine »e« rund und schlingenartig.

Wenn ich meinen Blick auf den deutschen Wörtern ruhen lasse, erscheinen sie mir zunächst völlig unverständlich. Nach einer Weile tauchen einige Buchstaben auf, dann vielleicht ein oder zwei Wörter. Es ist, als würde man auf einen breiten Waldabschnitt schauen und die Pflanzen oder Bäume nicht zuordnen können, bis man seine Augen auf die Details der Blätter, die Textur der Stämme richtet und erkennt, dass man auf die glatte Rinde einer Buche oder die Furchen einer Eiche schaut.

Die Verwendung von zwei verschiedenen Schriftstilen muss automatisch erfolgt sein, eine unbewusste Entscheidung. Es muss für ihn der einfachste Weg gewesen sein, diese Wörter zu erfassen. Ich frage mich, was in seinem Kopf vorging. »Switchte« er zwischen zwei Arten, über diese Wörter, über die Welt um ihn herum nachzudenken, hin und her?

Alices Reise hinunter in den Kaninchenbau dauert so lange, dass sie genügend Zeit hat, darüber nachzudenken, was mit ihr passiert und wie diese Erfahrung sie verändern könnte: »Nach einem solchen Fall werde ich mir nichts daraus machen, wenn ich die Treppe hinunter stolpere. ... Ich würde nicht viel Redens machen, wenn ich selbst von der Dachspitze hinunter fiele!« Ihr freier Fall erfolgt, fünfzig Jahre bevor Einstein den Arbeiter beobachtet, der in Berlin von einem Dach fällt, und Chagall die Schtetl-Juden malt, die über ihren Häusern fliegen. Im Gegensatz zu ihnen ist Alice, wenn sie landet, nicht mehr zu Hause, sondern befindet sich durch den Sturz als Fremde in einem fremden Land, an einem Ort, dessen seltsame Bräuche, Gewohnheiten und Sprache sie kaum begreifen kann. Zuerst gibt sie sich Mühe, sie will wissen, was sie tun soll. Also befolgt sie Anweisungen, trinkt aus einer Flasche mit der Aufschrift »Trink mich« und isst einen sehr kleinen Kuchen, auf dem Rosinen die Worte »Iss mich« bilden.

Aber so sehr Alice auch körperlich verändert wird, nachdem sie diesen Anweisungen gefolgt ist – so klein zusammengeschrumpft, dass sie in ihren eigenen Tränen zu ertrinken droht, oder so groß geworden, dass sie ihr Bein in den Schornstein des Hauses des weißen Kaninchens stecken kann, oder mit einem Hals so lang wie eine Schlange –, sie fällt immer noch auf, ist immer erkennbar anders als die Bewohner des Wunderlands. Das erste Tier, mit dem sie ein Gespräch führt, ist die Maus, die von ihren wiederholten Anspielungen auf ihre Hauskatze und deren Fähigkeiten, Mäuse zu fangen, bitter beleidigt ist. Und Alice selbst findet, dass einige der Bräuche in diesem sogenannten Wunderland absurd sind; als sie nach dem Hammelsprung-Rennen aufgefordert wird, ihren eigenen Fingerhut als Preis anzunehmen, spielt sie mit und »sah so ernst aus, wie sie nur konnte«.

Alice, die überall wie eine Fremde aussieht, ist vielleicht nicht mehr Alice; wie sie zur Raupe sagt: »Ich kann mich nicht erklären ... weil ich nicht ich selbst bin.« Sie hat zu oft ihre Größe und Form geändert, zu viele mysteriöse Substanzen gegessen und ist sich ihrer eigenen Identität nicht mehr ganz sicher: »Ich – ich bin ein kleines Mädchen«, sagte Alice, »recht zweifelnd« zur Taube, die sie beschuldigt, eine eierfressende Schlange zu sein. In »Hinter den Spiegeln« betritt Alice einen Wald, »wo die Dinge keine Namen haben«, und vergisst auch ihren eigenen Namen.

Trotz der existenziellen Zweifel und der Formveränderungen ist Alice in der Lage, ihren eigenen Weg durch diese Welt zu finden; als sie auf die Teeparty trifft, sagen ihr die anderen Gäste, dass kein Platz für sie sei, aber sie besteht darauf: »Da ist viel Platz!«, und setzt sich an den Tisch, ohne sich um deren Meinung zu kümmern. Sie mag der ungeladene Gast sein, aber sie wird nicht gehen. Sie besteht darauf, ihren Platz in diesem Land einzunehmen, und obwohl die Bewohner auf bizarre Weise in kaum verständlichen Rätseln und unsinnigen Reimen sprechen, interagiert sie mit ihnen, gibt ihnen Ratschläge und erzählt ihnen Geschichten aus ihrem eigenen Leben. Alice ist ein gutes Vorbild für einen Flüchtling, der neu in Großbritannien angekommen ist, und vielleicht war das der Grund, warum Ernst so an dem Buch hing.

Gegen Ende des Buches gibt es die Gerichtsszene, in der Alice als Zeugin aufgerufen wird, um eine Aussage zu machen – aber sie macht klar, dass sie »überhaupt nichts« über das angebliche Verbrechen weiß. Dann wird sie aufgefordert, den Gerichtssaal zu verlassen, weil sie »mehr als eine Meile groß« sei, aber sie streitet mit dem König und der Königin und sagt, dass sie nicht gehen werde. Sie hat keine Angst davor, dem König zu widersprechen, während er die Beweise des weißen Kaninchens studiert, und sagt zu ihm: »Ich glaube, dass keine Spur von Sinn darin ist.« Sie widerspricht auch der Entscheidung der Königin, zuerst das Strafmaß zu verkünden und danach das Urteil der Geschworenen zu hören, und sagt ihr, das sei »dummer Unsinn!«.

Ich frage mich, ob Ernsts Vorliebe für dieses Buch auch von Alices Fähigkeit herrührte, sich mit aller Kraft in dieser lächerlichen Gerichtsszene zu behaupten. Die Gerechtigkeit wird auf den Kopf gestellt, so wie es im »Dritten Reich« der Fall war, aber bei Alice, im Gegensatz zum Deutschland nach 1933, wird die Verzerrung der Gerechtigkeit als das gezeigt, was sie ist. Am Ende rächt sich Alice am Gericht, indem sie ruft: »Ihr seid nichts als ein Spiel Karten!«

Ernst könnte es als Kind gelesen haben, die erste Übersetzung von »Alice« ins Deutsche lag nur drei Jahre nach der Veröffentlichung des Originals 1865 in Großbritannien vor. Lewis Carroll sagte angeblich, dass es eine sehr gute Übersetzung sei (da er kein Deutsch sprach, ist unklar, wie er das beurteilen konnte), auch wenn das satirische Gedicht mit dem Titel »Ihr seid alt, Vater William« in »Ihr seid alt, Vater Martin« hatte geändert werden müssen, aus Angst, Kaiser Wilhelm I. zu beleidigen. Seitdem sind unzählige deutsche Übersetzungen erschienen, insbesondere nach Kriegsende und als das Land noch von den alliierten Streitkräften besetzt war. Vielleicht dachte man, »Alice« sei für deutsche Kinder unbedenklich, nicht belastet von problematischen Ideologien.

»Niemand wird niemals nicht hingerichtet«, sagt der Greif nach der Szene auf dem Krocketplatz, aber im Wunderland ist das keine doppelte Verneinung, weil Niemand eine Figur ist, die so real ist wie alle anderen. In »Hinter den Spiegeln« sagt Alice: »Ich sehe niemand auf der Straße«, und der König erwidert, dass er sich solche Augen wünscht, »um Niemand sehen zu können!« Zuvor bei der Teeparty antwortet Alice dem verrückten Hutmacher: »Niemand hat nach deiner Meinung gefragt!«

»Niemand« im Wunderland spricht nie direkt, nimmt aber dennoch eine Stellung ein, die der von Johannes Niemand in »Die Judenbuche« ähnelt: Er ist real und gleichzeitig nicht ganz real. Lewis Carrolls eigene Identität wandelte stets ihre Form; wenn er nicht ein sehr erfolgreicher Kinderbuchautor war, war er Reverend Charles Dodgson, ein Mathematiker am Christ Church College, Oxford. Dodgson interessierte sich für Logik, insbesondere für die rätselhaften Eigenschaften von Nullmengen, also Mengen ohne Elemente, die dennoch durch mathematische Operationen transformiert und manipuliert werden können, als hätten sie Elemente. »Niemand« in »Alice« und »Hinter den Spiegeln« ist das englische Sprachäquivalent einer Nullmenge, die Figur mag nicht existieren, und doch verhält sie sich laut englischer Grammatik, als würde sie existieren. Johannes Niemand ist eine Figur, die kurz aufflackert und wieder verschwindet, ein Gegenstück zu Friedrich Mergel; seine Funktion in der Handlung besteht darin, das zu verkomplizieren, was wir über Mergels Handlungen zu wissen meinen, und am Ende der Geschichte die vermeintliche Identität des Mannes, der an der Buche hängend aufgefunden wird, zu verschleiern. Wer ist der Mörder? Niemand ist es. Und jetzt zahlt niemand den Preis.

Warum besaß Ernst so viele verschiedene Ausgaben des gleichen Buches? Sie sind eine Erinnerung an die Kontinuität, die Beständigkeit dieser Geschichte in der britischen Kultur. Und vielleicht war es jedes Mal, wenn er ein weiteres Exemplar von »Alice« kaufte, eine Erinnerung an sich selbst, an das erste Mal, als er die Geschichte auf Englisch las, und an die Rolle, die sie für ihn beim Erlernen der Sprache gespielt hat.

Lisl wird in allen offiziellen Unterlagen, die ich über sie habe, routinemäßig als »Elise« bezeichnet: in den Einträgen im Geburtenbuch und im »1939 Register« sowie in ihrer Heiratsurkunde. Auf einem Formular, das sie 1978 ausfüllte, schreibt sie ihren Namen jedoch als »Elizabeth«. An anderer Stelle bezeichnet sie ihr früheres Ich als »Elisabeth«.

Als ich jung war, spielte ich immer gern Brettspiele mit Lisl, sie war die geduldigste Person in der Familie und hatte nichts gegen unzählige Partien »Mensch ärgere dich nicht« oder »Cluedo« (mit einem alten Set, das meinem Vater gehörte, als er ein Kind war; eine der Spielzeugwaffen war eine Miniaturausgabe aus echtem Blei). »Cluedo« befriedigt das grundlegende Bedürfnis, eine Reihe unvollständiger Fakten zusammenzustellen und so zu erweitern, dass eine Erzählung entsteht, die verrät, wer den vorgefallenen Mord begangen hat, was die tödliche Waffe war und wo das Verbrechen begangen wurde. Der Grund für das Verbrechen wird jedoch nie klar; vielleicht waren Professor Bloom, Oberst von Gatow, Fräulein Gloria Roth und andere von Natur aus Mörder, und sie konnten einfach nicht anders.

Wir spielten auch Wortspiele mit Stift und Papier wie »Constantinople«, bei dem es darum geht, aus einem Wort so viele andere Wörter wie möglich zu machen. Lisl gewann jedes Mal. Ich hoffe, sie war heimlich stolz darauf, so viele englische Wörter zu kennen. Während wir spielten, saßen wir zusammen auf dem Sofa. Auf dem Onyx-Aschenbecher ruhte eine Zigarette; eine kleine Opfergabe an die Hausgötter des Friedens und des Nie-wieder-Krieg-zwei-sind-genug. Ein Wollknäuel lag neben uns, dessen Nabelschnur zu dem halb fertigen Strickzeug in ihrem Schoß führte. Wir spielten ein namenloses Spiel, das darin bestand, ein Wort in ein anderes zu verwandeln, einen Buchstaben nach dem anderen, sodass jeder Schritt der Verwandlung ein neues Wort hervorbrachte. HURT wird zu BONE (HURT, HART, HARE, BARE, BANE, BONE) und so weiter. Angeblich mochte Lewis Carroll dieses Spiel auch. In dem Bücherregal gegenüber von uns standen die vielen Ausgaben von »Alice im

Wunderland« mit ihren kaum lesbaren Einbänden, abgenutzten Umschlägen und porösen Seiten.

Jedes Mal, wenn eine Geschichte erzählt wird, verändert sie sich. Ähnlich, wie ein radioaktives Element in ein anderes mutiert und dadurch im Periodensystem umherwandert, ändert sich eine Geschichte, sei es durch eine Modifikation in Wort, Betonung oder Tonfall. Elise wird zu Elisabeth wird zu Elizabeth wird zu Lisl und gelegentlich sogar zu Lizzy (eine englische Freundin von ihr konnte Lisl nicht aussprechen).

Vielleicht ist Schweigen reiner als das Erzählen einer Geschichte, weil Schweigen sich nicht verändern kann, es ist einfach da. Schweigen tut nicht so, als müsse eine Erzählung einen Sinn haben oder als müsse ein Ende erlösend sein. Schweigen erkennt den Schmerz, lockt nicht mit dem Versprechen, dass der Schmerz verschwindet, wenn die Geschichte erzählt wird. Die Geschichte und ihr Schmerz bestehen nicht unbedingt aus demselben Stoff, sind vielleicht nicht einmal nah beieinander, und das Erzählen der einen wird den anderen nicht verändern. Kann Schweigen zu Geschichten werden?

Lisl und ich saßen auf dem Sofa mit dem halb fertigen Strickzeug auf ihrem Schoß, den Wortlisten auf unseren Zetteln und der rosa Packung Manner-Haselnussschnitten neben unserem Tee, und im Nachbarzimmer schaute der Junge auf dem Foto ängstlich auf das, was einst das Warschauer Ghetto gewesen war und nun ein Schlafzimmer, das friedlich im Nachmittagslicht lag.

Zurück zu Ernst: Nachdem er im Juli 1936 zum ersten Mal nach England aufgebrochen war, kehrte er dreimal zurück nach Deutschland, und zwar in den Jahren 1936, 1937 und 1938. Wie ein Planet, der in einer stabilen Umlaufbahn um die Sonne kreist und von dem man erwarten kann, dass er zu einem bestimmten Datum an einem bestimmten Ort erscheint, reiste Ernst in den drei Jahren jeweils im September nach Frankfurt und Offenbach zurück.

Das Wort »Planet« selbst bedeutet im Altgriechischen »Wanderer«, weil jeder Planet vor dem stabilen Hintergrund der Sterne durch seine ganz eigene charakteristische Bahn identifiziert werden kann. Beim Mars kann man beobachten, wie er sich fast zwei Jahre lang von Westen nach Osten bewegt, dann plötzlich die Richtung ändert und sich über einen Zeitraum von zwei Monaten zurückbewegt, bevor er dann erneut die Richtung ändert und seinen ursprünglichen Weg fortsetzt.

Jedes Mal, wenn Ernst nach Deutschland zurückkehrte, müssen ihm die Veränderungen in der rechtlichen Stellung der jüdischen Bevölkerung und die neuen Verbote aufgefallen sein; verschiedene Aspekte ihres Lebens wurden immer kleiner und schwieriger.

Im Mai 1935 hatte die Stadt Frankfurt Juden die Nutzung der öffentlichen Schwimmbäder abgesehen von einem, das an die jüdische Gemeinde verpachtet wurde, untersagt.

In Niederrad gehe ich von unserer Wohnung aus nach Norden zum Flussufer, wo ich nach rechts in Richtung Stadtzentrum abbiege. Hier gibt es eine kleine Insel, die an einem Ende über eine Brücke mit dem Flussufer verbunden ist und auf der ein Café mit großem Freibereich liegt. Am anderen Ende der Insel befindet sich eine Beton- und Metallkonstruktion, skelettierte Überreste von einem einst vielleicht großen Gebäude, jetzt nur noch rechte Winkel aus senkrechten grauen Säulen und horizontalen Balken. Die Insel ist bei Familien beliebt, sie liegt ein wenig abseits und wirkt gewöhnlich und unauffällig. Das ist sie nicht. Diese Betonkonstruktion war früher das »Licht- und Luftbad«, das 1925 erstmals eröffnet wurde – ein öffentliches Freibad für die örtliche Bevölkerung, die größtenteils keinen Zugang zu Badezimmern hatte. Dieses Bad war sowohl ein Ort zur Körperpflege als auch zur Körperertüchtigung. Und es war ab 1936 das Judenbad.

Unglaublicherweise beschwerten sich die Frankfurter darüber, dass die Juden eine »Sonderbehandlung« erhielten, weil sie ein eigenes Bad bekamen, und daher wurde ihnen die Nutzung auch dieses Bades ab November 1938 verboten. Eine Tafel an der Betonkonstruktion fasst diese Geschichte zusammen, und wenn ich sie lese, spüre ich – wie immer an diesem Ort –, dass jeder seiner Winkel Assoziationen mit dem Faschismus aufruft.

Als Ernst im September 1938 nach Deutschland zurückkehrte, hatte das Land seine Grenzen infolge des Anschlusses von Österreich erweitert und nannte sich jetzt »Großdeutschland«. Den ganzen Sommer über hatte sich die Sudetenkrise zugespitzt; die Nazis gingen nach dem Erfolg des Anschlusses davon aus, dass sie weitere Landnahmen in Mittel- und Osteuropa ohne militärischen Widerstand durchführen könnten. Ebenfalls im Sommer 1938 war ein Gesetz verabschiedet worden, das alle Juden verpflichtete, ihre Namen zu ändern. Man wollte eine unmittelbare Möglichkeit haben, Juden bei offiziellen Anlässen zu identifizieren; ein Gesetz, das den Weg für das erzwungene Tragen der gelben Sterne ebnete, die 1941 eingeführt wurden. Im August 1938 war die Hauptsynagoge in Nürnberg auf Anordnung der Nazis zerstört worden, weil sie als »architektonisch anstößig« galt, diese Handlung kündigte die Pogrome am 9. November an.

Bei jeder Rückkehr muss sich Ernst gefragt haben, was sich diesmal verändert haben würde. Und jede dieser Reisen war weniger ein Besuch des Orts, an dem er aufgewachsen war und für den er gekämpft hatte, und immer mehr eine Reise in ein fremdes Land.

DIE INSEL

Wenn ich im Stadtwald spazieren gehe, bin ich nie weit von der Autobahn entfernt, die den Wald zerteilt. Die einzelnen Abschnitte sind daher nur über Brücken oder Tunnel zugänglich, und das Dröhnen des Verkehrs im Hintergrund lässt mich nicht vergessen, dass es sich um einen sehr städtischen Wald handelt. In einem dieser Abschnitte stoße ich auf ein paar Erhebungen, die dicht mit dem Laub der umliegenden Buchen bedeckt sind. Die Hügel sind zu klein - eher menschengroß -, um geologische Merkmale in einer ansonsten flachen Landschaft zu sein, und einem Schild in der Nähe entnehme ich, dass es sich um alte keltische Gräber handelt, die beim Bau der Autobahn in den 1960er Jahren entdeckt worden sind. Ich frage mich, ob hier einst auch Eiben standen, die traditionellen Totenbäume der keltischen Kultur, die auf britischen Friedhöfen noch immer üblich sind, weil das Christentum frühere Bräuche übernommen hat. Ich setze mich auf einen der Grabhügel und trinke eine Tasse Tee aus meiner Thermoskanne, wobei ich die letzten Tropfen der Flüssigkeit als eine Art Tribut um mich herum versprenge. Es ist friedlich, trotz oder gerade wegen des dröhnenden Verkehrslärms, der etwas von dem Summen der Bienen auf dem Friedhof im Wald von Delville hat.

Auf dem Weg nach Norden zu einer Straße, die mich nach Hause führen wird, halte ich inne. Gleich hinter dem Kreis der Gräber glänzt etwas zu meinen Füßen und reflektiert das Sonnenlicht. Ich bücke mich und finde ein Stück altes, blauweiß gemustertes Porzellan. Vorsichtig kratze ich die umliegende Erde weg und sehe, dass es sogar zwei Porzellanstücke sind, nur getrennt durch eine dünne, wenige Millimeter breite Erdspur. Die Krümmung des Porzellans verrät, dass es sich um Teile eines Esstellerrands handelt. Die Stücke passen perfekt zusammen, sie waren zerbrochen, aber sie lagen all die Jahre nebeneinander – wie Mann und Frau in zwei alten Gräbern. Das erinnert mich daran, dass die Oberfläche des Waldes nicht starr und statisch ist, sondern offenbaren kann, was ihr anvertraut wurde, und nun wiederum wird es mir anvertraut, als hätte es die ganze Zeit auf mich gewartet.

Nach Ausbruch des Krieges im September 1939 mussten sich alle deutschen und österreichischen Flüchtlinge über sechzehn Jahre unverzüglich bei der britischen Polizei melden. Anschließend wurden sie von »Ausländergerichten« daraufhin überprüft, ob sie eine Gefahr für die nationale Sicherheit darstellten. Die überwiegende Mehrheit der Flüchtlinge wurde zu diesem Zeitpunkt nicht interniert, stattdessen konnten sie weiterhin leben, wo sie wollten, auch wenn sie sich nicht weiter als fünf Meilen von ihrem registrierten Wohnsitz entfernen durften. Es war ihnen nicht erlaubt, die Adresse zu wechseln, und wenn sie länger als vierundzwanzig Stunden die Stadt verließen, mussten sie es der Polizei melden. Obwohl sie weiterhin eine Art eingeschränkte Freiheit genossen, wurden die Flüchtlinge als Bürger eines Landes, das sich mit Großbritannien im Krieg befand, nun als »feindliche Ausländer« bezeichnet.

Den Flüchtlingen selbst muss diese Bezeichnung paradox erschienen sein, denn ihre Geburtsländer erkannten sie nicht mehr als Staatsbürger an; nach Ansicht der Nazis waren sie »staatenlos«. Ihre Identität war uneindeutig und hing davon ab, welche Bürokratie die Identifizierung vornahm, und im Vereinigten Königreich war die nationale Identität das wichtigste Merkmal – die Tatsache, dass sie Juden waren, schien niemanden groß zu interessieren. Ganz im Gegensatz zum Naziregime und seiner Fixierung auf das Judentum, das alle anderen Aspekte der persönlichen Identität verdrängte, machte die britische Verwaltung keinen Unterschied zwischen jüdischen und nicht jüdischen Flüchtlingen – oder konnte es nicht. Jude zu sein, spielte hier offiziell keine Rolle, was nach den antisemitischen Verfolgungen in Deutschland in gewisser Weise eine Erleichterung gewesen sein muss, aber auch anstrengend zu erklären war.

Bei meiner Online-Suche finde ich Ernsts ersten Internierungsbescheid: ein Stück Papier mit dem Titel »MALE ENEMY ALIEN – EXEMPTION FROM INTERNMENT«. Seine Adresse wird genannt, sie stimmt mit der seiner Mutter überein. Beide wohnten zusammen in 3 Horbury Crescent W11. Auf die Frage, ob er »seine Rückführung wünscht«, antwortete er mit »Nein«. Die Entscheidung des Gerichts lautete, dass er »befreit« sei, und diese Entscheidung trägt das Datum »1/11/39«.

Louise wurde am 12.12.1940 vom Internierungstribunal beurteilt und ebenfalls als von der Internierung ausgenommen eingestuft. Ihre polizeiliche Meldebescheinigung trägt die Nummer 734756. Sie hatte keine »normale« oder »gegenwärtige Beschäftigung«. Fritz wurde vor ihnen beurteilt, seine Bescheinigung ist maschinengeschrieben, und seine Adresse wird mit »Petton Hall, Burlton, Shropshire« angegeben. Er hatte keinen »erlernten Beruf«, aber seine »z. Zt. ausgeübte Tätigkeit« wird als »freiwilliger psychisch Kranker in Petton Hall« angegeben, was bedeutet, dass er sich nicht aufgrund einer Zwangseinweisung im Rahmen der Gesetzgebung zur psychischen Gesundheit dort aufhielt und nicht als eine Bedrohung für sich selbst oder andere angesehen wurde.

Fritz' Nummer in der polizeilichen Meldebescheinigung lautet 734755; sie unterscheidet sich nur um eine Ziffer von Louises, sie müssen ihnen also zur selben Zeit zugeteilt worden sein, und zwar kurz nach ihrer Ankunft in England. Dies ist der bisher stärkste Beweis dafür, dass Fritz von seiner Mutter begleitet wurde, als sie im Mai 1939 nach England kamen, und nicht, wie ich ursprünglich dachte, von Ernst.

Fritz lebte nicht lange in Petton Hall, er starb dort recht plötzlich im Januar 1940, weniger als ein Jahr nach seiner Ankunft. Ich hoffe nur, dass Louise und Ernst ihn vor seinem Tod noch einmal besuchen konnten und dass er dort nicht ganz allein war. Ich hoffe, er verstand etwas von dem, was um ihn herum geschah, und warum er in ein fremdes Land hatte ziehen müssen, und ich hoffe, dass er gut behandelt wurde. Ich wünschte, ich hätte mehr Antworten, aber der Tod von Fritz fühlt sich nicht nur wie ein Schlussstrich an, sondern vor allem wie ein unlösbares Rätsel.

In der Internierungsakte von Ernst aus dem Jahr 1939 wird sein »erlernter Beruf« als »Rechtsanwalt« angegeben und seine »z. Zt. ausgeübte Tätigkeit« als »keine«.

Ich weiß jedoch, dass dies nicht stimmt. Mein Vater hat mir erzählt, dass Ernst bereits 1936 eine Arbeit als Schulmeister gefunden hatte (es ist immer dieses Dickens'sche Wort aus dem 19. Jahrhundert, das mein Vater benutzt, um sich auf Ernsts Arbeit zu beziehen, und niemals das Wort »Lehrer«). Ich habe also das Bild eines Mannes in einer akademischen Robe vor meinem geistigen Auge, vielleicht sogar mit einem Doktorhut auf dem Kopf, der einen Stapel Bücher bei sich trägt. Mein Vater schickt mir ein Zeugnis, das der Direktor der Schule am Christ's Hospital im November 1936 für Ernst geschrieben hat und in dem es heißt, dass er »kultiviertes« Deutsch spricht und schreibt. Ich frage mich, ob es in Großbritannien eine wachsende Unterscheidung zwischen sogenannten kultivierten Deutschen und Nazis gab.

In einem weiteren Zeugnis des Leiters der Westminster School aus dem Jahr 1939 wird Ernst als »ein Mann mit Geschmack und Kultiviertheit, der mit dem derzeitigen Regime in seinem Heimatland überhaupt nicht einverstanden ist«, bezeichnet. In beiden Zeugnissen wird Ernsts Loyalität gegenüber seiner neuen Heimat hervorgehoben, was jedoch nicht ausreichte, um seine Internierung zu verhindern.

Im Juni 1940, nach dem Fall von Paris und dem Einmarsch in Norwegen, soll Churchill gesagt haben: »Collar the lot!« (»Schnappt euch die Bande!«). Er war der Ansicht, dass von nun an praktisch alle männlichen Flüchtlinge (und viele weibliche) interniert werden sollten. Dementsprechend wurde Ernst Ende Juni zusammen mit mehreren Tausend anderen Männern in ein eilig organisiertes Lager auf der Isle of Man gesteckt, wo sie in überfüllten Pensionen untergebracht waren und keinerlei Beschäftigung hatten. Diese Lager waren keine Gefangenenlager, und rechtlich gesehen waren die Internierten keine Kriegsgefangenen, sodass sie nicht zur Arbeit verpflichtet werden konnten. Sie wurden angemessen verpflegt und untergebracht, aber es muss ihnen absurd vorgekommen sein, dass man sie einsperrte, wo doch so viele von ihnen verzweifelt versuchten, ihren Beitrag zum britischen Kampf gegen die Nazis zu leisten.

Ernst führte während seiner Internierung Tagebuch. Er schrieb es in englischer Sprache, vielleicht, um seine neu erworbenen Sprachkenntnisse zu erhalten, vielleicht aber auch, um dem Vorwurf zu entgehen, er würde Geheimnisse vor den britischen Behörden haben. Dazu benutzte er zwei Schulhefte, die er jedoch nicht auf der ersten Seite begann, sondern bei denen er offenbar absichtlich einige Seiten leer ließ. Ich frage mich, ob dies ein Versuch war, die Privatsphäre zu wahren und jeden, der sie in die Hand nahm, denken zu lassen, sie seien unbenutzt.

Ernsts Englisch ist präzise und fast immer korrekt, aber die sehr langen Sätzen und die Förmlichkeit der Sprache deuten darauf hin, dass es nicht seine Muttersprache ist. Das Tagebuch beginnt am 4. August, drei Wochen nach seiner Ankunft im »Haus 19« im »Central Promenade Camp« in Douglas (der Hauptstadt der Insel), und im ersten Eintrag nennt er den Grund für sein Schreiben: die Befürchtung, dass er »in späteren Jahren nicht mehr in der Lage sein könnte, den Geist dieser Zeit korrekt einzufangen«.

Das Tagebuch wird sofort persönlich, schon im ersten Eintrag schreibt Ernst, dass er sich der Gefahren bewusst sei, die mit dem Führen eines Tagebuchs verbunden sind, er schreibt, dass es »zu Selbstüberheblichkeit, Selbstbetrug und Selbstverliebtheit« verleite. Aber »vieles, was in meinem Leben geschieht, geschieht in mir, und viele Gedanken vergehen, ohne Früchte zu tragen«. Vielleicht war es deshalb jetzt an der Zeit, diese Gedanken aufzuzeichnen.

Das Lager in Douglas bestand aus neunundreißig Häusern, und in jedem Haus waren die Internierten für ihre eigene Haushaltsführung verantwortlich, fürs Putzen, Wäschewaschen und Kochen. Viele der Tagebucheinträge handeln von Diskussionen (oder eher Streitereien) darüber, wer die Spülküche fegen und die täglichen Essensrationen aus der Zentralkantine abholen sollte, die dann in der Hausküche zubereitet wurden. Ernst erwähnt, dass er seine Schmutzwäsche wäscht und die Böden schrubbt. Das Tagebuch beschäftigt sich hauptsächlich mit der Routine des Lebens an diesem Ort, als wolle er sich nicht erlauben, an die Vergangenheit oder die Zukunft zu denken. Auf den Tod seines Vaters im Vorjahr geht er nur selten ein, schreibt aber, dass er eine Trauerrede für ihn verfassen will. Häufig hingegen schreibt er über seine Mutter, die allein in London lebt, er erwähnt Lebensmittelpakete, die sie ihm schickt, darunter Rosinen und Orangen, was im Sommer 1940 ein großer Luxus gewesen sein muss, und macht sich immer wieder Sorgen, dass sie in London bombardiert werden könnte, denn während seiner Internierung begannen die Deutschen mit den monatelang anhaltenden nächtlichen Luftangriffen auf London und andere britische Städte, und die Internierten lebten in großer Angst um ihre Angehörigen.

Die Internierten unterlagen deshalb ebenfalls den Kriegsvorschriften zur Verdunkelung ab 21:30 Uhr, was Ernst als »wirklich sehr früh« bezeichnet, denn zu dieser Jahreszeit ist es auf der Isle of Man noch taghell, und es war eine psychologische Herausforderung, das Tageslicht auszusperren. Ein Häftling sah während einer Luftangriffswarnung aus dem Fenster und wurde daraufhin verhaftet. Nachts empfindet Ernst das ständige Rufen der Wachposten (»Macht das Licht aus!«) als »furchtbar störend und lästig«.

Ernst schreibt darüber, dass die Glühbirnen rot angestrichen sind, um zu verhindern, dass Licht austritt und die Verdunkelung durchbricht, und dass diese rote Farbe von den Männern, die verzweifelt versuchen, abends mehr Licht zum Lesen zu haben, weggekratzt wird. Er macht sich außerdem Sorgen darüber, wie sie im Fall eines tatsächlichen Luftangriffs auf die Insel zurechtkommen würden: »Obwohl die offiziellen Anweisungen der Lagerkommandanten besagen, dass man alle Vorsichtsmaßnahmen [gegen Luftangriffe] getroffen hat, wurde bisher überhaupt nichts unternommen«, und er zählt die Maßnahmen auf, die notwendig gewesen wären, aber immer noch fehlen: »An den Fenstern gibt es keine Splitterschutzmaßnahmen, die Keller sind nicht verstärkt, wir haben keine Äxte, Wasser- und Sandeimer ...« Vielleicht greift er auf seine Kampferfahrungen aus dem Ersten Weltkrieg zurück, wenn er im Detail auflistet, was zum Schutz vor Luftangriffen getan werden sollte.

Dennoch kann er tagsüber das tägliche Schwimmen im Meer genießen. Mitte August schreibt er, dass er »am Nachmittag ein schönes Bad im Meer genommen hat. Wir waren nur zwanzig, da es ziemlich kalt war. Das Wasser schien jedoch irgendwie aufgeheizt zu sein ... Man hatte den Eindruck, bei offenem Fenster und offener Tür in einer Badewanne zu sein.« Manchmal fühlt sich das Wasser viel kälter an: »Bin am Nachmittag schwimmen gegangen ..., und als ich nach Hause kam, hielt ich es für richtig, ins Bett zu gehen und mich mit vier Decken zuzudecken, um wieder warm zu werden.«

Am Strand bemerkt er »die Möwen oder Brachvögel, oder wie diese Vögel hier genannt werden, die sich zum täglichen Putzen, Baden und Trinken versammeln. Ihr heulender Schrei ist inzwischen fester Bestandteil unseres Lebens hier geworden.« Vielleicht hat er als jemand, der so weit weg vom Meer aufgewachsen ist, erst jetzt Bekanntschaft mit Seevögeln geschlossen. Nun beobachtet er sie und ihre täglichen Gewohnheiten.

Die Internierten sind durch Stacheldraht von den Einheimischen in Douglas getrennt. Allerdings ist die Stadt nicht groß, und die beiden Gruppen nehmen sich gegenseitig wahr. (Die Bewohner der Isle of Man müssen an Internierungs- und Kriegsgefangenenlager gewöhnt gewesen sein; die Insel hatte bereits während des Ersten Weltkrigs etliche beherbergt.) Ernst schreibt über ein kleines Mädchen direkt außerhalb des Stacheldrahtzauns, das den Internierten beim Fußballspielen zusieht und den Ball zurückspielen kann, wenn sie ihn versehentlich über den Zaun kicken. An einem anderen Tag bemerkt er eine »junge Dame in einem scharlachroten Pullover auf einem lohfarbenen Pferd, die am Ufer entlanggaloppiert«, und vergleicht dieses »schöne

Bild« wohlwollend mit »Liebermanns Ölgemälden«. (Eines der Werke von Max Liebermann, das Ernst im Sinn gehabt haben muss, war »Zwei Reiter am Strand«, ein Gemälde voller Fluidität und Bewegung.)

Ernsts Stimmung schwankt von einem Satz zum nächsten, er ist (wie vielleicht wir alle in dieser Familie) aufbrausend. Er bittet Louise, ihm eines seiner alten Hemden zu schicken, und sie schickt ihm ein neues, was ihn ärgert. Er bittet auch um eine englischsprachige Lyrik-Anthologie, von der er weiß, dass sie sich im dritten Regal des linken Bücherregals in ihrer Wohnung befindet, aber wieder kauft sie ihm eine neue, und seine erste Reaktion ist Wut, weil unnötig Geld ausgegeben wurde. Aber innerhalb von ein oder zwei Sätzen erholt er sich und lobt sie dafür, »wirklich großzügig und großartig« zu sein. Tatsächlich ist die Sprache, die Ernst verwendet, wenn er sich auf seine Mutter bezieht, immer eher gehoben, sie ist »unbezwingbar edel in all unserem Elend. Welch großes Herz und welch großer Geist!« Nachdem er einen Brief von Louise erhalten hat, in dem sie die (inzwischen ständigen) Luftangriffe auf London nicht erwähnt, bemerkt er anerkennend: »Wie grandios von ihr!«

Im Gegensatz dazu erscheinen die häufigen Verweise auf die Streitigkeiten zwischen ihm und den anderen Internierten über die Kleinigkeiten ihres Alltags trivial, obwohl sie natürlich überhaupt nicht trivial sind, weil es nichts anderes gibt, was sie selbst bestimmen können. Wann sollen sie frühstücken? Gleich nach dem Appell um 7:30 Uhr oder eine halbe Stunde später? Sollen sie zweimal zu Abend essen: *tea* um siebzehn Uhr und dann noch ein »leichtes Abendessen«, *light supper*, um zwanzig Uhr, oder sollen diese beiden Mahlzeiten kombiniert werden? Ernst ist dafür, die Teestunde mit den lehrreichen Vorträgen zu verbinden, die sie sich um diese Zeit gegenseitig halten. Er möchte sie nicht verpassen, nur weil so früh schon zu Abend gegessen wird, und merkt an, dass das spätere leichte Abendessen nicht ausreiche, um die »nächtliche Hungersnot« abzuwenden. Ernst ist nicht der Einzige, der reizbar ist, die Leute verlieren die Beherrschung wegen unzureichender Teezuteilungen, der Zuweisung von Aufgaben und angesichts dessen, dass sich jemand beim Frühstück vorgedrängelt hat.

Aber trotz all der täglichen Auseinandersetzungen verlieren die Flüchtlinge nie ihr Ziel aus den Augen: ihren Kampf um Freiheit. Das Innenministerium hatte achtzehn »Ausnahmen« von der Internierung definiert, aufgrund derer Menschen freigelassen werden können, und die Männer diskutieren laufend darüber, ob sie unter eine dieser Ausnahmen fallen könnten. Sie versuchen, sich über die Welt außerhalb des Lagers zu informieren, sie sorgen sich um den *blitz*, den Fortgang des Krieges und die Wahrscheinlichkeit einer deutschen Invasion Großbritanniens. Und sie verfolgen die Parlamentsdebatten und lesen Zeitungsartikel über den Status, der ihnen zugewiesen ist.

Nachdem er einige Wochen im Lager verbracht hat, fällt Ernst auf, dass einige andere Internierte freigelassen werden, weil sie angeben, verheiratet zu sein und sich um ihre anderswo im Vereinigten Königreich lebenden Frauen kümmern zu müssen. Aber wie Ernst in einem Brief (vermutlich an das Innenministerium) darlegt, dessen Entwurf sich zu Beginn des zweiten Übungsheftes befindet: Was ist mit unverheirateten Internierten, die von ihnen abhängige Familienmitglieder haben wie er selbst seine »Mutter im fortgeschrittenen Alter«? Er erläutert: »Und ist das Band, das Eltern und Kinder miteinander verbindet, nicht ebenso stark, standhaft, kostbar und heilig wie das der Ehe?« An anderer Stelle schreibt er, dass er ein schlechtes Gewissen hat, weil er dieser Möglichkeit nicht früher nachgegangen ist und so vielleicht seine Freiheit hätte erlangt haben können.

Der Jurist in ihm lässt sich nicht leugnen. Ständig möchte er klarstellen und protestieren. Obwohl die Internierten keine Kriegsgefangenen sind, wurden einige von ihnen, die zugestimmt hatten, nach Kanada auszuwandern, nach London verlegt und werden nun bis zu ihrer Abreise in Gefängnissen festgehalten, was Ernst für falsch hält. Als die Internierten vom Lagerkommandanten aufgefordert werden, etwaige Beschwerden aufzuschreiben, vermerkt er, dass sie den Verhaltenskodex, an den sie sich halten müssen, nicht kennen. Auch stellt er fast beiläufig fest, dass ihr rechtlicher Status unklar ist. Seine juristische Expertise wird von anderen Internierten gewürdigt. Sie bitten ihn um Hilfe bei der Ausarbeitung von Anträgen auf Freilassung gemäß den Vorschriften des Innenministeriums.

Viele der Internierten weigern sich, Deutsch zu sprechen, vielleicht wollen sie das mühsam erworbene Englisch nicht verlernen, vielleicht ist ihnen ihre Muttersprache jetzt vergiftet. Ernst verweist missbilligend auf einen Mann, der, als er sich aufregt, weil seine Tasse beim Frühstück gestohlen wurde, ein »unangenehmes halb jiddisches Idiom« verwendet. In einer der wenigen Erwähnungen seiner Heimat vergleicht er den Anblick der Berge der Insel mit »einem bestimmten Berg nicht weit von Mayence am rechten Rhine-Ufer«; »Mayence« ist der französische Name von »Mainz«; es ist interessant, dass Ernst diese Variante verwendet, als wollte er sich von der deutschen distanzieren, mit der er viel vertrauter gewesen wäre. (Ähnlich handhabt er es mit der englischen Schreibweise »Rhine« für »Rhein«.)

Wenn es in den Häusern eng wird, dürfen die Internierten das Lager für Unterhaltungsprogramme wie »ein Konzert im Palace«, einem Kino in Douglas, verlassen. Ernst erwähnt, dass er zur Bank geht, um Geld abzuheben, und dafür zwei Stunden in der Schlange warten muss.

Die fast täglichen Hinweise auf das Schwimmen im Meer deuten auf die relative Freiheit hin, die sie hatten, zumindest was den Zugang zur Küste betraf. Die Isle of Man muss als weit genug entfernt von Europa angesehen und die Gefahr einer Invasion entsprechend gering eingeschätzt worden sein, während ein Großteil der britischen Küste (zumindest auf der östlichen Seite) nun für alle, nicht nur für Flüchtlinge, gesperrt war, blockiert von Panzersperren und Stacheldraht. Den verbliebenen feindlichen Ausländern auf dem britischen Festland war der Aufenthalt in einem fünf Meilen breiten Küstenstreifen verboten. Aber auch die Schwimmausflüge auf der Isle of Man waren reglementiert: Die Internierten durften nur in Begleitung eines Lageroffiziers schwimmen gehen. Spaziergänge ins Inselinnere waren zwar ebenfalls möglich, aber in ihrer Anzahl beschränkt, und auch sie erforderten begleitende Offiziere.

Zu den Internierten auf der Isle of Man gehörten Wissenschaftler, Autoren und Verleger wie Hermann Bondi, Arthur Koestler und André Deutsch sowie Musiker, Ingenieure, Industrielle und Rabbiner. Um sich zu beschäftigen, organisierten sie eine »Universität« und hielten sich gegenseitig Vorträge über eine Vielzahl von Sachgebieten.

Ernst besucht Vorträge zu so unterschiedlichen Themen wie die Produktion von Gummi, U-Booten, elektrischen Glühbirnen oder Leder, die er »interessant« findet (er könnte darüber bereits etwas gewusst haben, da Offenbach Anfang des 20. Jahrhunderts ein bedeutendes Zentrum zur Lederherstellung war), und den Talmud, die Quelle des jüdischen Gesetzes. Einer der Vorträge eines Pastors handelt vom Christentum, und Ernst schreibt, dass die Juden im Publikum

»verwundert über die kompromisslose Haltung sind, nach der das ewige Leben allein auf dem Glauben an Christus (und nicht auf einem tadellosen und tugendhaften Leben) basiert«. Eines der wenigen Themen, die ihn langweilen, ist die Mathematik. Er muss anderen Männern am Esstisch zuhören, die über »seltsame Zahlen« und »wie man ein Heptagon in einem Kreis konstruiert« diskutieren, »aber was nützt das?«, echauffiert er sich.

Aus praktischen Gründen wurden die jüdischen Internierten in Häuser aufgeteilt, die sich an koschere Speisegesetze halten, und solche, die dies nicht tun. Als nicht praktizierender Jude lebt Ernst in einem der Letzteren, aber offensichtlich gibt es zwischen den Häusern Diskussionen und Verhandlungen, um sicherzustellen, dass keine Lebensmittel verschwendet werden. Er berichtet: »Unser Haus wird 45 Pfund Fleisch vom koscheren Haus kaufen, wo sie es wegen Feiertagen, die mir unbekannt sind, nicht essen dürfen.«

Bei dem jüdischen Feiertag handelte es sich um Tisha B'Av, der an die zwei Zerstörungen des Tempels in Jerusalem in biblischer Zeit (sowie an andere jüngere jüdische Katastrophen) erinnert und im Jahr 1940 auf den 12. und 13. August fiel, den Tag nach dem Fleischkauf.

Kurz danach besucht Ernst einen Vortrag über diesen besonderen Feiertag; da er keine Bar Mizwa hatte, war ihm vermutlich der formelle Unterricht zum Judentum nicht zuteilgeworden, den jüdische Jungen erhalten. Vielleicht holt er das jetzt nach. Er kommentiert, dass er diesen Vortrag »schön« findet, und im nächsten Satz berichtet er, dass die Internierten glaubten, ihr Haferbrei werde heimlich mit Brom versetzt (er selbst sieht es nicht so, weil seine »körperlichen Funktionen ganz normal« sind). An einem Freitagabend hört er vom Fenster seines Zimmers aus die Musik des Shabbatgottesdienstes, die »sehr schön klang«, und beobachtet, wie eine »halb betrunkene Soldatenfrau, sehr hübsch und verführerisch« am Haus vorbeigeht und die Musik für Tanzmusik hält, »was auf einen ziemlich hohen Grad an Trunkenheit hinweist«.

All diese unterschiedlichen Themen stoßen im Tagebuch aneinander, das Heilige reibt sich am Profanen, sie bekommen nicht genügend Raum für sich – genauso wenig wie die Männer im Lager, die sich Räume und manchmal sogar Betten teilen müssen.

Auch wenn Ernsts Haus nicht koscher ist, finden dort dennoch Gottesdienste statt. An einem Samstagmorgen bleibt er in seinem Zimmer und liest, »während der Gesang des Shabbatgottesdienstes im Haus zu mir heraufklang«. Am selben Abend besucht er einen Vortrag von einem einarmigen Pastor über den heiligen Paulus, berichtet aber lakonisch, dass er »nichts Neues für mich« war.

Die gläubigen Juden unter den Internierten mögen liberal oder orthodox sein und daher recht unterschiedliche Ansichten zur religiösen Praxis haben, aber sie schaffen es, im Palace Theatre der Stadt einen gemeinsamen Fürbittengottesdienst gegen den Krieg abzuhalten. Ernst ist »froh darüber«, aber im Vorfeld besorgt, dass die Orthodoxie »zu viel des Gottesdienstes für sich in Anspruch nehmen« könnte. Beim Gottesdienst gibt es drei Kantoren, und Ernst merkt an, dass der erste mehr »Sänger als Kantor« ist. Vielleicht hat er früher doch gelegentlich die Synagoge in Offenbach besucht.

Ernsts Stimmungen schwanken stark; an einem Tag kommentiert er, dass »das Leben in den Lagern Männer in erstaunlich kurzer Zeit zu Schurken macht«, vier Tage später schreibt er, dass sie ein »sehr friedliches und alles in allem angenehmes Leben« führen. Sie bereiten einen Sketch in Form eines Scheingerichtsprozesses vor, in dem Ernst einen der Verteidiger spielt. Zuerst findet er es »zum Schreien komisch«, aber später ist er »niedergeschlagen«, als er erkennt, dass er »nicht viel zum Erfolg der Show beigetragen hatte.« Während der routinemäßigen Leibesertüchtigung findet er erst die Übungen zu schwierig, aber als er merkt, dass die anderen Teilnehmer keine Probleme damit haben, macht ihn das »sehr deprimiert und wütend«.

Die Männer können »erstklassig miteinander streiten«, aber sie bilden auch eine Gemeinschaft. Wenn es einem von ihnen gelingt, seine Freilassung zu erwirken, wird er von den anderen zum Lagerausgang begleitet. Sie spielen dabei Geige und Akkordeon wie bei einem »Abschiedsfest«.

Während Ernsts Tage mit dem Schrubben von Böden, Spaziergängen, dem Holen der Rationen, Schwimmen und körperlichem Training gefüllt sind, hat er vielleicht wenig Zeit, über seine Lage nachzudenken; nachts träumt er von seiner Familie.

Ein Traum, der ausführlich beschrieben wird, beginnt damit, dass Louise nach einem Luftangriff in Ohnmacht fällt, später erscheint Fritz und geht mit Ernst durch Offenbach von der Kaiserstraße (wo das Haus der Familie stand) zum Büsingpark. Fritz bittet Ernst, ihm ein paar Mädchen vorzustellen, und Ernst antwortet, dass er sehen wird, was er tun kann. Sie gehen weiter an einer sehr breiten Straße entlang, »dann kamen Mädchen vorbei, wir bildeten eine gemischte Reihe, und ich achtete darauf, dass auch Fritz ein Mädchen abbekam«. Die Mädchen verschwinden, und Ernst und Fritz bleiben in einem »schwach beleuchteten Gang« zurück, wo der Traum abrupt das Thema wechselt: Fritz fragt Ernst, ob er eine Nachfolge für die Vormundschaft bei Gericht ernannt hat, um seine Interessen zu vertreten. »Ich war ziemlich erstaunt über sein Wissen und wieder einmal, wie so oft, überzeugt, dass wir ihn üblicherweise unterschätzen.« (Dies ist der einzige Kommentar von Ernst zu Fritz, den ich finden konnte.) Als er aufwacht, erkennt er, dass der Traum »alles Wichtige enthielt«, einschließlich »des armen Fritz, der von den Freuden des Lebens ausgeschlossen ist«.

Vielleicht sind es die Luftangriffe, die Ernst dazu veranlassen, sich dem Pionierkorps der britischen Armee anzuschließen. In der Nacht, nachdem die Internierten darüber informiert wurden, dass sie zum Beitritt berechtigt sind, schläft er schlecht und sorgt sich »wegen der Entscheidung, die von mir verlangt wird«, und auch um »Mutter mitten im Geschehen« in London. Am nächsten Tag entscheidet er sich zum Beitritt. Aber der Raum, »in dem der Akt [des Beitritts] vollzogen wurde, war trist, staubig und unordentlich und hinterließ in den Seelen der zukünftigen Soldaten in keiner Weise einen Eindruck von der Größe und Macht Großbritanniens«. Auch angesichts seiner medizinischen Untersuchung ein paar Wochen später stellt er fest, dass diese »nicht sehr gründlich« war.

Kurz nach seiner Einberufung träumt Ernst, dass er ein Soldat ist, »der an einem Grenzbahnhof aussteigt, um zu meinem englischen Regiment zu gelangen. Plötzlich befand ich mich in einer deutschen Uniform aus der Vorkriegszeit von 1914.« Er wird von einem deutschen Offizier festgenommen, weil er die Nummer seines Regiments nicht kennt, und ist sehr verängstigt. Aber dann ist es nur ein Scherz, und er erhält die Erlaubnis, die Grenze zu überqueren. Er dankt dem Offizier auf Englisch und nochmals auf Deutsch. Sowohl seine Sprache als auch seine Identität sind nun verwirrt: Obwohl er in einem englischen Regiment dient, trägt er in diesem Traum eine deutsche Uniform.

Es gibt im Tagebuch nur wenige Erinnerungen an seine Vergangenheit. Die Tatsache, dass er Veteran eines früheren Krieges gegen die Alliierten ist, kommt kaum zur Sprache; aber als er ein Buch liest, das teilweise in Frankreich spielt, »schmerzt mich jeder Bezug auf Frankreich oder irgendeinen französischen Ort und trifft mich ins Mark. Die Niederlage Frankreichs und sein Zusammenbruch sind mit Abstand die größte Enttäuschung, die dieser Krieg mir gebracht hat.« (Vielleicht rührt die Nutzung des Ausdrucks »Mayence« von dieser Loyalität.) Er erzählt von den Erinnerungen anderer Männer an ihren Dienst im Ersten Weltkrieg, wie sie unter Hindenburg dienten und den Kaiser trafen, aber er liefert keine eigenen Erinnerungen. Die einzige – sehr indirekte – Referenz auf seinen Dienst im Ersten Weltkrieg ist, wenn er seine Wäsche »in kaltem fließendem Wasser wäscht, wie ich es vor mehr als zwanzig Jahren in Frankreich gesehen habe«. Militärdienst verschmilzt mit häuslichen Pflichten.

Deutschland mag in seine Träumen und in sein Unterbewusstsein eingeschrieben sein, aber es spielt kaum eine Rolle im Tagebuch. Es ist so sehr von Hitler vereinnahmt worden, dass es nun schlicht und einfach der Feindstaat ist, und Ernst steht fest auf der Seite Großbritanniens. Gegen Ende des Tagebuchs schreibt er: »Ich kann hier verkünden, dass ich sehr tief mit allen armen Menschen in England fühle, nicht nur mit meinen Verwandten. Der Premierminister sprach gestern von der drohenden Gefahr einer Invasion, keiner von uns glaubt, dass Hitler Erfolg haben könnte, wenn er es versuchte.«

Wegen der ständigen Luftangriffe erkennt er, dass »im Vergleich zu dem, was außerhalb des Lagers vor sich geht, all unsere Streitereien, Auseinandersetzungen, Interessen und Wünsche so unbedeutend erscheinen, dass ich heute beschlossen habe, das Tagebuch vorerst nicht mehr weiterzuführen ... Ich möchte den Atem anhalten, meinen Rat für mich behalten, beobachten und in schrecklicher Stille auf die donnernde Stimme über uns warten.« Schließlich spricht er von »einem festen Glauben, dass es einen GOTT gibt, groß und weise und voller Gnade, in dessen Hände wir unser Schicksal legen«.

Ich schließe das Übungsheft, das er als Tagebuch benutzt hat. Sein Einband ist so glänzend, wie er gewesen sein muss, als Ernst hineinschrieb. Die dünne Linie seines Lebens, die Spur, die ich von Deutschland nach England und ein paarmal zurück verfolgt habe, verwandelt sich hier im Heft zu einem breiten Band und legt sich in seinem mit Bleistift geschriebenen Text auf diesen Seiten nieder. Es ist das erste Mal, dass ich, durch seine eigenen Worte, wirklich ein Gefühl dafür bekomme, wer er war. Die Schrift ist deutlich, entschlossen. Gefasst.

Ernst berichtet zwar nicht von einer Begegnung mit ihm, aber unter den anderen Internierten in diesem Lager befand sich auch der Künstler Kurt Schwitters, der in Deutschland durch seine Verbindung von Surrealismus und Dada berühmt geworden ist. Er war kein Jude, aber als abstrakter, antirealistischer Künstler war er verbalen (wenn nicht gar physischen) Angriffen der Nazis ausgesetzt, und seine Werke wurden in die berüchtigte Ausstellung »Entartete Kunst« von 1937 aufgenommen. Nach 1933 hatte er sich in Deutschland erst in die »innere Emigration« zurückgezogen, bis ihm die Flucht nach Norwegen gelang, das er 1940 nach dem deutschen Überfall verließ, indem er mit einem Eisbrecher von Spitzbergen nach Edinburgh übersetzte, wo er prompt verhaftet wurde. Danach verbrachte er mehrere Monate in verschiedenen Internierungslagern (unter anderem in Midlothian und Edinburgh, nicht weit von meinem Wohnort entfernt), bevor er auf die Isle of Man verlegt wurde.

Schwitters nannte seine Kunstwerke »MERZ«, was er als ein unsinniges Wort bezeichnete, das er aus dem Namen einer Bank abgeleitet hatte: »Ich nannte meine Gestaltung mit prinzipiell jedem Material MERZ. Das ist die 2te Silbe von Kommerz. Es entstand beim Merzbilde, einem Bilde, auf dem unter abstrakten Formen das Wort MERZ aufgeklebt und ausgeschnitten aus einer Anzeige der KOMMERZ- UND PRIVATBANK, zu lesen war. Dieses Wort Merz war durch Abstimmen gegen die anderen Bildteile selbst Bildteil geworden, und so musste es dort stehen ... Ich nannte nun alle meine Bilder MERZbilder. Später erweiterte ich die Bezeichnung MERZ erst auf meine Dichtung und endlich auf all meine entsprechende Tätigkeit. Jetzt nenne ich mich selbst MERZ.«

Schwitters sagte, das Wort »MERZ bedeutet nichts«, und das war vermutlich der Reiz für ihn. Dieser Prozess des Zerlegens und Wiederaufbaus der Sprache spiegelt das wider, was er mit Objekten tat: Er schuf Kunst aus Haushaltsgegenständen oder Müll ohne offensichtlichen künstlerischen oder sonstigen Wert. Im Internierungslager begann er, Kunstwerke teilweise aus Haferbrei und Holz herzustellen, das oft von Tisch- und Stuhlbeinen stammte, die er aus den Unterkünften gestohlen hatte. »Ich habe oft gesehen, wie er sich zu einem schönen Stück Linoleum aus dem Haus einer unglücklichen Dame verhalf«, erzählte später ein anderer Internierter.

In MERZ haben die Busfahrkarten, Schnurstücke, zerschnittenen Zeitungen und so weiter ihren ursprünglichen Zweck verloren und sind durch die Fixierung in der zweidimensionalen Welt des Bilderrahmens in etwas anderes verwandelt worden. Und doch sind sie noch als das zu erkennen, was sie einmal waren, sie erinnern geisterhaft an ihr früheres Leben.

MERZ mag für Schwitters keine Assoziation gehabt haben, aber für mich fühlt es sich an wie ein Echo von Merzbach, dem Mädchennamen von Louise und dem Namen der

Bank der Familie in Offenbach. Die Verbindung zum Handel, zu Finanzen und Kapital bleibt bestehen.

Im Juni 1940, zur selben Zeit, als die Flüchtlinge zusammengetrieben und auf der Isle of Man interniert werden, stirbt Lisls Vater Edmund in Wien. Er ist sechsundsiebzig Jahre alt. Die Todesursache ist mir nicht bekannt, aber die Kultusgemeinde hat mir ein Protokoll seiner Beerdigung auf dem Zentralfriedhof geschickt, dem wichtigsten jüdischen Friedhof in Wien. Daraus geht hervor, dass er zum Zeitpunkt seines Todes in der Gölsdorfgasse 4 wohnte. Diese Adresse hatte die Familie bei den Auswanderungsanträgen als erste angegeben: Dr. Gustav Leipen.

Ich frage mich, wie Edmund und Frieda dazu kamen, dort zu leben. Ich weiß, dass österreichische Juden irgendwann Ende 1938 die Freiheit verloren, zu leben, wo sie wollten, und zunehmend gezwungen waren, sich überfüllte Unterkünfte zu teilen. Wurde Edmund und Frieda von Dr. Leipen eine Unterkunft angeboten? Oder wurde sie ihnen von den Behörden zugewiesen – in diesem großen Gebäude in der Nähe des Stadtzentrums und in der Nähe des jüdischen Bezirks Leopoldstadt, wo viele Juden nach 1938 leben mussten?

In der Sterbeurkunde steht auch, dass die Kosten für das Begräbnis 169 Reichsmark betrugen und dass Edmund neben seinem Vater Samuel Jellinek begraben ist. Und Frieda lebte immer noch in der Gölsdorfgasse 4, nun ohne ihren Mann.

Ernst war nur zwei Monate lang interniert, bevor er zum Pionierkorps einrücken durfte. Die Kehrtwende der britischen Regierung scheint schnell erfolgt zu sein. Im Juni 1940 wurden die Flüchtlinge als mögliche Gefahr für das Land eingestuft; im September durften sie den Streitkräften des Landes beitreten und bei dessen Verteidigung helfen.

Das Pionierkorps war damals nicht Teil der regulären Armee, sondern eine Hilfseinheit, die zwar körperliche Arbeit verrichtete, deren Truppen aber nie an die Front entsandt wurden. Es gab Bedenken, deutsche Juden in der regulären Armee dienen zu lassen, denn falls sie von den Deutschen gefangen genommen würden, wären sie im Gegensatz zu anderen Kriegsgefangenen als »Vaterlandsverräter« eingestuft und infolgedessen möglicherweise hingerichtet worden. Die Flüchtlinge, die im Pionierkorps dienten, wurden inoffiziell als »die loyalsten feindlichen Ausländer des Königs« bezeichnet, eine Formulierung, die das ständige Paradoxon ihrer Identität illustriert.

Mein Vater findet ein Foto von Ernst in seinem britischen Armee-Khaki. Auf einer Seite seines Kopfes sitzt schräg die Mütze. Es ist zweiundzwanzig Jahre her, dass er das letzte Mal eine Militäruniform getragen hat, und sein Gesicht zeigt eine gewisse Müdigkeit bei dem ganzen Unterfangen. Seine Augen hinter den runden Brillengläsern wirken erschöpft, die Lider schwer. Wenigstens wird es dieses Mal nicht der Horror der Schützengräben, der Granaten und des Gases in Nordfrankreich sein. Die meiste Zeit hat das Pionierkorps schweres Gerät transportiert und Verteidigungsanlagen an der Küste ausgehoben. Diese Arbeit war sicher eine Verschwendung der Fähigkeiten und Erfahrungen der Flüchtlinge, aber zumindest trugen sie etwas zu den Kriegsanstrengungen bei.

Als er dem Pionierkorps beitrat, musste Ernst eine Bescheinigung unterschreiben, in der er angeben musste, ob er zuvor in den britischen Streitkräften gedient hatte. Seine Antwort war natürlich »Nein«. Aber er wurde nicht aufgefordert, förmlich zu erklären, ob er in den Streitkräften eines anderen Landes gedient hatte, insbesondere in denen des Feindes. Sein Leben musste nun voller Widersprüche sein, er würde über die Gemeinsamkeiten und Unterschiede zwischen dem Dienst in der Wehrmacht und in den britischen Streitkräften schweigen müssen. Die britischen Soldaten hatte er bisher nur von der anderen Seite des Niemandslandes aus erlebt. Er hatte sie durch ein Fernglas beobachtet, war auf tote Soldaten in britischem Khaki gestoßen und hatte gelernt, bestimmte Aspekte ihrer Uniformen (wie die nutzlosen Gamaschen) zu identifizieren. Musste er jetzt, im Jahr 1940, so tun, als hätte er das alles noch nie gesehen? Noch nie eine solche Schulterklappe oder diesen Gürtel, der Sam Browne genannt wird? Als hätte er noch nie auf ein Mützenabzeichen geschossen, das in der Morgensonne auf der anderen Seite der Schützengräben glänzte?

Vielleicht tut er so, als hätte er keinerlei militärische Erfahrung, denn wenn er zugeben würde, dass er tatsächlich weiß, wie man ein Gewehr abfeuert, würde die Tatsache aufgedeckt, dass er einst der Feind gewesen ist. Der Begriff »feindlicher Ausländer« soll nicht persönlich gemeint sein, er soll nur auf die Nationalität der Flüchtlinge hinweisen, aber für Ernst ist es doch etwas Persönlicheres, weil er ausgebildet wurde, um gegen die Armee zu kämpfen, die ihn nun in ihre Reihen aufnimmt.

Diese Erfahrung muss so verwirrend gewesen sein wie die Paradoxien in »Alice im Wunderland«: nach der Schule in die Armee des eigenen Landes eintreten, mehrere Jahre lang gegen die Briten kämpfen und mit dem Eisernen Kreuz ausgezeichnet werden; zweiundzwanzig Jahre später in die Armee des ehemaligen Feindes eintreten und gegen sein ehemaliges Heimatland kämpfen. Die Identität nicht nur geändert, sondern irgendwie ausgetauscht. Auf den Kopf gestellt.

Im Jahr 1916 wurde Ernst direkt nach der Schule eingezogen. Jetzt, 1940, ist er Freiwilliger und mit seinen zweiundvierzig Jahren älter als die meisten anderen Soldaten, denn die bei Kriegsausbruch eingeführte Wehrpflicht gilt nur für Männer zwischen achtzehn und einundvierzig Jahren (auch wenn sie später auf Männer bis einundfünfzig Jahre ausgedehnt wird). Er dient als Gefreiter im Pionierkorps und ist bis 1943 in Nord-Devon stationiert, wo er zum Unteroffizier befördert wird. In diesem Jahr dürfen die Flüchtlinge endlich aus dem Pionierkorps in reguläre Kampfeinheiten wechseln, und Ernst geht zum Army Educational Corps, wo er als Ausbilder Offiziere in Deutsch unterrichtet, um sie auf die zukünftige Besetzung Deutschlands durch die Alliierten vorzubereiten.

Jetzt ist er in Edinburgh stationiert, und hier kreuzen sich seine und meine Wege ein weiteres Mal. Edinburgh Castle ist immer noch eine aktive Kaserne, das Hauptquartier des Royal Scots Regiments. Hier, hoch über der Stadt, hatte Ernst vermutlich seinen Unterricht abgehalten, hatte den Offizieren beigebracht, wie Invasoren und Besatzer zu sprechen, die richtigen Ausdrücke für Kriegsgefangenenlager,

Rationen und bombardierte Gebäude zu benutzen. Sie würden von Ernst den Imperativ gelernt haben, um den Unterworfenen Befehle zurufen zu können: »Steht still!« – »Hört auf zu reden!« – »Zeigt mir eure Papiere!« – »Bildet Ketten und räumt die Trümmer weg!«

Wegen Ernsts Gewohnheit, auf der Isle of Man im Meer zu baden, frage ich mich, ob er hier in Edinburgh, einer Stadt, in der das Meer eine ferne, aber ständige Präsenz ist, gerne schwimmen gegangen wäre. Aber dies ist die Ostküste Großbritanniens, und die war während des Krieges stark befestigt. Etwas weiter östlich von der Stadt, vielleicht knappe zwanzig Kilometer entfernt, gibt es am Strand von Longniddry immer noch große Betonwürfel, die in das Vorland eingelassen sind; Panzerfallen, die eine deutsche Invasion aufhalten sollten. Einige von ihnen sind schräg aufgestellt und sehen aus, als wären sie abgeworfen worden und während des Eindringens in den Boden eingefroren. Heute sind sie von Flechten und Seepocken überkrustet, und fast wirkt es, als hätten sie schon immer dort gestanden.

Ich weiß nicht genau, wann Lisl ihre Stelle als Dienstmädchen aufgab und dem Auxiliary Territorial Service, der Frauenabteilung der britischen Armee, beitrat, aber es war vermutlich kurz nach Kriegsausbruch. Wie Ernst meldete auch sie sich freiwillig, denn junge Frauen wurden erst Ende 1941 eingezogen. Sie wurde nach Ilfracombe in Devon versetzt, wo damals über dreitausend deutsche und österreichische Flüchtlinge in der Armee dienten. Sie arbeitete in den Lagern und kümmerte sich um den Nachschub, und dort lernte sie auch Ernst kennen. Sie heirateten im Dezember 1941 in der nahe gelegenen Stadt Barnstaple, und aus Ernsts Armeeunterlagen geht hervor, dass ihm zu diesem Anlass neun Tage Urlaub gewährt wurden.

Ende 1943 wurde Lisl aus der Armee entlassen und wohnte bei Louise im Norden Londons. Mein Vater wurde Anfang 1944 geboren, und Lisl erzählte mir, dass kurz nach der Geburt die Luftangriffswarnung ertönt sei und alle Frauen mit ihren Neugeborenen in einen Luftschutzbunker hätten evakuiert werden müssen, wobei die Krankenschwestern sichergestellt hätten, dass jede Mutter ihr Baby bei sich gehabt habe, für den Fall, dass das Schlimmste passierte und sie alle getötet würden.

Rückkehr in die Trümmer. Die Kritik von Heidegger (und anderen) an den Juden als Luftmentshen, die kaum eine Verbindung mit dem Boden unter ihren Füßen haben, stellt Mutmaßungen an über die Nützlichkeit und Gutartigkeit der Erde, des Bodens, des Grunds und über die Notwendigkeit, mit ihm verbunden zu sein. Hier in Frankfurt stößt man, wenn man unter der Oberfläche gräbt, auf jede Menge Schutt und vielleicht auch Schlimmeres.

An einem Tag im Frühsommer, nicht lange nachdem der erste Lockdown gelockert worden war, beschloss ich, von unserer Wohnung aus mit der Straßenbahn in die Innenstadt zu fahren. Ich war seit mehreren Monaten nicht mehr im Stadtzentrum spazieren gegangen, und obwohl die Skyline von unserer Wohnung aus zu sehen war, wirkte sie zunehmend wie eine Fata Morgana, etwas nicht ganz Reales.

Als ich mich der Hauptstraße näherte, an der die Straßenbahnen 16 und 17 hielten, sah ich einige Polizeiautos, die die Straße für den übrigen Verkehr absperrten. Die Straße war merkwürdig still. Ich ging näher heran, bis ein Polizist, der in der Nähe stand, eine Hand hob. Er befahl mir, anzuhalten.

»Warum?«, fragte ich ihn.

»Diese Straße ist gesperrt«, antwortete er.

»Fährt denn noch nicht mal die Straßenbahn?«

»Nein. Es fährt den ganzen Nachmittag keine Straßenbahn mehr.«

»Ach so.« Ich blickte die leeren Straßen auf und ab, die nur noch aus Asphalt, Ampellichtern und Stromkabeln bestanden. Ein paar Polizeiautos, Blaulicht, aber keine anderen Fußgänger. Eine unheimliche, postapokalyptische Stadt. »Was ist passiert?«, fragte ich.

»Wir haben eine Bombe aus dem Zweiten Weltkrieg gefunden und mussten diesen Teil der Stadt evakuieren.« Anders als alles andere, was er sagte, erzählte er mir das nicht auf Deutsch, sondern in perfektem, fast akzentfreiem Englisch. Vielleicht wollte er damit unbewusst etwas ausdrücken. Vielleicht wollte er auch nur ganz sicher sein, dass ich es verstand.

»Oh.« Ich lächelte ihm entschuldigend zu und fühlte mich seltsam zittrig (als ob die Bombe tatsächlich explodiert wäre), als ich in die Wohnung zurückkehrte und die Lokalnachrichten verfolgte.

Offenbar war die Bombe riesig, etwa eine halbe Tonne schwer, und ein großer Teil des Westends musste vollständig evakuiert werden. Tausende von Einwohnern wurden in Gemeinschaftsunterkünfte gebracht, während Experten die Bombe entschärften. Dies war kein ungewöhnliches Ereignis, denn Deutschland hat noch immer jedes Jahr mit Tausenden von nicht explodierten Bomben zu tun. Immer noch werden Menschen durch sie getötet.

Das verkompliziert die Annahme, wir bräuchten eine Verbindung mit dem Boden unter unseren Füßen. Vielleicht ist es besser, in diesem Fall ein Luftmentsh zu sein.

Ein paar Monate später ist Hochsommer, die Tage sind lang und schläfrig, die Mauersegler schießen umher und fangen Insekten, die Bussarde kreisen in der Thermik hoch über uns, während sich auf dem Balkon die Wespen versammeln, nur um uns zu ärgern. Nach den schottischen Sommern brauchen wir Zeit, um uns daran zu gewöhnen. Wir müssen lernen, die Fenster geschlossen zu halten und die Jalousien zuzuziehen, um die Hitze aus der Wohnung zu halten, sonst ist es unmöglich zu arbeiten. Instinktiv will ich das Außen hineinlassen, und es fällt mir schwer, es nicht zu tun. Ich bin durch meine vielen Jahre in Edinburgh zu sehr darauf konditioniert, die Außenluft immer als kalt und frisch zu betrachten, als etwas, das mit dabei hilft, so lebhaft wie der Wind selbst zu denken.

Wenigstens haben wir den nahe gelegenen Stadtwald, wo ich unter dem dichten Blätterdach langsam über die Waldwege laufe. Ich kann die Züge auf der Südseite und den Verkehr auf der Nordseite hören und die Flugzeuge über mir, die auf dem nahen Flughafen landen oder von dort starten. Aber ich höre auch Heuschrecken, das mechanische Surren der Stare, das Klackern der jungen Elstern, die von ihren Eltern Futter verlangen. Die sich überlagernden und ineinander verwobenen Geräusche werden in meinem Kopf sortiert und kategorisiert, als würde ich ein Wollknäuel entwirren.

Anfang August geriet der Wald in Brand, was nicht weiter verwunderlich war, denn in den vorangegangenen Wochen hatte die Temperatur hier regelmäßig dreißig Grad erreicht. Die Feuerwehrleute sperrten einen großen Teil des Waldes ab, weil sie befürchteten, dass sich das Feuer ausbreiten und Schlimmeres passieren könnte. In diesem Moment erfuhr ich, dass dieser Wald, wie viele andere Wälder in Deutschland auch, nach dem Ersten und Zweiten Weltkrieg als Abladeplatz für Munition genutzt worden war. Heute weiß niemand mehr genau, wo die Bomben vergraben sind, weil damals niemand exakte Karten der Deponien angefertigt hat. Jetzt fragte ich mich, worauf ich mich eingelassen hatte, wenn ich durch diesen friedlichen Ort schlenderte. Und die Feuerwehrleute hatten recht, denn dieser Waldbrand brachte tatsächlich eine der unterirdischen Bomben zur Explosion.

Der Wald hier ist ein Ort, an dem sich Wildnis, Industrie und Militär vermischen, und es ist schwer, sie voneinander zu trennen. Die horizontale Begrenzung des Waldes, die Erde, die die Wurzeln der Pflanzen in sich birgt und den Insekten ein Zuhause bietet, beherbergt gleichzeitig auch Bomben. Wenn Bomben explodieren, schießen sie einen Schauer dieser Erde hoch in die Luft, der dann wie dunkler Regen herunterfällt. Die Erde nährt also nicht nur das Leben, sie beherbergt auch den Tod.

Die beiden Porzellanstücke, die geduldig knapp unter der Oberfläche lagen, bevor ich sie fand, müssen dort gelandet sein, als die Stadt nach 1945 von den Trümmern befreit wurde. Im Stadtwald und in der Umgebung anderer Städte Deutschlands wurden so viele Tonnen Schutt abgeladen, dass künstliche Hügel entstanden; die höchsten Erhebungen dieser Städte.

Meine beiden Porzellanstücke sind scharfkantig und haben eine glänzende Oberfläche, anders als die Scherben, die ich häufig am Strand von Musselburgh fand, wenn die Flut sich weit zurückgezogen hatte und die Kies- und Sandbänke frei legte. Man konnte fast einen Kilometer auf diesen Sandbänken spazieren gehen und sich dann umdrehen und das Land betrachten. Die zerbrochenen Porzellanstücke, die ich dort häufig fand, waren vom Meer glatt gerieben, hatten weiche Ränder, und ihre Glasur war abgenutzt und schwer zu erkennen. Oft sahen sie fast so aus wie die sie umgebenden Kieselsteine, als ob das Meer jedes offensichtliche Muster hatte auslöschen und diese Reste der Zivilisation unlesbar hatte machen wollen. Ich wusste, dass diese Porzellanstücke, wenn ich sie nicht aufhob, sondern zwischen Felsbrocken, Algensträngen und abgeschabten Krabbenschalen im Sand liegen ließ, irgendwann ganz verschwunden sein würden. Diejenigen, die ich aufhob, hatten oft blau-weiße Muster, als ob Blau die einzige künstliche Farbe wäre, die sich eignete, als ob der Hersteller dieses Porzellans gewusst hätte, dass es eines Tages im Wasser landen würde.

Das blau-weiße Porzellan im Wald ist hingegen nicht geglättet, seine Glasur ist noch vollkommen intakt, und die Kanten sind scharf genug, um als Werkzeug verwendet zu werden. In unserer Wohnung stehen sie nebeneinander auf meinem Bücherregal, es ist mir wichtig, dass sie noch zusammenpassen. Vielleicht ist dieses Arrangement von Porzellan ein Nachkomme von Schwitters' MERZ: Etwas, das als Abfall kategorisiert und als wertlos eingestuft wurde, wird mit einer neuen Bedeutung aufgeladen.

Jedes Mal, wenn ich im Wald spazieren gehe, kehre ich an dieselben Stellen zurück. Ich weiß, wo ich die Bussarde am besten rufen höre und wo ich am ehesten einen Eichelhäher sehen werde. Vielleicht bestätigt mir diese geglückte Rückkehr in den Wald, dass ich hierhergehöre und dass ich eine völlig natürliche Beziehung zu ihm habe, die sich von der Vergangenheit über die Gegenwart bis in die Zukunft erstreckt. Eine Beziehung, die sich direkt und unbefangen anfühlt, wenn ich draußen auf seinen Pfaden unterwegs bin (und nicht drinnen am Schreibtisch sitze, wo ich nachdenke und versuche, über all das zu schreiben). Weil diese Beziehung für mich wichtig ist, schöpfe ich aus dieser Routine einen gewissen Trost, der mich darin bestärkt, wer ich hier bin. Wenn also mein Verständnis von dem, was der Wald ist, durch ein detaillierteres Verständnis seiner Geschichte verkompliziert wird, dann wird vielleicht auch mein Selbstverständnis herausgefordert oder aufgeweicht.

Ein Ort muss nicht nur aus Dingen bestehen, die sich physisch innerhalb seiner Grenzen befinden. Der Wald besteht

aus den Bäumen und den Vögeln, die in diesen Bäumen leben, und den Pilzen und den Azubis der Hessischen BAU-
akademie, die auf einer Bank unter den Bäumen sitzen und
in ihren Pausen Zigaretten rauchen, aber er ist gleichzeitig
auch die Struktur für die Planeten und Sterne über ihm.
Zurzeit, im September 2021, geht Jupiter recht früh am
Abend auf und ist am noch hellen Himmel zu sehen, einge-
rahmt von Dächern und Bäumen. Der Ort, der der Wald ist,
»enthält« also auch weiter entfernte Dinge. Ort ist sowohl
hier als auch dort.

Vielleicht bin ich stolz darauf, mich hier zu Hause zu fühlen, nur um Heidegger etwas zu beweisen: Wenn es einen
Grund für seine Behauptung gibt, dass Juden das Gefühl der
Verwurzelung anderer Menschen untergraben (aber wie
können wir es untergraben, wenn wir doch in der Luft fliegen?), ist es vielleicht der, dass wir uns immer bewegen
mussten. Wir hatten nicht den Luxus, über Generationen
hinweg an einem einzigen Ort zu bleiben. Welche Wahl hatten Ernst, Lisl, Louise und Fritz? Fortgehen oder verfolgt
werden.

Und vielleicht hängt die ersehnte Zugehörigkeit, das Gefühl eines besonderen Ortes, nur von der räumlichen Ska-
lierung ab. Zwischen 1871 und 1945 verändert Deutschland
selbst seine Gestalt; es dehnt sich aus, zieht sich zusammen,
dehnt sich wieder aus und zieht sich schließlich noch weiter
zusammen. Es ist ein Land, dessen Grenzen sowohl nach innen als auch nach außen umstritten sind.

Allerdings ist es nicht immer hilfreich, sich zu sehr an seinen Flecken zu binden, seine Heimat als etwas Besonderes
zu betrachten. Manchmal hilft ein wenig Objektivität dabei,
mehr zu verstehen. Im Jahr 1543 veröffentlichte Koperni-
kus sein Modell des damaligen Universums, in dem die Erde
nicht mehr als Mittelpunkt angenommen wurde, sondern

nur noch als einer der sechs bekannten Planeten, die die Sonne umkreisten. Diese furchtbare Herabstufung der Erde (und ihrer Bewohner) war in Wirklichkeit ein riesiger Fortschritt in unserem Verständnis des Universums nicht nur in Bezug auf die physikalischen Eigenschaften des Sonnensystems, sondern weit darüber hinaus: dem des Universums als Ganzes.

In Niederrad kann ich rechts von unserem Balkon die Sonne im Westen untergehen sehen, auch wenn die genaue Position von der Jahreszeit abhängt. Im frühen Winter erscheinen die leicht zu identifizierenden Sternbilder Kassiopeia und Andromeda fast direkt über uns, wenn wir nach dem Abendessen auf den Balkon gehen, um den klaren Himmel zu betrachten. Im August kann ich gelegentlich eine Sternschnuppe über dem Haus gegenüber von uns entdecken, wenn die Erde die Perseiden durchläuft. Diese Beobachtungen sind etwas ganz Besonderes, spezifisch für diesen Ort. Die meisten Sterne scheinen gleichmäßiger über den Himmel verteilt zu sein, und weiter entfernte, schwächere Sterne sind zu einem hellen Streifen zusammengefasst – zu unserer Galaxie, der Milchstraße. Auch das mag etwas Besonderes sein, aber wenn wir durch ein Teleskop blicken, sehen wir Hunderte, wenn nicht Tausende von anderen, ähnlichen Galaxien. Was wir für etwas Besonderes und Helles halten, ist es nur deshalb, weil es uns relativ nahe ist, oder vielmehr, weil wir uns in seiner Nähe befinden. Etwa in der Nähe der Sonne, die der Grund ist, weshalb wir überhaupt existieren und Beobachtungen machen können.

Beobachtungen, die zeigen, dass sich alles im Universum in ständiger Bewegung befindet, von den Atomen bis zu den Galaxienhaufen, denn sonst würde es aufhören zu existieren. Bewegung ist alles.

DIE TOTEN

Ich besuche einen der beiden Standorte des Jüdischen Museums in Frankfurt. Das Museum Judengasse befindet sich am Rande des ehemaligen Zentrums der Altstadt östlich der Zeil. Als ich mich dem Museum von der nächstgelegenen Straßenbahnhaltestelle aus nähere, denke ich, dass es groß aussieht; ein modernes Backsteingebäude an der Ecke zweier belebter Straßen, das mindestens vier oder fünf Stockwerke haben muss, vielleicht, um die lange Zeitspanne darzustellen, die vielen Hundert Jahre, in denen jüdische Menschen in dieser Stadt gelebt haben. Als ich dann davorstehe, wird mir klar, dass ich falschlag. Das Gebäude selbst ist eine Abteilung der Stadtverwaltung, und das Museum befindet sich lediglich im Untergeschoss.

Der Eingang ist nicht einmal direkt von der Straße aus zugänglich, sondern liegt versteckt auf der Rückseite, aber als ich mich umschaue, weiß ich, dass ich am richtigen Ort bin, denn in der Nähe parkt ein Polizeiauto. Ich passiere die flughafenartige Sicherheitskontrolle und kaufe eine Eintrittskarte. Hier ist alles ruhig und still, es scheint keine anderen Besucher zu geben. Es herrscht eine merkwürdige Atmosphäre, aber ich bin mir nicht sicher, warum. Es fühlt sich nicht wie ein normales Museum an.

In der Judengasse befand sich das Frankfurter Ghetto, das erste in Europa und das am längsten bewohnte, bis die Nazis eigene errichteten. Das Ghetto funktionierte wie ein offenes Gefängnis: Tagsüber konnten die Menschen kommen und gehen, aber nachts und an Sonntagen und christlichen Feiertagen war das Tor verschlossen. In meiner Vorstellung sind jüdische Ghettos im Wesentlichen mittelalterlich geprägt, aber dieses Ghetto bestand bis in die Neuzeit hinein; Frankfurt verlangte von seinen jüdischen Bewohnern bis 1796, hier zu leben. Nachdem das Ghetto in jenem Jahr abbrannte, erhielten die Bewohner die Freiheit, sich ihren Wohnort selbst auszusuchen, und 1864 wurden sie zu vollwertigen Bürgern.

Die Häuser in der Straße wurden im späten 19. Jahrhundert abgerissen, und nach dem Zweiten Weltkrieg veränderte die ganze Gegend im Zuge der Neugestaltung der Innenstadt ihr Gesicht. Heute verläuft eine Hauptverkehrsader, die Kurt-Schumacher-Straße, in Nord-Süd-Richtung durch einen großen Teil des alten Ghettogebiets.

1987 beschloss die Stadtverwaltung, an der Ecke Batonn-/Kurt-Schumacher-Straße ein Kundenzentrum für die Mainova, das öffentliche Energieversorgungsunternehmen, zu bauen. Als man begann, den Boden für die Fundamente dieses Gebäudes vorzubereiten, entdeckte man umfangreiche Überreste der Judengasse, darunter die Fundamente und Mauern von mehr als zwanzig Häusern sowie die Straße selbst und die Gassen, die zwischen den Häusern und um die Rückseiten der Häuser herum verliefen. Öffentliche Gebäude wie ein Tanzsaal und ein Theater befanden sich in dieser engen Gasse, ebenso eine Synagoge und mehrere Mikwaot. Nach Bekanntwerden dieser Entdeckung begannen die Frankfurter, gegen die Pläne der Stadt zu protestieren, und forderten, die Überreste in Ruhe zu lassen und nicht zu überbauen. Laut der Ausstellung im Museum, die Fotos von den Demonstrierenden mit ihren Transparenten zeigt, war es das erste Mal, dass eine Gruppe von Deutschen öffentlich gegen die geplante Zerstörung der jüdischen Kultur protestierte.

Als ich das lese, kommen mir die Tränen, und ich bin den Frankfurtern dankbar für ihren Protest, für ihr Bekenntnis, dass die jüdische Kultur schützenswert ist, dafür, dass sie von ihnen als ein wesentlicher Bestandteil der deutschen Gesellschaft angesehen wird. Aber die Geschichte hatte kein Happy End, denn die Stadt gab nicht nach und bestand darauf, die Überreste der Judengasse zu zerstören. Der einzige Kompromiss, den sie zuließ, war die Erhaltung der Fundamente von fünf Gebäuden, aber selbst diese mussten zunächst während des Baus des Mainova-Gebäudes entfernt werden, bevor sie später zurückgebracht und rekonstruiert wurden. Diese Rekonstruktion bildet das Herzstück der Ausstellung im Museum. Man kann sich des Eindrucks nicht erwehren, dass die Verantwortlichen der Stadt keine zündende Idee hatten, wie man dieses Aspektes der Geschichte gedenken sollte. Vielleicht war es 1987 noch zu schwierig, die zentrale Rolle zu würdigen, die die jüdische Kultur einst in der Stadtgeschichte gespielt hatte.

Abriss als einzige Möglichkeit, mit den Trümmern der Geschichte fertigzuwerden, sie unter Beton zu begraben; das jedenfalls scheint dieses Museum, wenngleich unbeabsichtigt, zu vermitteln.

Die Judengasse teilt das gleiche Schicksal wie die zerbombten Überreste des Römerplatzes, die in den 1950er Jahren unter einem Parkplatz eingekerkert wurden. Es wirkt seltsam, alte Gebäude zu zerstören, die eine Verbindung zur Lebensgeschichte der Menschen herstellen, aber vielleicht war die Stadt Frankfurt in den 1980er Jahren noch immer an den Gedanken der Zerstörung gewöhnt. Warum sollte man sich die Mühe machen, irgendwelche Ruinen zu retten, wenn ohnehin schon so viel zerstört und mit Bulldozern abgerissen worden war? Wenn der zentrale Platz der Stadt nicht gerettet werden konnte, warum sollte dann das jüdische Viertel anders behandelt werden? Wessen Ruinen es verdienen, erhalten zu werden, war vermutlich eine sehr umstrittene Frage.

Ich denke, die komplexe Geschichte der Wiederentdeckung und anschließenden Zerstörung eines Großteils der Judengasse erklärt die allgegenwärtige melancholische Atmosphäre im Museum. Nachdem ich vom Eingang im Erdgeschoss die Treppe hinunter in das heutige Untergeschoss des Verwaltungsgebäudes gegangen bin, schaue ich mir die Backsteinreste der ehemaligen Häuser an. Ich erfahre, dass einige der Häuser zwar groß waren, dass aber in jedem Haus mehrere Familien lebten und das Ghetto mit der Zeit immer überfüllter wurde. Es ist möglich, die Standorte der Mikwaot, der rituellen Bäder mit ihren Stufen, sowie die Küchen und die Wege zu sehen. In Schaukästen erfahre ich, dass in dieser Straße die Familie Rothschild wohnte, als sie begann, ihr Bankimperium aufzubauen (verwirrenderweise nicht in dem Haus mit dem roten Schild, sondern in einem anderen). Die Fenster in diesem Souterrain des Museums sind allesamt mit dicken Jalousien abgedeckt, es herrscht ein ewiges Zwielicht hier unten. Langsam wandere ich durch das Backsteinlabyrinth und versuche, mir vorzustellen, wie es wohl einst ausgesehen haben mochte, als hier Hunderte von Menschen lebten. Niemand sonst ist hier, nur eine Mitarbeiterin, die in einer schattigen Ecke steht, an ihrem Mundschutz herumfummelt und mich beobachtet. Sind diese Gebäude dieselben, oder unterscheiden sie sich von den Originalen? Was haben sie gewonnen oder verloren, weil sie weggeschafft und wiederaufgebaut wurden? Ich kann nicht sicher sagen, ob es sich tatsächlich um die ursprünglichen Gebäude handelt oder ob sie durch den Umzug eine Veränderung erfahren haben. Sicherlich hat ein Gebäude nur dann einen Sinn, wenn es an einem bestimmten Ort verankert ist. Wenn es nur unter der Androhung des Abrisses und der Verlagerung existieren kann, wird es zu einem Scheinbild, einem Simulakrum.

Dieser rekonstruierte »Ort« kommt mir wie eine physische Darstellung des Frankfurter Unterbewusstseins vor. Diese Straße, in der die jüdische Gemeinde lebte – in der sie *gezwungen* war zu leben –, in einer Stadt, in der heute nur noch relativ wenige Juden leben, scheint ein Mahnmal nicht nur für diese verschwundene Gemeinde zu sein, sondern auch für den Gedanken an eine solche Gemeinde selbst. Die Stadt kann noch so viele moderne Verwaltungsgebäude auf alten Häusern errichten, sie unterstreicht damit doch nur die Tatsache, dass die glänzenden neuen Gebäude entlang der Zeil auf Knochen gebaut sind.

Der Eingang zu diesem Museum ist nicht nur schwer zu finden, er ist auch physisch unbequem zu erreichen. Die zerbrochenen Steine unter den Füßen sind Teil des Holocaust-Mahnmals, das den alten jüdischen Friedhof umgibt. Wenn ich durch das Tor schaue, sehe ich einen Haufen alter Grabsteine, die von den Nazis beschädigt wurden und nun als Mahnmal dienen. Außerhalb der Friedhofsmauern, mitten auf dem Kies und umgeben von Bäumen, steht ein Monolith aus weiteren Grabsteinen. Auf den Bänken auf der anderen Seite trinken ein paar Männer unauffällig aus einer Flasche, die in einer braunen Papiertüte steckt. Nicht einmal die Bäume hier sind ein Trost, sie sind zu riesigen arthritischen Händen gestutzt, die sich in die Luft recken.

An diesem Ort sind die jüdischen Träume von Gleichberechtigung in Deutschland gestorben und begraben worden, um anschließend mit Lehmziegeln überbaut zu werden. Es ist eine Stadt aus Lehm. Das gewellte Dach des Verwaltungsgebäudes über der Judengasse soll an wogende Wellen und den nahen Main erinnern.

Die Judengasse erstreckte sich nördlich des heutigen Museums-/Verwaltungs-/Gedenkkomplexes, und jetzt finde ich den letzten erhaltenen Teil der alten Stadtmauer, die einst zum Ghetto gehörte und nach einem früheren Brand im Jahr 1711 wiederaufgebaut wurde. Die Straße, die an ihr entlangführt, trägt den Namen »An der Staufenmauer«.

Ich gehe durch das Tor in der Mauer, um zu der Straße zu gelangen, die zu Beginn des 20. Jahrhunderts auf diesem Teil der Judengasse gebaut wurde. Die Straße ist von Wohnblöcken mit einem großen Innenhof umgeben, in dem Paare sitzen und die Spätsommersonne genießen. In der Straße gibt es eine spanische Tapas-Bar, ein griechisches Restaurant und eine Buchhandlung. Von der Judengasse selbst fehlt natürlich jede Spur, und das sollte mich eigentlich melancholisch stimmen, aber tatsächlich ist die Atmosphäre ganz anders als hundert Meter weiter am südlichen Ende des Ghettos, und es gefällt mir hier sehr gut.

Die Straße macht eine Biegung, und wenn ich am Tor in der Mitte stehe, kann ich nicht sehen, wo sie aufhört, sodass ich den Eindruck habe, dass sie sich endlos ausdehnt.

Das erinnert mich an die Arbeit an Teleskopen, bei der ich im sogenannten Kontrollraum vor einer Reihe von Computern sitze und entscheide, wohin ich das Teleskop am Himmel ausrichten soll. Die Teleskopkuppel ist gekrümmt, und auch der Kontrollraum folgt der Biegung der Kuppel. Nach ein paar Stunden, in denen man am Bildschirm sitzt und schwache Lichtpunkte betrachtet, nimmt die unmittelbare Umgebung aus Handbüchern, Metallregalen und Schreibtischen eine surreale Intensität an. Paradoxerweise ist dies ein Raum, aus dem man nicht hinaussehen kann, man muss sich auf das Teleskop verlassen, um ein Fenster zum Himmel zu haben.

Ich frage mich, ob die Juden, die hier lebten, ihr physisch eingeschränktes Leben auf eine ähnliche Weise empfanden und ob ihre religiöse Praxis und das Studium der Thora ihr »Fenster« zum Universum waren.

Weiter nördlich der Judengasse befindet sich die Synagoge vom Ostend. Dort kam die jüdische Gemeinde in diesem Teil der Stadt zusammen, nachdem ihre Mitglieder aus dem Ghetto entlassen und in den umliegenden Straßen angesiedelt worden waren. Die Synagoge mit ihrem großen und imposanten orientalischen Design (wie es bei Synagogen im 19. Jahrhundert oft üblich war, vielleicht damit sie sich stilistisch von Kirchen unterschieden) war Teil der Israelitischen Religionsgesellschaft, einer orthodoxen Gemeinde, die Schulen und Krankenhäuser zum Wohle der örtlichen Bevölkerung betrieb. Wie von so vielen anderen zerstörten Synagogen ist auch von dieser nur noch ihr Fußabdruck in der Erde übrig. Dahinter befindet sich das Gebäude, in dem eine Ausstellung über die Vergangenheit und Gegenwart der Gemeinde gezeigt wird, ein großer quadratischer Betonbau, der mehrere Stockwerke hoch ist. An seiner Fassade hängt ein Banner mit einem Bild der alten Synagoge.

Ich bin hier, um einen weiteren Teil des Dokumentarfilms über meinen Großvater zu drehen. Wir stehen dort, wo einst der Hauptraum der Synagoge war, und blicken auf das Banner.

»Wissen Sie, was das für ein Gebäude ist?«, fragt mich Elisabeth, die Frau, die angeboten hat, uns herumzuführen.

Ich schüttle den Kopf.

»Es ist ein Bunker aus der Nazi-Zeit, der gebaut wurde, um die Menschen vor den Bombenangriffen der Alliierten zu schützen«, sagt sie und fügt hinzu: »Aber Juden durften den Bunker nicht betreten.«

Wir stehen eine Weile schweigend vor dem Bunker. Es gibt eigentlich nichts über das Fortbestehen eines solchen Gebäudes zu sagen, auch nicht über die Tatsache, dass es heute eine Ausstellung über das trotzige Überleben der hiesigen jüdischen Gemeinde beherbergt. Ironischer geht es fast gar nicht.

Im Inneren des Bunkers, in dem es so kalt ist, dass ich meinen Atem vor mir sehen kann, befinden sich große Fotografien der jüdischen Bevölkerung aus Vergangenheit und Gegenwart. Eine Fußballmannschaft, Schulkinder, Gemeindeversammlungen, Feiern zu den heiligen Tagen wie Pessach und Rosch ha-Schana, dem Neujahrsfest.

Elisabeths Kollege Max schaltet seinen Laptop ein und erzählt uns, dass er an einem Projekt arbeitet, bei dem er die zerstörten Synagogen in Deutschland anhand alter Fotos und Baupläne virtuell nachbaut. Er projiziert eine dieser Synagogen auf eine leere Wand, und während wir im Dunkeln sitzen, sehen wir verzierte Balkone, bunte Glasfenster, einen luftigen Saal. Diese Synagoge ist ein Nachbild, das sich auf die Netzhaut einbrennt, nachdem die ursprüngliche Quelle längst verschwunden ist. Es ist ein schönes Gebäude, aber es ist leer. Die Menschen, die dort einst beteten, werden niemals Teil dieser Rekonstruktion sein.

Von der Judengasse ist es nur ein kurzer Spaziergang an der Braubachstraße mit ihren Kunstgalerien entlang, dann öffnet sich die Straße zu einem breiten, gepflasterten Platz, dem Römerplatz. Der Römer war eines der wenigen zerstörten Gebäude, die nach Kriegsende wiederaufgebaut wurden. Im Dezember 1963 fanden hier die Auschwitz-Prozesse statt, die ersten von den Deutschen selbst initiierten Prozesse gegen Personen, die in Verdacht standen, Kriegsverbrechen begangen zu haben. (Anders als die Nürnberger Prozesse, die von den Alliierten geführt wurden, was die Deutschen damals weitgehend als »Siegerjustiz« ablehnten.)

Vielleicht ist es zu pauschal zu behaupten, dass »die Deutschen« die Prozesse von 1963 durchgeführt haben. Sie wurden von Fritz Bauer initiiert, dem Generalstaatsanwalt des Landes Hessen. Bauer, der einige Jahre zuvor auch maßgeblich an der Ergreifung von Adolf Eichmann in Argentinien beteiligt gewesen war, hatte sich jahrelang für die Strafverfolgung ehemaliger Nazis eingesetzt. Warum so ein wichtiger Prozess auf Landes- und nicht auf Bundesebene geführt wurde? Einem der Zeugen war es gelungen, Dokumente aus einem Gericht in Breslau (der heutigen polnischen Stadt Wrocław) zu besorgen, aus denen hervorging, dass SS-Offiziere vom Vorwurf der Erschießung von Häftlingen während eines Fluchtversuchs aus Auschwitz freigesprochen worden waren. Diese wichtigen Dokumente, die belegten, dass die SS-Offiziere über ihre Befehle hinaus gehandelt hatten, befanden sich nun in Frankfurt.

Vor Gericht gestellt wurden nicht die obersten Lagerkommandanten, sondern deren Untergebene. Insgesamt wurden zweiundzwanzig Männer angeklagt, zumeist SS-Angehörige sowie ein »Kapo«, ein Häftling, der gezwungen worden war, bei den »Selektionen« mitzuhelfen. Insgesamt rund dreihundertsechzig Zeugen sagten vor Gericht gegen sie aus. Die Beschuldigten wurden jedoch nicht wegen »Verbrechen gegen die Menschlichkeit« angeklagt, sondern nur wegen Verbrechen, die sie aus eigener Initiative, also nicht wegen der Befolgung von Befehlen, begangen hatten. Dass Verbrechen, die »auf Befehl« begangen wurden, nicht angeklagt wurden, war bereits in den 1950er Jahren als Grundsatz festgelegt worden.

Wenn man über den Wiederaufbau in (West-)Deutschland nach dem Krieg liest, wird deutlich, wie wenig die Behörden daran interessiert waren, ehemalige SS-Angehörige oder andere NS-Offiziere für ihre Verbrechen zu belangen. Die Politiker der Regierung Adenauer vertraten die Auffassung, dass es für eine Abrechnung mit dem Nationalsozialismus noch zu früh sei. Sie befanden ebenfalls, dass die damit verbundenen Verbrechen bereits verjährt sein sollten.

Obwohl nur wenige Personen wegen Mordes und Beihilfe zum Mord verurteilt wurden und viele von ihnen nur kurze Haftstrafen erhielten, legte der Prozess zum ersten Mal in der Öffentlichkeit das Ausmaß des industriellen Mordens in Auschwitz offen. Die Taten der Angeklagten zeigten, dass die Abläufe in Auschwitz fabrikmäßig und rationell gestaltet waren, von der Lieferung des Gases Zyklon B bis zur Extraktion von Goldzähnen aus den Mündern der Leichen. Die Deutschen, die in der Zeit des Wiederaufbaus nach dem Krieg geboren worden waren, erreichten allmählich das Erwachsenenalter und konnten nun Zeugen hören, die das ganze Grauen der »Endlösung« schilderten. Dies – und nicht die milden Urteile der für schuldig befundenen Männer – ist das bleibende Vermächtnis der Auschwitz-Prozesse.

Die Gegner solcher Prozesse hatten unter anderem die Befürchtung, dass sie von nichts anderem als dem Wunsch nach Rache für die Opfern motiviert seien. Wie in der »Judenbuche« durften jüdische Opfer von Verbrechen nicht um Gerechtigkeit bitten, ohne dass ihnen dies antisemitisch als Rache ausgelegt wurde. Der Vorwurf der »Rache« verbreitete sich schnell in der deutschen Nachkriegsgesellschaft und verhinderte, dass viele jüdische Menschen ihre frühere Tätigkeit wieder aufnehmen konnten.

Dr. Herbert Lewin, ein Gynäkologe, wurde 1941 zusammen mit seiner Familie in das Konzentrationslager Litzmannstadt deportiert. Als einziger Überlebender kehrte er nach seiner Befreiung in seine Heimatstadt Offenbach zurück und bewarb sich 1949 um die Stelle des Leiters der gynäkologischen Abteilung im dortigen Krankenhaus. Obwohl er dorthin berufen wurde, konnte er die Stelle zunächst nicht antreten. Ein für seine Bestätigung zuständiger Bürgermeister drückte es so aus: Ein Mann, der aus einem Konzentrationslager kommt und dessen Familie entweder vergast oder ermordet wurde, sei von Rachegelüsten geprägt, und keine Frau könne sich ihm mit ruhigem Gewissen anvertrauen. Diese Entscheidung wurde erst durch das Eingreifen der Behörden und des Magistrats der Stadt Offenbach aufgehoben, und Dr. Lewin erhielt die Stelle.

Ernst erlebte nicht mehr, wie sein ehemaliger Arbeitgeber, das Oberlandesgericht, die Auschwitz-Prozesse einleitete, er starb sechs Wochen vorher, Anfang November. Sein Tod kam plötzlich und unerwartet.

Es gibt ein Foto von ihm, das entstand, als er meinen Vater in jenem Sommer an der Cambridge University besuchte: Die beiden sitzen im Schneidersitz auf dem Rasen in der Sonne und lächeln Lisl hinter der Kamera an. Mein Vater glaubt, dass Ernst einfach erschöpft war von den Kämpfen in zwei Weltkriegen und den Ängsten und Strapazen des Flüchtlingsdaseins. Ein Leben, dessen Schicksalsfäden nicht allzu lang waren.

Etwas mehr als vierzig Jahre später stand ich mit meinem Vater im Dachgeschoss des Familienhauses. Meine Mutter war im Jahr zuvor an Krebs gestorben, und dieser große, schwach beleuchtete Raum (er hat nur ein kleines Fenster) hatte ihr früher als Büro gedient, als sie ihr kleines Unternehmen für Strickwaren-Design betrieb. Eigentlich waren wir hier, um die vielen unterschiedlichen und zerfaserten Stapel aus Wolle, Stoffen, Mustern, Skizzen, Fotos und Papierkram zu sortieren, die im Laufe der Jahre aufgelaufen und an der Hochwassermarke gestrandet waren, nachdem die Ebbe eingesetzt hatte.

In einer Ecke des Raumes, am weitesten von der Tür entfernt, lag ein kleiner Stapel mit Habseligkeiten, die von einem früheren Tod, dem von Lisl, übrig geblieben waren. Wir näherten uns diesem Haufen ohne klare Erwartungen, vielleicht dachten wir, wir könnten genauso gut noch weiter in die Vergangenheit zurückreisen.

An das meiste, was wir gefunden haben, kann ich mich nicht mehr erinnern, ich glaube, es waren Papiere, die sich auf Lisls Testament und Nachlass bezogen. Daneben aber gab es einen Gegenstand, der kein Papierkram war – oder zumindest nicht ganz: ein kleiner quadratischer Schal, wie ihn sich eine Frau an einem kühlen Frühlingstag um den Hals binden könnte. Der Schal war aus feiner Baumwolle gefertigt und hatte ein Muster aus braunen und weißen Punkten. Er hätte zu jeder Zeit des 20. Jahrhunderts hergestellt oder getragen worden sein können, er hätte weder jetzt noch vor hundert Jahren fehl am Platz gewirkt. Aber der Schal ließ sich ziemlich genau datieren. An ihm war ein Stück Papier befestigt, auf dem in Lisls Handschrift geschrieben stand: »Diesen Schal hat mir meine liebe, gute Mutter zur Erinnerung geschenkt, als ich sie das letzte Mal gesehen habe.«

Ein weiteres Bild desselben Moments: der Zug, der 1938 in Wien abfährt. Die Trillerpfeife ertönt, Lisl muss in den Waggon steigen. Während sie sich auf ihren Platz setzt, klopft Frieda ans Fenster, und als das Fenster geöffnet wird (hastig, weil der Pfiff noch einmal ertönt), steckt sie Lisl den Schal zu und sagt: »Etwas, das dich an mich erinnert.« In diesem Bild wird alles durch den Rauch des Zuges getrübt, die einzige sichtbare Farbe ist das Rot der Fahnen der Henker. Selbst der Sonnenschein hat Mühe, durch die schmutzige Glasdecke des Bahnhofs zu dringen. Nur ein kleines helles Aufflackern, der Schal, der von einer Frau zur anderen weitergereicht wird. Ein Versprechen von Leben, das weitergereicht wird.

Woher wusste Frieda, dass sie ihre Tochter nie mehr wiedersehen würde?

Der Zettel, den Lisl an den Schal geheftet hat, war nicht für sie selbst, sondern für uns bestimmt. Als sie noch lebte, konnte sie es nicht ertragen, uns die Bedeutung des Schals mitzuteilen, also schrieb sie uns in dem Wissen, dass wir ihn nach ihrem Tod finden würden.

Wir kommentierten den Schal nicht, wir hielten ihn einfach schweigend in der Hand.

Bei meinen Recherchen im Internet habe ich weitere Aufzeichnungen über Frieda gefunden. Den ersten Eintrag finde ich in Yad Vashem, der Holocaust-Gedenkstätte in Israel, die auch als Informationsspeicher fungiert und deren Ziel es ist, die Erinnerung an alle jüdischen Opfer zu bewahren. Lisl hatte dort zum Gedenken an Frieda eine Zeugenaussage eingereicht. Das Formular trägt die Überschrift »Todesumstände«, unter die Lisl »Deportiert nach Auschwitz, Sommer 1942?« geschrieben hat.

Dieses Zeugnis ist auf 1978 datiert, als Lisl siebenundsechzig Jahre alt war, also einige Jahre älter als Frieda selbst zum Zeitpunkt ihres Todes. Das Fragezeichen deutet darauf hin, dass sie immer noch unsicher war, wann genau ihre Mutter ermordet wurde, dass sie die genaue Reihenfolge der Ereignisse nicht wirklich kannte. Vielleicht fiel es Lisl leichter, jemandem zu schreiben, der ihr fremd war, um ihm von ihrer Mutter zu erzählen, als uns davon zu berichten. Und vielleicht wollte sie uns auch vor dem Schmerz bewahren.

Einige der schrecklichsten Tatsachen im Leben sind immer da, verborgen im Offensichtlichen. Ich hatte dies über Frieda schon immer »gewusst«, und ich weiß bis heute nicht, wie ich zu diesem Wissen gekommen bin, niemand hat es je laut ausgesprochen. Lisl hat nie direkt über ihre Mutter gesprochen. Wenn sie sich an ihre Kindheit in Wien erinnerte, leitete sie mit den Worten »In früheren Jahren«

ein Thema ein, das nie direkt mit ihren Eltern zu tun hatte. Das Foto des kleinen Jungen an der Wand ihres Schlafzimmers (ein berühmtes Foto, wie ich Jahre später feststellte, der Junge war ein Symbol für alle Opfer des Warschauer Ghettos) war vielleicht auch ein Platzhalter, eine andere Art, das Grauen anzuerkennen, ohne ihm in vollem Umfang ins Gesicht sehen zu müssen.

Wenn Lisl bei uns wohnte und abends im Fernsehen eine Dokumentation über den Holocaust lief, wurde jedes Mal der Kanal gewechselt. Ich verwende nicht zufällig eine Passivkonstruktion im letzten Teil dieses Satzes. Wer von uns wechselte den Sender? Ich weiß es nicht, ich kann mich nicht erinnern.

Der zweite Eintrag, auf den ich online stoße, befindet sich in österreichischen Akten. Er besagt, dass Frieda am 17. Juli 1942 von Wien nach Auschwitz deportiert wurde, wo sie nicht überlebte.

Jetzt haben wir also ein Datum für diese letzte Reise. Tatsächlich ist dies eine der ersten Deportation jüdischer Menschen von Wien direkt nach Auschwitz, knapp tausend Menschen wurden an diesem Tag in das Vernichtungslager geschickt. Von der Israelitischen Kultusgemeinde bekomme ich ein weiteres Dossier, diesmal eine Seite aus einer Deportationsliste, und dort steht Friedas Name. Im Gegensatz zu allen anderen Informationen, die mir die Kultusgemeinde über Lisl, Frieda und Edmund geschickt hat, ist diese Liste nicht geschwärzt. Ich kann die Namen der anderen einundvierzig Personen auf dieser Seite lesen, ihr Alter, ihre Berufe. Eine winzige Auswahl der 65.000 österreichischen Juden, die in den Tod geschickt wurden. Ein Drittel der gesamten jüdischen Bevölkerung des Landes vor 1938.

Eine genealogische Website fasst Friedas Schicksal wie folgt zusammen:

Über Friedericke (»Frieda«) Jellinek

Friedericke Jellinek und ihr Mann Edmund wohnten vor dem Zweiten Weltkrieg in Wien 18, Währinger Straße 204. Während des Krieges musste Friedericke Jellinek in Wien 1, Gölsdorfgasse 4, wohnen. Anfang 1942 wurde sie zunächst nach Theresienstadt deportiert, wurde aber für kurze Zeit nach Wien zurückgebracht. Am 17. Juli 1942 wurde sie von Wien nach Auschwitz deportiert. Dort wurde sie kurz nach ihrer Ankunft ermordet.

Frieda musste ... wurde deportiert ... wurde zurückgebracht ... wurde deportiert ... wurde ermordet – ihr Schicksal wird vollständig im Passiv wiedergegeben. Auch hier ist niemand für diese Handlungen verantwortlich, sie geschehen einfach. Oder ist diese grammatikalische Konstruktion ein Mittel, um sicherzustellen, dass das Opfer im Mittelpunkt steht, dass wir sein Schicksal nicht ignorieren können?

Und die Gölsdorfgasse 4 taucht wieder auf. Wenn ich es mir online ansehe, wirkt das alte Haus malerisch, ein »gotisches Haus«, das südlich des Flusses liegt und in dem sich jetzt mehrere Geschäfte befinden. Es gibt keine Anzeichen dafür, dass jüdische Menschen gezwungen worden waren, hier zu leben, dass es als eine Art Mini-Ghetto fungiert haben muss, wie das Haus, das ich in Dresden gesehen habe und das später bombardiert wurde.

Der Hinweis auf Theresienstadt ist verwirrend. Frieda muss einige Monate in diesem Ghetto im Nordwesten der Tschechoslowakei verbracht haben, aber warum wurde sie nicht direkt von dort nach Auschwitz deportiert? War die Reise zurück nach Wien eine Art Gnadenfrist?

Im Laufe des Jahres 1942 wurden über hunderttausend jüdische Menschen aus verschiedenen von den Nazis besetzten Ländern nach Theresienstadt gebracht. Die ehemalige

Festungsstadt aus dem 18. Jahrhundert, ursprünglich von den Habsburger Kaisern gegründet, war gegen Ende des vorangegangenen Jahres in ein Ghetto verwandelt worden. Sie wurde von den Nazis absichtlich so gestaltet, dass sie wie eine Art Altersheim oder Kurort für ältere Juden aussah, mit Cafés und Gärten. Dies war eine Lüge, um sowohl die Häftlinge bei ihrer Ankunft als auch die Vertreter des Roten Kreuzes zu täuschen, die das Lager besuchten und berichteten, dass die Häftlinge gut versorgt zu sein schienen. In Wirklichkeit herrschten Überbelegung, Lebensmittelknappheit, Isolation von der Außenwelt, Krankheit, Hetze und Tod.

Viele Jahre nach dem Tod von Lisl fuhr ich endlich selbst nach Wien. In den ersten Tagen benahm ich mich wie eine typische kunstbegeisterte Touristin: Ich besuchte die Secession und die Albertina. Im Kunsthistorischen Museum verbrachte ich Stunden in einem Raum voller Bruegel-Gemälde und staunte über die Akribie jedes Pinselstrichs, darüber, wie individuell und einzigartig er jede Person dargestellt hatte.

Ich besuchte auch das Jüdische Museum und das Holocaust-Mahnmal am Judenplatz. Diese von Rachel Whiteread entworfene Skulptur einer Bibliothek besteht aus einem Betonblock mit Büchern, deren Buchrücken nach innen zeigen, sodass sie nicht identifiziert werden können. Sie symbolisiert die namenlosen Opfer des Holocaust und das Fehlen von Informationen über ihr Leben und den daraus resultierenden Verlust für uns alle. Ein Schild daneben weist darauf hin, dass dies die einzige permanente Gedenkstätte für die Opfer des Holocaust in ganz Österreich ist.

Der zornige Ton, der hier angeschlagen wird, erinnert mich daran, wie Lisl die österreichische Politik kommentierte, insbesondere die Wahl von Kurt Waldheim, einem ehemaligen Nazi (als Offizier des Nachrichtendienstes der Wehrmacht war er zumindest bei vielen Gräueltaten anwesend), zum österreichischen Bundespräsidenten im Jahr 1986. »Es ist ihnen egal«, sagte sie immer wieder, »den Österreichern ist es egal, was die anderen von ihnen denken.«

Gegen Ende meines Besuchs beschloss ich, zu der Wohnung in der Währinger Straße im 19. Bezirk im Norden der Stadt zu fahren, in der Lisl mit ihren Eltern gewohnt hatte. Von meinem Hotel aus musste ich zwei Straßenbahnen nehmen, und während ich langsam meinem Ziel näher kam, wurde ich immer nervöser und auch wütend. Diese Wut kam unerwartet, ich hatte mich auf Trauer eingestellt, aber jetzt fühlte ich mich, als würde ich auf eine Art Konfrontation zusteuern: einen Showdown mit einem Gebäude.

Die Währinger Straße und ihre Umgebung ist keine Touristengegend, und das Gebäude, in dem die Familie von 1907 bis nach Lisls Flucht, Edmunds Tod und Friedas erster Deportation nach Theresienstadt lebte, ist genauso anonym wie die anderen in der Straße; einfach ein Wohnblock mit vier oder fünf Stockwerken und einer Reihe von Klingeln neben dem Hauseingang. Aus der Nähe konnte ich nicht alles sehen, ich musste den schmalen Bürgersteig und die stark befahrene Straße überqueren, um das Gebäude von der anderen Straßenseite aus richtig betrachten zu können. Als ich dem Haus gegenüberstand, unterbrachen die vorbeifahrenden Autos meinen Blick, aber eigentlich gab es natürlich auch nichts zu sehen. Niemand konnte hier und jetzt erahnen, welches furchtbare Schicksal einige der Bewohner dieses Ortes ereilt hatte. Alle Fenster des Gebäudes waren auf identische Weise leer, ohne jegliche individuelle Merkmale. Ich starrte sie an und ging dann weg, weil ich sonst nichts tun konnte.

Was ich vor der Währinger Straße 204 erlebte, war ein lokal begrenztes Ereignis, ähnlich wie die Verformung der

Raumzeit um ein Schwarzes Loch, die mit der Entfernung schnell abnimmt. Wieder im Stadtzentrum, hatte sich die Wut in Trauer verwandelt, die mehr mit der Vergangenheit als mit der Stadt um mich herum zu tun zu haben schien.

Lisls Trauer um ihre Mutter war tief in ihr vergraben. Aber wie ein unterirdischer Strom machte sie sich doch bemerkbar und hatte Einfluss auf unser aller Leben.

Und jetzt, einige Jahre nach der Begegnung mit der Bankangestellten in Delmenhorst, stört mich ihre Bemerkung über meinen jüdischen Namen nicht mehr. Vielmehr frage ich mich, warum ich ihr mit Schweigen geantwortet hatte. Aber wie hätte ich anders reagieren können, wo mir doch mein ganzes Leben lang beigebracht worden war, dass darüber nicht gesprochen werden darf? Jüdisch zu sein hieß, darüber zu schweigen.

Manchmal habe ich keine Wahl und kann nicht schweigen; wenn ich hier jemandem erzähle, wie ich zu der deutschen Staatsbürgerschaft gekommen bin und welche Beziehung ich zu diesem Land habe, will man mir oft Geschichten aus der eigenen Familie erzählen. Meistens geht das so: Die Eltern oder Großeltern haben in der Nazizeit gelebt und waren Mitläufer, Menschen, die sich nicht gewehrt haben. Oder es klafft eine Lücke in der Familiengeschichte, über die niemand spricht. Dieses Schweigen selbst wird nicht thematisiert und nicht erwähnt, sodass eine Art Meta-Schweigen entsteht und die Menschen sich daran gewöhnen, nie darüber zu reden. Da ist ein Mangel, etwas fehlt. Nur was? Sie können, sie dürfen es nicht sagen. Sie lieben ihre Eltern und Großeltern, selbstverständlich – aber da ist noch etwas anderes. Das kann einen natürlich zerreißen.

Die Nachkriegsgeneration, die »Achtundsechziger« (benannt nach dem Jahr, in dem das Unterschwellige wie bei einem Vulkanausbruch an die Oberfläche kam), erfuhr von den Verbrechen ihrer Eltern und rebellierte, indem sie die Autorität der älteren Generation in allen moralischen Fragen fortan ablehnte. Aber das passiert immer wieder. Die Rebellion von 1968 war keine einmalige Sache, zwischen den Generationen entsteht immer wieder eine Kluft, das Schweigen wiederholt sich ständig. Wenn ich also das Schweigen in meiner eigenen Familie erwähne, die Zeit, die nicht direkt erwähnt werden darf, die schrecklichen Ereignisse, über die nie gesprochen werden durfte, nicken die Leute: »Ja, ja! So war es bei mir auch.«

Mich und viele Deutsche verbindet eine Geschichte des Schweigens. Ein Schweigen, das sich anfühlt wie eine schwere Decke, unter der man zu ersticken droht.

Wenn wir reden, benutzen wir ein Kürzel, einen Code, in dem das, was passiert ist, mit »es« bezeichnet wird. Niemand muss benennen, was »passiert« ist, denn wir wissen, was passiert ist, und dadurch entsteht ein Vertrauen zwischen uns. Seltsam, dass sich ausgerechnet die Kinder von Opfern und Tätern auf diese Weise verstehen. Und dann wiederum ist es gar nicht so seltsam, weil wir es sind, die mit diesem schrecklichen Vermächtnis leben müssen und begreifen müssen, was es für uns im Einzelnen und als Gemeinschaft bedeutet.

Ich bin kein Opfer, und die Deutschen sind keine Täter mehr, und doch müssen wir uns mit den Erfahrungen unserer Familien auseinandersetzen. Aber das geht nur, wenn wir sie miteinander teilen. Und manchmal gelingt dies öffentlich und vor Fremden eher als im Privaten oder mit unseren Familien. Und wenn schwierige geschichtliche Aspekte beleuchtet und diskutiert werden, ist es einfacher, im Anschluss mit den Emotionen klarzukommen, die damit bei Fremden ausgelöst wurden. Während wir uns für das, was wir bei unseren Familienmitgliedern lostreten, direkt verantwortlich fühlen.

Die deutschen Medien sind mit der Geschichte des Nationalsozialismus übervoll: Fernsehen fühlt sich hier manchmal an, als nähme man an einer Gruppentherapiesitzung teil, bei der versucht wird, jeden Aspekt des vergangenen Traumas zu beleuchten und nichts unausgesprochen zu lassen. Natürlich kann das niemals vollständig gelingen. Wir können die Geschichten der Opfer niemals an ihrer statt erzählen.

Wenn ich mit Deutschen über ihre und meine Familie spreche, geschieht das oft auf Deutsch. Jeder Mensch ist anders, wenn er eine Sprache spricht, die nicht seine Muttersprache ist; mein englisches Ich ist nicht dasselbe wie mein deutsches Ich, denn wenn ich Deutsch spreche, fehlt mir der Wortschatz, die Fähigkeit, das, was ich sage, zu verfeinern, ich muss um Worte ringen und um grammatikalische Konstruktionen.

Hinzu kommt, dass mir nicht klar ist, wie sehr ich mich von meinem englischsprachigen Ich unterscheide. Wenn ich Deutsch spreche, erschaffe ich ungewollt eine neue Persona – es kommt zu einer »Verdoppelung, einer Teilung« (wie Freud über das Unheimliche sagte). Dieses deutsche Ich ist nicht nur eine komplizierte Projektion des englischen Ichs, es ist auch eine Schattenpersona des Menschen, der ich hätte sein können, wenn unsere Familie in Deutschland geblieben wäre. Manchmal, wenn ich Deutsch spreche oder meinen Vater Deutsch sprechen höre, höre ich das Echo einer alternativen Geschichte, als hätte ich das falsche Radioprogramm eingeschaltet. Dieses Echo wird von anderen Menschen aufgegriffen; eine Frau, die ich in Offenbach treffe, sagt mir: »Wenn das alles nicht passiert wäre, wären Sie mit meinen Töchtern zur Schule gegangen«, und ich spüre die volle Wucht des Was-wäre-wenn. Das Leben im Paralleluniversum, das nicht gelebt werden kann, aber kurz sichtbar wird – wie ein subatomares Teilchen, das innerhalb eines Augenblicks auftaucht und wieder verschwindet. Doch dieses Mal bin ich nicht das jüdische »andere«, das den Deutschen als Spiegel vorgehalten wird. Dieses Mal ist mein eigenes Leben geteilt, und ich werde zu meinem eigenen anderen.

Mein Mund kämpft damit, sich richtig zu formen, wenn ich Deutsch spreche, ich beobachte ihn im Spiegel so aufmerksam, dass er sich von mir löst und frei im Raum schwebt, er tut nicht, was ich will. Meine Zähne auch nicht. An einem Wintertag, nachdem ich die morgendliche Online-Deutschstunde beendet habe, esse ich gerade einen Teller Linsensuppe, als ich einen kleinen Stein auf meiner Zunge spüre. Nachdem ich es geschafft habe, ihn von meiner suppigen Mundhöhle auf die Handfläche zu manövrieren, stelle ich fest, dass es sich um einen Teil eines meiner Zähne handelt. Ein Backenzahn ist abgebrochen.

Ein paar Tage später sagt mir die Zahnärztin, dass ich eine Krone brauche. Sie empfiehlt mir Gold statt Porzellan, weil Gold härter ist und besser dem Druck des Knirschens und Kauens standhält. Ein Goldzahn? Ich schaue sie an, aber das Neonlicht ist zu grell, und ehe ich ihren Gesichtsausdruck erkennen kann, muss ich die Augen schließen, wobei ein negatives Bild des Lichts schwarz vor meinem inneren Auge schwebt. Ich bin mir nicht sicher, ob ich einen Goldklumpen in meinem Mund haben möchte. Ich sage, dass ich darüber nachdenken muss, und versuche, diese Worte so deutlich wie möglich auszusprechen, denn durch die Betäubung ist mein Mund noch widerspenstiger als sonst.

Gold ist reaktionsträge, anders als der Rest von mir verändert es sich nicht und zerfällt nicht. Es ist, ähnlich wie Eisen, ein sehr stabiles Element. Aber es ist auch rätselhaft, und die Astronomen sind sich über seine Entstehungsgeschichte nicht ganz sicher. Eine Möglichkeit ist, dass es wie andere Elemente, die schwerer als Eisen sind, in einem der extremsten und kurzlebigsten Prozesse im Universum entstanden ist: Wenn ein massereicher Stern das Ende seines Lebens erreicht und in einer Supernova explodiert, werden seine Eisenatome mit Neutronen beschossen und mutieren zu Gold. Diese Atome wandern vom Zentrum der Explosion nach außen und durch den interstellaren Raum, wo sie sich auf zusammenfließender Materie niederlassen, die in Zukunft zu Planeten werden wird.

Meine Krankenkasse teilt mir schriftlich mit, dass sie die Kosten für das Abformen und Einsetzen des Zahns übernimmt, aber das Gold müsse ich selbst bezahlen. Es sind nicht nur die Kosten, die mich zögern lassen. Es ist ein Bild, das mir nicht aus dem Kopf geht, obwohl ich nicht genau weiß, ob ich es jemals in Wirklichkeit gesehen habe. Es ist das Bild der unzähligen Goldzähne, die den Opfern in den Todeslagern ausgerissen wurden, ein Miniaturberg aus Metall. Einer der Hauptgründe für den Antisemitismus im »Dritten Reich« war wirtschaftlicher Natur, und eine Möglichkeit, die deutsche Wirtschaft zu stützen, war es, die jüdischen Opfer zu bestehlen (zum Beispiel durch die Dego-Abgaben) und sogar ihre Leichen zu plündern, nachdem sie ermordet worden waren.

Dennoch beschließe ich, mir den Goldzahn machen zu lassen. Wieder auf dem Zahnarztstuhl kann ich einen Fernseher sehen, der hoch oben an der gegenüberliegenden Wand angebracht ist. Er zeigt eine Live-Debatte im Bundestag, nächste Woche ist Wahl, und die Prognosen sind unklar, niemand kann mit Sicherheit sagen, wer der nächste Bundeskanzler oder die nächste Bundeskanzlerin sein wird. Ich sehe, wie Annalena Baerbock eine Rede hält, aber der Fernseher ist stumm gestellt und ich kann Deutsch nicht von den Lippen ablesen.

Mein Mund öffnet sich, und die Zahnärztin spritzt mir ein Betäubungsmittel, das vertraute heiße Taubheitsgefühl breitet sich in meinem Zahnfleisch aus. Beim letzten Besuch hat sie einen Abdruck meiner Zähne genommen. Er liegt jetzt auf einem Tablett, eine versteinerte Version von mir. Mein Mund wurde dupliziert, und vielleicht könnte der, der sich außerhalb meines Körpers befindet, besser Deutsch sprechen als der, der an mir festsitzt. Die beiden Zahnreihen nebeneinander, ein ausgehöhlter Mund, ein Miniaturgebirge mit Gipfeln und Tälern. Einer der Zähne ist nicht aus stumpfem weißem Gips, sondern aus Gold, glänzend wie ein verlorener und wiedergefundener Schatz.

Während wir auf das Einsetzen der Betäubung warten, spricht die Zahnärztin über Politik und fragt mich nach den Unterschieden zwischen dem britischen und dem deutschen Wahlverfahren. Ich versuche, ein wenig über das Mehrheitswahlrecht zu erzählen, aber ich bin zu nervös wegen des Zahns, um die richtigen Worte zu finden, und das Narkosemittel beeinträchtigt zusätzlich meine Fähigkeit, mich richtig auszudrücken. Ich versinke in Schweigen.

Die Zahnärztin trägt Zement auf meinen abgebrochenen Backenzahn auf, schiebt den Goldzahn vorsichtig in meinen Mund und sagt mir, ich solle fest auf einen Wattebausch beißen, um den Klebeprozess zu unterstützen. Dann verlässt sie den Raum, als wäre dies ein privater Moment, der nur mir und dem Zahn vorbehalten ist. Ich sitze, den Mund um den Wattebausch geschlossen, vor Annalena Baerbock, die immer noch stumm spricht.

Die Bundesbank hat hier in Frankfurt Goldreserven, die tief in einem Tresor unter der Stadt liegen. Während des Kalten Krieges wurden diese Reserven aus Angst vor einer sowjetischen Invasion aus Deutschland abgezogen und erst in letzter Zeit, viele Jahre nach der Wiedervereinigung, teilweise zurückgebracht. Es wurde wiederholt behauptet und geleugnet, dass ein kleiner Teil dieses Goldes von den Opfern des Holocaust stammt. Es sind etwa dreitausenddreihundert Goldbarren, die da unter Frankfurt liegen, von denen jeder zwölf Kilo oder mehrere Tausend Zähne wiegt.

Das Einsetzen des Goldzahns in meinen Mund fühlt sich wie ein kleiner Sieg gegen den Verfall an; die Zahnärztin hat die Uhr zurückgedreht und das, was in zwei Teile zerbrochen war, wieder zusammengefügt. Wenn ich mit meiner Zunge an meinem neuen Zahn reibe, kann ich die Verbindungslinie nicht spüren. Er sitze gut und fest, teilt sie mir anerkennend mit. Das wollen wir hoffen, denke ich.

DIE RÜCKKEHR

Das Ziel ist eine Adresse in der Schumannstraße im Frankfurter Westend, ganz in der Nähe des weitläufigen Messegeländes, auf dem die jährliche Buchmesse stattfindet. An einem warmen und sonnigen Sonntagmorgen im Juni treffen sich etwa vierzig Menschen vor diesem großen Haus aus dem späten 19. Jahrhundert, das einst eine einzige Familie beherbergt hat und heute in mehrere Wohnungen unterteilt ist. Wir versammeln uns um eine Stelle auf dem Bürgersteig, die mit einem Quadrat aus rotem Samt bedeckt und mit Rosenblättern bestreut ist, die an eine Hochzeit erinnern. Doch dies ist kein freudiger Anlass.

Viele von uns sind von weit her angereist, um hier zu sein; wir kommen aus Amerika, Frankreich, England, Schweden, Italien und Irland. Einige von uns haben sich in Deutschland niedergelassen, in Berlin, Bremen und hier in Frankfurt, aber keiner von uns ist in diesem Land geboren. Die Älteste ist fünfundachtzig, die Jüngste etwa vierzehn Jahre alt. Einige fühlen sich hier wohl und sprechen fließend Deutsch, andere waren noch nie in diesem Land und sind nur aus Pflichtgefühl da. Wir sprechen keine gemeinsame Sprache, trotzdem tauschen wir seit einigen Monaten mithilfe von Google Translate E-Mails aus, treffen Absprachen und schmieden Pläne.

Ich kenne einige dieser Menschen, aber ich bin schüchtern, also stehe ich still da und lausche den polyglotten Gesprächen um mich herum, während ich auf den Beginn der Zeremonie warte. Vielleicht bin ich die Außenseiterin, weil ich die kürzeste Anreise hatte. Während ich dort stehe und warte, krampft sich mein Magen zusammen, weil ich so gespannt bin, was passieren wird. Ich hatte nicht erwartet, dass ich nervös sein würde; erst als ich meine Wohnung verließ, ist mir klar geworden, dass ich an einer Trauerfeier teilnehme. Die drei Menschen, derer wir hier gedenken wollen, sind vor vielen Jahren gestorben, doch für zwei von ihnen ist es das, was einer Beerdigung am nächsten kommt.

Ein Mann, der das Sagen zu haben scheint, klatscht in die Hände und verkündet auf Deutsch, dass die Zeremonie gleich beginnen werde, und mein Cousin Daniel klopft mir auf die Schulter; eine tröstende Geste, die mir das Gefühl gibt, dazuzugehören. Das Quadrat aus rotem Samt wird weggezogen, und man zeigt uns den Zweck unserer Zusammenkunft: drei in den Boden eingelassene Messingtafeln, auf denen jeweils eine Handvoll Worte eingraviert sind.

Es sind Stolpersteine. Der Künstler Gunter Demnig hat sie 1992 zu Ehren der Opfer des NS-Regimes erdacht. Die Verlegung des Stolpersteins vor der letzten bekannten Adresse, an der das Opfer freiwillig lebte, soll die Menschen daran erinnern, dass Verfolgung während der Zeit des Nationalsozialismus überall stattfand. Sie begann nicht in Gefängnissen und Lagern, sondern in Häusern, die bis heute weiterbestehen, lange nachdem ihre ehemaligen Bewohner geflohen sind oder vertrieben und in den Tod transportiert wurden. Jeder Stolperstein erinnert an einen einzelnen Menschen, listet seinen Namen, seine Geburts- und Sterbedaten auf – eine Erinnerung daran, dass der Holocaust unter anderem eine kollektive Summe von individuellen Tragödien ist.

Ich bin zu weit von diesen Stolpersteinen entfernt, um lesen zu können, was auf ihnen steht, aber ich weiß, dass sie die Namen, Geburts- und Todesdaten einer Mutter und einer Tochter verzeichnen, die 1944 in Auschwitz ermordet wurden, und eines Vaters, der in der französischen Résistance gekämpft hat und überlebte.

Lotte Mentzel geb. Rothschild war die Cousine ersten Grades meines Großvaters und hatte drei Kinder. Die älteste Tochter Ruth wurde zusammen mit Lotte mit dem letzten Zug, der Paris vor der Befreiung verließ, nach Auschwitz deportiert, aber die jüngere Tochter Catherine ist heute bei der Zeremonie anwesend und hält die Grabrede. Catherine ist fünfundachtzig Jahre alt und musste fast ihr ganzes Leben lang ohne ihre Mutter und ihre ältere Schwester auskommen. Lotte wuchs in diesem Haus mit ihren Eltern und ihren drei Schwestern auf, bevor sie nach Dessau zog, um am Bauhaus zu studieren, wo sie eine Ausbildung zur Metallgestalterin machte und Albert Mentzel kennenlernte. Ruth wurde nur wenige Monate nach ihrer Hochzeit geboren, »ein prächtiges, großes ›Frühchen‹«, wie Catherine sagt. Als die Nazis die Macht übernahmen und das Bauhaus geschlossen wurde, floh die Familie nach Frankreich, wo zwei weitere Kinder geboren wurden. Während der Nazi-Besatzung und des Vichy-Regimes wurde jedes der Kinder getauft und in verschiedenen französischen Familien versteckt. Ruth war jedoch an einem Ort untergebracht, der nach dem Einmarsch der Alliierten 1944 zum Kriegsgebiet wurde, sodass Lotte sie nach Hause in scheinbare Sicherheit holte. Bevor sie woanders versteckt werden konnte, entdeckten die Nazis die beiden und deportierten sie nach Auschwitz.

Catherines Rede ist nicht nur ein liebevolles Gedenken an ihre zerstörte Familie, sondern auch eine kraftvolle Verurteilung des Faschismus und der Schwäche und Selbstgefälligkeit demokratischer Systeme, die es zulassen, dass sie von Menschen überrannt werden, die hassen und diskriminieren. Sie kritisiert auch die Idealisierung der Wurzeln eines jeden Menschen: »Wurzeln sind ein Konzept, das zu oft als

Waffe gegen Migranten, Flüchtlinge und Reisende eingesetzt wird. Wir kommen, und wir gehen. Was wichtig ist, sind die Geschichten, die wir über unsere Vergangenheit erzählen.«

Durch Catherine werden wir daran erinnert, dass die Opfer des Holocaust nicht nur diejenigen waren, die ermordet wurden, sondern auch die Angehörigen, die überlebt haben und noch immer leiden. Es gibt noch immer viele Menschen wie sie, die fast ihr ganzes Leben lang mit diesem unerträglichen Verlust klarkommen mussten, und diese Gedenkfeier ist eine öffentliche Bestätigung dieses Verlusts, eine Gelegenheit, ihn sichtbar zu machen und zu teilen – vielleicht zum ersten Mal. Als mir das klar wird, schaue ich zu Daniels Tochter Clare. Sie weint, und ich muss nun ebenfalls weinen.

Aber ich weiß, dass ich auch für Lisl weine, die niemals in der Lage war, ihren eigenen schrecklichen Verlust offen anzuerkennen. Die es nur in Form geschriebener Worte tun konnte: die Notiz, die an den Schal geheftet war, das Formular von Yad Vashem. Vielleicht schreibe ich deshalb dieses Buch – als eine Erweiterung von Lisls Botschaft an uns.

Der Name von Lotte Rothschild-Mentzel taucht in verschiedenen Geschichten über das Bauhaus auf, und sie und ihr Mann sind auf einem Foto von Etel Mittag-Fodor aus dem Jahr 1930 zu sehen. Lotte trägt Arbeitskleidung, und ihr Haar ist genauso kurz geschnitten wie das von Albert; während sie sich an ihn lehnt, hält er die Arme ausgestreckt vor sich, als würde er ihr etwas erklären, wobei seine Hände in der Bewegung verschwimmen. Das Foto wirkt sowohl einstudiert als auch spontan; die Komposition kann entweder als zwei Personen gelesen werden, die architektonische Prinzipien modellieren, oder als das Porträt eines entspannten Paares, das sich der gegenseitigen Unterstützung sicher ist.

In Lottes Stolperstein findet sich der metallische Charakter vieler ihrer Arbeiten wieder. In jüdischen Familien ist es üblich, die Toten mit Steinen auf den Gräbern zu ehren. Aber es erscheint passend, dass Lottes »Gedenkstein« aus Messing besteht, einem Metall, mit dem sie vertraut gewesen sein muss, als sie am Bauhaus arbeitete und half, Tischlampen, Wasserkocher, Türgriffe und andere Haushaltsgeräte zu entwerfen und zu bauen.

Ein Stolperstein kostet hundertzwanzig Euro, und bis zur eigentlichen Zeremonie hatte ich angenommen, dass enge Familienangehörige für die drei, die heute enthüllt werden, bezahlt haben. Aber das ist in Frankfurt (und an vielen anderen Orten) nicht der Fall, denn dort ist es Verwandten verboten zu zahlen. Stattdessen zahlen andere Personen, die keine direkte Verbindung zu den Familien haben, freiwillig. Jetzt, während dieser Zeremonie, werden uns zwei der Anwesenden als Spender dieser Stolpersteine vorgestellt, und wir beklatschen sie und ihren Altruismus.

Nach Catherines Rede beginnt Daniel mit dem Kaddisch, und einige von uns stimmen mit ein. Das Kaddisch ist ein Gebet für die Verstorbenen, das den Tod nicht erwähnt und nicht allein gesprochen werden kann, sondern einen Minjan erfordert, eine Gruppe von mindestens zehn Erwachsenen. Das Beten des Kaddischs ist ein öffentlicher Akt, eine Bekräftigung des Trauerprozesses. Während Daniel das Gebet leitet, schaue ich mich um und sehe Gesichter an den Fenstern der gegenüberliegenden Häuser, die uns beobachten. Die Menschen, die hier wohnen, sind es nicht gewohnt, dass Gruppen von Juden den Tod ihrer Angehörigen beklagen.

Als die Zeremonie beendet ist, gehen einige aus der Gruppe weg, ich hatte angenommen, dass auch sie Verwandte seien, aber es stellt sich heraus, dass sie es nicht sind. Vielleicht kennen sie keinen von uns, vielleicht fühlten sie sich einfach verpflichtet, hier zu sein. Mir fällt wieder ein, dass die Gruppe nicht homogen ist; sie hat sich zu einem bestimmten Zweck zusammengefunden und wird sich nun wieder in ihre Häuser und in unserem Fall in ein Restaurant zum Mittagessen zurückziehen. Der Mann von der örtlichen Stolperstein-Organisation, der die heutige Zeremonie ausrichtet, hat es ebenfalls eilig, er muss noch zwei weitere Termine wahrnehmen. Es gibt einen großen Rückstau wegen Corona.

Nach dem Mittagessen überreicht Catherine jedem von uns ein Geschenk. Sie hat kleine Hefte aus Recyclingpapier und Karton gebastelt und sie mit unseren Namen auf dem Einband personalisiert. Diese individuellen Hefte wirken wie ein Gegengewicht zu den Stolpersteinen, und sie sind ein überaus passendes Geschenk, denn was braucht man mehr als ein Buch, in das man schreiben kann, um das Geschehene festzuhalten?

Das recyclte Papier erinnert mich an die MERZ-Collagen von Kurt Schwitters und auch an die Porzellanstücke, die ich immer wieder im Wald finde, deren entropische »Nach-Leben«-Existenz hartnäckiger ist als der Zweck, für den sie ursprünglich bestimmt waren, und, da sie als Miniatur-Mahnmale für die große Zerstörung fungieren, vielleicht auch wichtiger.

Um auf das Unheimliche zurückzukommen: Ja, ich erfülle mehr als eines der Kriterien aus Freuds Aufsatz; mit meinem hybriden Status bin ich sowohl das zugleich Unvertraute und Vertraute, als auch die ins Leben wiedergekehrte Tote. Aber ich bin nicht das einzige unheimliche Wesen hier. Freud schreibt, das Unheimliche sei auch »die rätselhafteste Wiederholung ähnlicher Erlebnisse an demselben Ort oder zum gleichen Datum«, die die Illusion der Kontrolle über unser Schicksal untergräbt. Und was wäre ein besseres Beispiel als der 9. November, der Schicksalstag? Der Tag, an dem immer wieder etwas Einschneidendes passiert ist: die Hinrichtung des Demokraten und Revolutionsführers Robert Blum im Jahr 1848, die Abdankung des Kaisers 1918, die Novemberpogrome 1938 und der Fall der Berliner Mauer 1989.

Zeit ist auch in vielen Schilderungen der deutschen Geschichte problematisch. Die verfälschte Darstellung des Bankhauses Hengst aus dem Jahr 1957 und ihr Versuch, die älteren und pittoreskeren Teile der Geschichte des Bankhauses Merzbach für sich zu beanspruchen, während die problematischeren und jüngeren Teile weggelassen werden, sind sowohl beunruhigend als auch interessant in der Art und Weise, wie sie beim Leser unwillkürlich Fragen aufwerfen. Die Wirkung dieses Textes ist eine andere als seine vorgebliche Absicht, und die Kluft zwischen beiden ist unheimlich. Die unaufrichtigen Reiseführer aus den 1950er und 1960er Jahren haben eine ähnliche Wirkung. Wie sehr sie auch versuchen mögen, uns davon zu überzeugen, dass die deutsche Stadt »Danzig« (seit 1945 Gdańsk) in der deutschen Region »Ostpreußen« (seit 1945 Polen und Kaliningrad) liegt, wir wissen, dass dies eine alternative Version der Geschichte ist, die die Wahrheit verleugnet.

Das Unheimliche findet sowohl im deutschen Raum als auch in der Zeit statt; die rekonstruierten Gebäude auf dem Frankfurter Römerplatz erzeugen zugleich ein Gefühl der Neugier wie auch des Unbehagens; ein Gefühl des Versuchs, eine Verbindung zurück in eine Vergangenheit vor der umfassenden Zerstörung zu schaffen. Das heutige Simulakrum von Dresden besteht aus Gebäuden, die sowohl Kopien als auch Denkmäler ihres früheren Selbst sind. Ihr nachgebauter Status führt zu einer Doppelung der Intention: Die Besu-

cher sollen sowohl ihre Verbindung zur Vergangenheit be-
wundern als auch ihre frühere Zerstörung betrauern.

Wie Freud außerdem betont, hängt das Unheimliche vom
Standpunkt des Betrachters ab. Vielleicht ist es das Erkennen von etwas bisher Unbekanntem; die Erfahrung, in ein
fremdes Land zu reisen und festzustellen, dass es doch gar
nicht so unbekannt zu sein scheint. Oder vielleicht ist es der
Fremde, der von den Einheimischen erkannt wird. Nicht
nur das Vertraute wird fremd, sondern auch das Fremde
kann seltsam vertraut erscheinen.

So sehr er sich in seinem Aufsatz auch bemüht, Freud gelingt es nicht, das Unheimliche erschöpfend zu definieren,
und das könnte paradoxerweise der entscheidende Faktor
sein: die Fähigkeit, sich nicht festlegen zu lassen. Im Deutschen wie im Englischen ist das scheinbare Gegenteil von
»unheimlich« – »heimlich« – eigentlich gar kein Antonym,
es kann geheimnisvoll, verborgen, versteckt bedeuten.

Das Unheimliche ist uns also nicht ganz geheuer, denn es
gleitet umher, schiebt sich zwischen das, was einmal war
und immer noch sein sollte, zwischen feste Zuordnungen,
mühelos beschlossene Abgrenzungen. Und weil es keine
allumfassende Definition gibt, ist das Unheimliche immer
größer, als wir es ausdrücken können. Es ist nicht nur ein
Affekt oder ein Gefühl, seine Existenz erinnert uns daran,
dass Kategorien unweigerlich versagen müssen.

Das Unheimliche kann Beunruhigung und Unbehagen
hervorrufen, aber ich denke nicht, dass dies negativ sein
muss. Es hilft uns, uns daran zu erinnern, dass wir Kategorien und damit verbundene Annahmen hinterfragen sollten.

»Du gehörst nicht hierher, weil du keine Wurzeln an diesem Ort hast«, ist keine wahre oder haltbare Aussage.
Wurzeln können um Trümmer und nicht explodierte Bom-

ben herumwachsen. Sie können in der Luft wachsen oder sogar umgepflanzt werden.

Einige Monate vor der Stolperstein-Zeremonie besucht mich mein Vater für ein paar Tage. Er war bereits unzählige Male in Deutschland, aber dies ist sein erster Besuch seit Erhalt der Staatsbürgerschaft. In gewisser Weise ist diese Reise eine Anerkennung unseres neuen und gemeinsamen Status. Doch er wirkt angespannt, und ich merke, dass er Frankfurt nicht mag. Halbherzig schlagen wir uns gegenseitig vor, nach Offenbach zu fahren, tun es aber nicht. Stattdessen sitzen wir am Flussufer im Zentrum von Frankfurt und beobachten das Wasser, das endlos vorbeifließt. Und als wir uns schließlich doch auf den Weg machen, fahren wir in die entgegengesetzte Richtung von Offenbach und nehmen den Zug nach Mainz. Mein Vater war noch nie dort. Ich zeige ihm die Nagelsäule, und wir schlendern durch eine barocke Kirche, bevor wir uns in ein Café setzen und Leute beobachten. Offensichtlich haben wir uns dafür entschieden, nichts zu tun, was eine zu enge Verbindung zu unserer Familiengeschichte hat.

Es lässt mir keine Ruhe, dass ich nur wenige Kilometer von den früheren Häusern meiner verstorbenen Verwandten entfernt wohne, wo doch im kosmischen Zeitmaß nur ein Wimpernschlag mein Leben von ihrem trennt. Corona und die beiden langen Lockdowns haben die Gegenwart irgendwie ausgedünnt, sie durchscheinend gemacht und mir erlaubt, klarer in die Vergangenheit zu blicken. Wochenenden, die ich nach den Lockdowns in anderen Städten verbringe, kommen mir wie eine Erleichterung vor, und ich kann nicht länger leugnen, dass ich mich in Frankfurt nicht wohlfühle. Hier zu leben bedeutet, ständig mit dem Schicksal meiner Familie, der erzwungenen Vertreibung aus ihrer

Heimat konfrontiert zu sein. Es gibt kein glückliches Ende, und die Rückkehr ist keine freudige. Damit will ich nicht sagen, dass sie nicht notwendig oder interessant war. Ich bin froh, dass ich hierher zurückgekommen bin, um meine eigene Erfahrung mit diesem Ort zu machen, aber ich werde nicht bleiben.

Mein Unbehagen fühlt sich in etwa so an wie die komplexe Beziehung des Ghettos zur modernen Stadt Frankfurt. Die Straße mit den Häusern, die einst von der jüdischen Gemeinde bewohnt wurden und nun für immer verschwunden sind, ihre frühere Realität sichtbar gemacht durch Rekonstruktionen im schattigen Keller des örtlichen Energieversorgers – Rekonstruktionen, die erst nach viel Streit und Diskussion erlaubt wurden –, all dies erscheint mir symbolisch für die Schwierigkeiten, selbst hier zu leben. Bin ich eine rekonstruierte Deutsche, eine Nachbildung dessen, was einst alltäglich war? Ist es meine Bestimmung, hier im psychischen Keller zu lauern, im deutschen Unterbewusstsein untergebracht zu sein?

Dieses Unbehagen hat nichts mit den Menschen zu tun, die mir begegnet sind, die mir nur Freundlichkeit und Freundschaft entgegengebracht haben. Mein Unwohlsein richtet sich vielmehr gegen die Stadt selbst, gegen ihre Steine, Ziegel und Knochen. Es ist dieselbe Stadt, die meine Familie einst Heimat nannte, und doch ist sie auch etwas ganz anderes. Das Neue, das auf dem Alten errichtet wurde, lässt mich spüren, dass die Vergangenheit ausgelöscht wurde, während die Nachbildungen der zerstörten Gebäude so tun, als hätte die Zerstörung nie stattgefunden. Nichts kann mir diese Stadt recht machen.

Ich weiß, wie wertend und unlogisch das klingt. Vielleicht wäre es einfacher gewesen, wenn ich die Stadt mit den Erinnerungen meiner Familie hätte bevölkern können, wenn ich Geschichten von Verwandten über die schiefen mittelalterlichen Gebäude, die grasbewachsenen Flussufer, die gerippten Apfelweingläser, Spaziergänge im Taunus gehört hätte. Doch mein fehlendes Wissen über die Stadt verstärkt das Schweigen meiner Familie über die Vergangenheit, erinnert mich an all die Worte, die nie gesprochen wurden – die nicht gesprochen werden konnten.

Ich glaube, es ist besser, meine Freiheit zu nutzen. Anders als die Juden im Ghetto, anders als Ernst, Louise oder Lisl kann ich selbst entscheiden, wo ich wohne, ohne von Behörden daran gehindert zu werden.

Ich beschließe, aus Frankfurt fortzugehen, meine Möglichkeiten zu nutzen und in einer Stadt ohne Verbindung zu meiner Familie zu leben. Mein Partner bekommt einen Job in Berlin, und wir ziehen weg. Berlin hat so viel eigene Geschichte, die so gründlich dokumentiert wurde, dass ich mich befreit fühle von der Notwendigkeit, etwas Persönliches entdecken zu müssen.

Etwa einen Monat nach unserem Umzug mache ich einen Spaziergang auf einem Weg in der Nähe unserer Wohnung, wo die Stadt auf die flachen Felder Brandenburgs trifft. Auf der einen Seite befindet sich ein Kleingartenverein, auf der anderen erhebt sich ein kleiner Hügel. Ich verlasse den Pfad und gehe die Böschung hinauf, die eine sichelförmige Kuppe bildet und eine kleine Einbuchtung umschließt. Die Erde ist mit Gras bedeckt, buttergelbem Löwenzahn, Klee, Traubenhyazinthen und Blausternen, mit Birken und kleinen Eichen, die vereinzelt hier und da wachsen. Die fehlende Symmetrie und die Vielfalt der Pflanzen erwecken den Eindruck, dass der Hügel natürlich entstanden ist.

Doch die Erde glitzert seltsam im Sonnenschein. Das liegt an den überall herumliegenden Porzellanscherben, die wirken, als wären sie einfach so vom Himmel gefallen. Mir wird klar, dass ich auf den Überresten eines verheerenden Ereignisses stehe. Über mir brennt die Sonne unerbittlich aus einem Himmel, der mit einem Mal viel zu groß erscheint, um Sicherheit zu vermitteln.

Als ich die Porzellanscherben genauer betrachte, entpuppen sich einige als Tassenhenkel, Tellerränder, gebogene Teile von Schüsseln. Was einst in häuslichen Räumen zu finden war, wurde hierherverfrachtet, und das Vorhandensein des Porzellans lässt sich so genau datieren, wie sich die Rotverschiebung eines Quasars messen lässt. Es ist der Hang selbst, die Neigung des Bodens von der Ebene weg, der dieses Trümmerfeld erklärt. Räumlich betrachtet liegt diese Porzellanscherbe direkt hier in meiner Hand, doch auf eine andere Art befindet sie sich in der Vergangenheit – hervorgebracht durch eine Zerstörung, die aus der Luft kam. Dieser Berliner Hügel ist einer von vielen Trümmerbergen, die über die Stadt verteilt sind und die in Berlin weitaus sichtbarer aufgehäuft wurden als in Frankfurt, wo ähnliche Überreste des Krieges tief im Wald verborgen sind.

Wie andere Aspekte meines Lebens hier wirkt das knochenweiße Porzellan unheimlich, wie ein Stellvertreter für die Gebeine der Opfer jener Luftangriffe. Und wie andere unheimliche Objekte wirken diese Porzellanscherben sowohl anziehend als auch abstoßend auf mich. Ich kann nicht aufhören, mich zu bücken, um sie genauer zu betrachten.

Einer der anderen Trümmerberge, der Insulaner, nicht weit von meiner Wohnung entfernt, fand kurz nach seiner Aufschüttung eine andere Verwendung. Nach der Kapitulation im Mai 1945 begannen die Überlebenden damit, in den Alltag zurückzufinden. Eine zerstörte Stadt ist eine dunkle Stadt, in der der Blick auf den Nachthimmel weder von künstlichem Licht noch von hohen Gebäuden beeinträchtigt wird, und die Aussicht auf die Sterne im Nachkriegsberlin muss atemberaubend gewesen sein. Amateurastronomie war weit verbreitet, und »Straßenastronomen« standen auf Gehwegen und boten für ein paar Münzen einen Blick durch ihre Teleskope an. Es muss sehr verlockend gewesen sein, sich etwas ansehen zu können, bei dem es sich nicht um ein zerbombtes Kriegsgebiet handelte und das zu weit entfernt war, um von zerstörerischen menschlichen Aktivitäten betroffen zu sein. Den Himmel betrachten zu können – nicht aus Angst davor, dass Luftangriffe drohen könnten, sondern schlicht aus Interesse und Neugier.

Während ich den Insulaner hinaufgehe, wechselt der Weg, auf dem ich mich befinde, mehrmals die Richtung, was mir unterschiedliche Ausblicke auf die Stadt bietet. Oben ist mein Ziel die Wilhelm-Foerster-Sternwarte, die von zwei dieser Straßenastronomen gegründet wurde und noch heute genutzt wird. Die Sternwarte unterscheidet sich deutlich von der in Edinburgh; sie ist kleiner und bescheidener, dient nicht der Forschung, sondern ist dafür da, Menschen den Blick auf den Nachthimmel zu ermöglichen.

Der erste Quasar wurde im selben Jahr entdeckt, in dem Ernst starb, 1963. Es war die Geburtsstunde eines neuen Zweigs der Astrophysik, der uns erlaubt, weiter zurück in die Vergangenheit zu schauen als je zuvor und die Geschichte des Universums besser zu verstehen.

Über mir, obwohl ich ihn wegen des Sonnenlichts noch nicht sehen kann, befindet sich jener erste Quasar. Ich setze mich auf eine Bank und warte auf die Dunkelheit, um tiefer in den Himmel sehen zu können. Der Trümmerberg wird zu meinem Aussichtspunkt ins Universum.

DANKSAGUNG

Dieses Buch ist in erster Linie entstanden, weil mir mein Vater geduldig Fragen beantwortet hat, Tagebücher und Fotografien zur Verfügung stellte und bereit war, die deutsche Staatsbürgerschaft mit mir zusammen zu beantragen und den ganzen damit verbundenen Prozess zu durchlaufen.

Weitere Familienmitglieder unterstützten mich mit Informationen und Fotos: Doris Balinsky, Sylvia und David Lewin (die mühevoll den Familienstammbaum der Goldschmidts erstellten) und Bob Jesselson. Meine Großmutter Lisl Goldschmidt hinterließ unschätzbares Material, darunter ein unveröffentlichtes Memoir ihrer jüngeren Jahre.

Deutsche Freundinnen und Freunde haben mir ihre Geschichten erzählt, Fragen beantwortet und Feedback gegeben, besonders Carolina López, Lisa Berins, Wolfgang Adlhoch, Angelika Beinhorn und Matthias Wienroth.

Die Menschen in Frankfurt und Offenbach waren großzügig und gastfreundlich, besonders Eva Läufer und ihre Familie, Michael Beseler, Ralph Ziegler, Jutta Ditfurth und Dominik von Eisenhardt-Rothe. Elisabeth Leuschner-Gafga von der Israelitischen Religionsgesellschaft, Max Leo Apel von der Initiative 9. November und Henryk Fridman von der Jüdische Gemeinde Offenbach nahmen sich Zeit für meine Fragen und Besichtigungstouren.

Mein Dank geht an Frédérick Hadley, der mir mit seinem Wissen über Militärgeschichte aushalf.

Mein deutscher Verlag Culturbooks, geführt von Zoë Beck und Jan Karsten, war eine große Unterstützung durch den langen Prozess des Schreibens dieses Buchs. Ich bin ihnen sehr dankbar für ihre geduldige Bearbeitung und Übersetzung.

Ich bin sehr dankbar für die Unterstützung der Rhein-Neckar-Kreis Kulturstiftung und der UNESCO City of Literature Heidelberg, wo ich 2018 Stadtschreiberin war und mit der Arbeit an diesem Buch begann.

Die Mitarbeiterinnen und Mitarbeiter folgender Archive haben mir Materialien zur Verfügung gestellt: Archiv im Haus der Stadtgeschichte Offenbach, Landesarchiv Hessen in Wiesbaden, Jüdisches Museum in Frankfurt, Stiftung Bethel in Bielefeld und die Israelitische Kultusgemeinde in Wien.

Diese Bücher und Magazine fand ich besonders relevant:

Ronen Steinke, *Fritz Bauer oder Auschwitz vor Gericht*, 2013.

Louise London, *Whitehall and the Jews, 1933–1948: British Immigration Policy, Jewish Refugees and the Holocaust*, 2000.

Helen Fry, *The King's Most Loyal Enemy Aliens: Germans Who Fought for Britain in the Second World War*, 2007.

Tim Grady, *A Deadly Legacy: German Jews and the Great War*, 2017.

John Borneman und Jeffrey M. Peck, *Sojourners: The Return of German Jews and the Question of Identity*, 1995.

Sigmund Freud, *Das Unheimliche*, in: Imago 1919, S. 298–324.

Matthew Stibbe, *Germany, 1914–1933: Politics, Society and Culture*, 2010).

Pedro Ferreira, *The Perfect Theory: A Century of Geniuses and the Battle over General Relativity*, 2015.

Karin Doerr, *The Specter of Anti-Semitism in and around Annette von Droste-Hülshoff's* Die Judenbuche, in: German Studies Review, Vol. 17 No. 3, 1994, S. 447–471 .

AUTORIN UND ÜBERSETZERIN

Pippa Goldschmidt, *1968, wuchs in London auf und lebt heute als Autorin in Berlin. Für ihre literarischen Texte gewann die promovierte Astronomin den angesehenen Scottish Book Trust/Creative Scotland New Writers Award. Ihr erster Roman »Weiter als der Himmel« war nominiert für den Dundee International Book Prize, und ihre Kurzgeschichtensammlung »Von der Notwendigkeit, den Weltraum zu ordnen« (CulturBooks, 2018) stand auf der Longlist des Frank O'Connor Short Story Award. Nach dem Brexit nahm die Britin 2020 die deutsche Staatsbürgerschaft an.

Zoë Beck, *1975, lebt in Berlin. Sie studierte englische und deutsche Literaturwissenschaften in Gießen, Bonn und Durham und lebte einige Jahre in England und Schottland. Sie übersetzte Werke u. a. von Ling Ma, Amanda Lee Koe und Sally Rooney.